基金项目：湖南人文科技学院横向项目"跨境贸易业务
"跨境电商直播业务研究"（38023268）

应用型本科商务英语专业
人才培养创新研究

万正发　著

汕頭大學出版社

图书在版编目（CIP）数据

应用型本科商务英语专业人才培养创新研究 / 万正
发著 . -- 汕头 ：汕头大学出版社 ，2024. 7. -- ISBN
978-7-5658-5347-0

Ⅰ . F7

中国国家版本馆 CIP 数据核字第 20244M0K32 号

应用型本科商务英语专业人才培养创新研究

YINGYONGXING BENKE SHANGWU YINGYU ZHUANYE RENCAI PEIYANG CHUANGXIN YANJIU

著　者：万正发
责任编辑：宋倩倩
责任技编：黄东生
封面设计：寒　露
出版发行：汕头大学出版社
　　　　　广东省汕头市大学路 243 号汕头大学校园内　邮政编码：515063
电　　话：0754-82904613
印　　刷：河北万卷印刷有限公司
开　　本：710 mm×1000 mm　1/16
印　　张：16.25
字　　数：226 千字
版　　次：2024 年 7 月第 1 版
印　　次：2024 年 8 月第 1 次印刷
定　　价：98.00 元
ISBN 978-7-5658-5347-0

前　言

　　本书全面探讨了商务英语专业在应用型本科教育背景下的人才培养模式、课程体系建设、课堂教学、师资队伍建设以及教材建设等关键领域，旨在为商务英语专业的发展提供理论指导和实践参考。

　　本书共八章。其中，第一章对商务英语的起源与发展、基本内涵、语言特征及认证考试进行了详细介绍。本章从商务英语的定义、应用场景到语言的独特性，再到国内外商务英语认证考试的类型和要求，为读者提供了全面的有关商务英语的入门知识。第二章探讨了商务英语人才需求及商务英语专业人才培养目标、培养原则和培养趋势。本章深入讨论了当前商务英语人才的市场需求、供给状况以及未来发展趋势。第三章详细介绍了订单式、项目驱动式、工学交替式以及"课证赛岗创"五位一体等多种人才培养模式，为商务英语专业人才培养提供了多样化的参考模式。第四章围绕商务英语专业课程体系的概念与分类、设置依据、设置原则以及应用型本科商务英语专业课程体系建设进行了深入讨论。本章通过对课程体系建设的全面分析，旨在增强商务英语专业课程内容的科学性和系统性。第五章讨论了商务英语专业课堂教学理念、教学方法和教学设计。本章不仅强调了商务英语课堂教学应注重理论与实践的结合，还提出了创新教学方法和设计教学活动的策略。第六章深入探讨了商务英语专业实践教学的原则、策略和评价体系。本章通过实例分析和理论阐述，旨在提高商务英语专业实践教学的效果，增强学生的工作能力。第七章重点讨论了应用型本科商务英语专业教师的素质需求、师资队伍架构及师资队伍建设路径。本章通过对教师素质需求的详细分析和师资队伍建设路径的探索，旨在提升商务英语专业教师的教学能力和专业水平。第八章详述了商务英语专业教材建设情况，包括校本教材建设及校企合作模式下的教材建设。本章强调了教材建设的重要性，并提出了创新教材建设的方法和途径，旨在提高教材的实用性和科学性。

本书结构清晰、内容翔实、理论与实践相结合，既适合作为教育工作者的教学参考用书，又适合作为学生的学习指南。尽管如此，本书仍存在一定的不足之处，诚挚地欢迎广大读者和相关领域的专家学者提出批评和指正，共同推动商务英语专业的进步与发展。

目　录

第一章　商务英语概述

　　商务英语不仅是一门语言学科，还是一个涵盖广泛的商务知识和技能的交叉学科，有鲜明的学科特征。本章先介绍商务英语的起源与发展，然后分析商务英语的基本内涵、商务英语的语言特征，最后介绍商务英语认证考试。

第一节　商务英语的起源与发展

　　语言的发展深受社会发展和社会需求的影响。商务英语作为英语的一个分支，是在国际贸易扩张及经济全球化进程的社会背景下产生、发展的。商务英语是语言对经济活动和社会需求的直接响应。商务英语的起源与发展不仅见证了经济全球化的发展，还体现了语言能够在特定领域发挥独特作用，在实际运用中不断发展。

　　有学者认为，商务英语产生于 1969 年专门用途英语（English for specific purposes, ESP）学科确立之后。[1][2] 也有学者认为，商务英语实际上早在 ESP 成为一个独立学科之前就已经是英语教学的重要组成部

---

[1] 林添湖. 试论商务英语学科的发展 [J]. 厦门大学学报（哲学社会科学版），2001（4）：143-150.

[2] ELLIS M, JOHNSON C. Teaching business English [M]. New York：Oxford University Press, 1994：6.

分，甚至可以被视为 ESP 的先驱。[1][2] 这一观点的证据来自 15 世纪末。这一时期产生了为解决欧洲各国贸易中的语言障碍而编纂的英语学习书籍，这些书籍比第一批英语作为外语的教学课本出现得还早。通常认为，由威廉·卡克斯顿（William Caxton）在他的印刷厂印制的对照手册是较早的商务英语学习资料之一。[3] 在格式上，对照手册采用双语对照的形式，一半是法语，另一半是相应的英语，直观地展示了两种语言之间的对应关系。在内容上，对照手册专注于日常对话和商业交流，而不深入探讨语言学知识，以满足商人的语言学习需求。对照手册涵盖日常寒暄、家居用品、家庭关系以及商品交易等话题，体现了早期商务英语教学材料的实用性和针对性。例如，对照手册开篇是日常会话用语，如 "Syre, god you kepe! I haue not seen you in longe tyme. Syre, gramercy of your courtoys wordes and of your good wyll."（先生，愿上帝保佑你！我很久没见到你了，愿你心想事成）。这样的对话有助于从事贸易者在商务社交场合进行基本交流。此外，对照手册也对一些日常用词进行了解释，并展示了以购物为主题的对话，这些内容均附有相关的词汇表，方便读者学习和参考。对照手册还包含一系列专门讨论买卖的对话，如有关于纺织原料（主要是羊毛）的详细商业交谈，也有寻找公寓和支付租金的日常对话。这些展现了当时商务交易的基本情况，对当时和现在的语言学习和研究都具有重要意义。虽然这本手册的内容不够完备，但是它是商人认识到掌握客户的语言对开展业务的重要性的标志，不仅为当时的商人提供了关于商业活动和社交的语言学习资料，在一定程度上帮助商人克服了语言障碍，促进了他们的商务活动，还为后来的语言学习者和研究者提供了了解 15 世纪末欧洲商业活动和语言使用情况的窗口，可以说是一份极其宝贵的材料。

① 袁林. 商务英语课程体系研究：全球化高端人才培养视域 [M]. 杭州：浙江工商大学出版社，2012：30.

② 曾葳. 商务英语教学与模式创新研究 [M]. 西安：西北工业大学出版社，2021：9.

③ 戴年. 商务英语的起源与发展史简述 [J]. 理论月刊，2010（6）：88-91.

　　早期的语言学习手册之所以在欧洲大陆广泛流行，是因为当时许多商人将法语作为主要的商务交流语言。随着国际贸易的发展，加之法语语法严谨，难以被非母语者理解，人们对英语的学习需求逐渐增长。到了 16 世纪初，英语学习材料与法语、意大利语、拉丁语学习材料一起成为文艺复兴时期旅行者必备的语言学习材料。例如，1540 年，一本针对比利时港口城市安特卫普的、为满足布匹交易需求而编纂的七国语言字典问世。这本字典收录了拉丁语、荷兰语、法语、意大利语、西班牙语、高地德语和英语，反映了当时商务贸易对多语种的需求。① 在此背景下，出现了最早的从事英语外语教学的教师，如法国人加布里埃尔·莫里哀（Gabriel Meurier）。② 他在 1553 年出版了《论学习如何说法语和英语》（*A Treatise for to Learn to Speak French and English*），这是一本具有明显商业倾向的英法双语对照手册，同时是推动英语外语教学兴起和演进的动力之一。

　　自 18 世纪以来，随着英国工业革命的兴起和美国资本主义的发展，英语逐渐取代法语，成为国际交流中的主流语言。这一时期，全面学习和使用英语的需求急剧上升，英语商务课程及相关的词汇和对话手册成为全球商务人士的标配。其中，《现代商务英语课程》（*A Modern Course in Business English*）是首本采用真实听力材料的英语教材，标志着商务英语教学在内容和方法上的一大进步。第二次世界大战之后，特别是进入 20 世纪后半叶，人们学习英语的动机和目标经历了显著的转变，从传统的知识和能力发展转向了更加强调语言的实用性和目的性。这种转变催生了教学的一场革命，其成果便是 ESP 学科的诞生。尽管"专门用途"的概念在 19 世纪已在语言教学领域得到广泛应用，但 ESP 作为一个正式的学科是从科技英语（English for Science and Technology, EST）

---

① 孔宪遂. 新时代商务英语教学理论与实践研究 [M]. 长春：吉林出版集团股份有限公司，2022：11.

② 陈艳君. 本土英语教学法研究 [M]. 长沙：湖南大学出版社，2019：24.

开始的①。之后，随着科技的飞速发展、生产力的提高以及通信手段的进步，国际商务往来日益频繁，英语作为跨国商务通用语言的重要性进一步凸显。自 20 世纪 80 年代以来，商务英语在 ESP 领域的地位越发显著，最终成为 ESP 的核心分支。商务英语的发展不仅反映了全球经济一体化和市场需求的变化，也展示了英语教育对实际应用需求的快速响应。如今，商务英语已成为全球商务沟通中不可或缺的工具，在促进国际贸易、提升个人跨文化交流能力和职业竞争力等方面发挥着至关重要的作用。

在我国，商务英语随着中外商贸往来的步伐，已有近五个世纪的历史，经历了从早期的不规范混合语到如今专业教学和应用的全面演进的过程。早期的不规范混合语即中国洋泾浜英语（Chinese Pidgin English，CPE），CPE 是商务英语在中国最初的形式，标志着商务英语在中国的萌芽。洋泾浜是黄浦江的支流，也是上海北面的一条小河，由于当时英国和法国在上海设立租界，便成为英法租界的分界线。② 随着租界的建立，沿着洋泾浜两岸迅速发展起了众多商业活动，使得这一区域成为上海对外贸易的重要枢纽。但是由于当时中外商人在语言交流上存在困难，洋泾浜英语作为一种中介语应运而生，如"来叫克姆（COME）去叫谷（GO），是叫也司（YES）勿讲拿（NO）"。它是中国人创造的，具有浓厚的中国特色，不仅语音深受汉语语音的影响，而且语法上大量借鉴了汉语的语序和语法结构，表达方式上同时混合了英语的词汇以及少量的其他语种词汇（如葡萄牙语），不仅简化和改造了英语词汇、语法，甚至一些内容可以说是缺乏规范的语法体系，并且洋泾浜英语主要用于口头交流，并没有统一的书面规范。③ 尽管这种语言只是一种混合语言，缺乏规范化和系统性，但它的出现为当时的中英商贸交流提供了重要的语

---

① 蒋春丽. "互联网 +"视域下大学英语教学新模式的研究 [M]. 北京：中国书籍出版社，2021：60.

② 张振江. 早期香港的中国洋泾浜英语学习 [J]. 语言研究，2009，29（2）：114-121.

③ 张振江. 中国洋泾浜英语研究述评与探索 [J]. 广西民族学院学报（哲学社会科学版），2006（2）：28-38.

言工具，满足了当时贸易交流的需要，是对当时社会经济背景和跨文化转换的一种积极响应，并且这种形式更加符合中国人的语用习惯，便于人们快速学习和掌握，体现了当时中国人的智慧。

19世纪中叶，五口通商使广州成为中国人学习英语较早的地方。那时，中国人学习英语主要是为了掌握与贸易相关的词汇，采用的是一种以汉语语法为基础、英语词汇为表达工具的学习方式。随着中外贸易的扩大，对会英语人员的需求增加，社会上出现了英语培训机构，这些机构主要教授实用英语和一些简单的商业技能。英语学习书籍的出现，为人们的自学提供了可能，尽管自学的效果有限，但这些书籍对英语的学习和传播起到了重要作用。这些早期教材大多采用"记音汉字"的方式，使得学习者即使不熟悉英文字母也能通过汉字的发音学习英语。20世纪末至21世纪初，随着我国经济的快速发展和经济全球化进程的推进，市场对商务英语人才的需求大幅增加，促进了商务英语教学的快速发展。高等院校开始设置专业的商务英语课程，并不断创新教材和教学方法，以满足市场对高质量商务英语人才的需求。今天，商务英语不仅是国际商务交流的重要工具，也是我国融入全球经济体系、促进国际贸易和文化交流的关键语言。从CPE到现代商务英语的专业教育，商务英语在我国的发展反映了我国与世界经济和文化交流日益深入的历程。

第二节　商务英语的基本内涵

商品交换随着社会分工的出现及不断深化而不断发展，进而衍生出以商品买卖为目的的人际交往。这包括从产生购买意图、寻找交易伙伴到商务谈判、议价再到最终的商品买卖等一系列商务行为。随着贸易往来的越发频繁，商务交流在商品交换中扮演了越来越重要的角色。在当今全球经济高度相互依存的社会，商务活动不仅频繁且复杂，需要国际惯例、规章制度等的约束，以确保商业行为的有序进行。此外，现代商务活动还包括如售后服务等新兴领域，这些都是交易的延伸部分。因此，商务可以从狭义与广义两个角度来理解：狭义上，商务主要指的是通过货币交换实现商品流通的行为，即商业或贸易；广义上，商务包括所有与商品买卖、服务有关的商业活动，如商业交流、商品营销、客户服务、旅游、广告、宣传以及品牌命名等。但从本质上讲，商务涉及的是商品或服务的交换和贸易，商务活动是为了实现生产和经营目标而进行的资源、知识、信息等交换活动的集合。

商业活动的顺利进行依赖参与其中的商务专业人士及他们所采用的交流媒介——语言。英语之所以成为国际商务交流的首选语言，源于其历史演变和国际影响力的不断扩大。英语的起源可以追溯到大约公元前500年，而其在全球范围内广泛传播始于18世纪的英国工业革命。英国的技术创新促进了工业生产的机械化，其影响力随后扩散至欧洲其他地区和北美，英语也随之推广至全球。英国在北美的殖民扩张使英语成为美国独立后的官方语言，而自19世纪以来，特别是第二次世界大战后，美国在科技、经济、军事等领域的领先地位促使英语成为国际交流的主要语言。同时，随着全球贸易的增加、科技的进步和交通的发展，国际商务的范围从传统的贸易交往扩展到金融、投资、旅游等"大商务"领域。在这一过程中，英语形成了具有特定意识形态、礼节体系和商业背景知识的独特交流体系，这一体系是英语作为一种社会交际工具的新变体——商务英语。

商务英语是一种不可或缺的职业语言，且具有特定的应用环境。它作为商业活动中语言使用的产物，反映了商务行为与语言之间的密切联系。顾名思义，商务英语涉及英语语言与商业实践的融合，其形成与发展紧密依托商业交流、商务往来及相关活动。简而言之，商务英语的存在是基于商业及其活动之需，商业交往和相关行为是商务英语出现并发展的推动力。商务英语不仅是商业领域使用的英语，而且指代一门专业学科。在我国，这一领域主要聚焦国际贸易和交流，故常被称为"外贸英语"。

　　在国内，众多专家学者对商务英语的定义进行了研究。例如，王兴孙提出，商务英语实际是在商务环境中使用的语言，属于专门用途英语的一个分支。专门用途英语与特定的专业或目的紧密相关，既有明确的目标也有特殊的内容，涉及特定职业领域的专业化知识。并且，他认为商务英语为商务领域的专业人士所用，涵盖独特的词汇、用语、结构和表达风格，需要专门训练才能掌握。[①] 史天陆认为，所谓"商务英语"，就其语言本质而言就是在商务－经贸领域经常使用的反映这一领域专业活动的英语词汇、句型、文体等的有机总和。[②] 由此可以看到，史天陆着重围绕商务英语的应用领域，强调其不仅是语言元素的简单组合，更是一个"有机总和"，即商务英语是一个整体，涵盖与商务活动紧密相关的多种语言现象。杨启宁认为，商务英语有两个层面的含义：从第一个层面讲，商务英语不是一种只有特殊语法的特殊语言，简单来说，它是商务环境中使用的英语；从第二个层面讲，商务英语是世界范围内各行各业人们使用的一种工作语言。[③] 邹美兰认为，商务英语是商务领域中常用的英语词汇、句型和文体等的综合体，是专门用途英语的一个分支。商务英语服务那些需要使用英语完成工作任务的职场人士和即将进入商界的学生。在她的理解中，商务与英语的结合不是简单叠加，而是一种有机整合。[④] 邹美兰的观点不仅明确了商务英语的应用对象和目的，还深入探讨了商务与英语之间的内在联系。张佐成和王彦从商务话语的角度审视商务英语，认为它是商务场合中参与者为实现商业目标、在遵循行业惯例和尊重社会文化的背景下、有选择性地使用英语词汇和语法开

① 王兴孙. 对国际商务英语学科发展的探讨 [J]. 国际商务研究, 1997（1）: 24-28.

② 史天陆. 国际商务英语研究 [C]// 林添湖. 国际商务英语研究在中国. 厦门: 厦门大学出版社, 1999: 43-46.

③ 杨启宁. "商务英语"专业的现状与发展 [J]. 中国远程教育, 2003（15）: 36-38, 42.

④ 邹美兰. 现代商务英语的界定和内涵 [J]. 江西财经大学学报, 2004（1）: 114-115, 120.

展的交际活动系统。①

　　林添湖深入分析了商务英语的多维定义，提出了四个关键视角：首先，他认为商务英语是一种在特定语言环境下的英语语言处理方式，强调其实践性而非创新性；其次，他将商务英语定位为一种国际性的交流工具，以区别于地区性的英语变体，如美国英语或英国英语，强调其在国际商务活动中的普遍应用；再次，他认为商务英语为专门用途英语的关键分支，教学内容可分为基础和高级两个阶段，旨在满足不同经验背景学习者的需求；最后，他强调针对性教学的重要性，特别是对无工作经验学习者的个性化需求的分析。② 林添湖的观点覆盖了商务英语的教育、应用及在语言教学中的特殊地位。李红从中国加入世界贸易组织的背景出发，阐述了商务英语的广泛应用范围，包括商业谈判、进出口业务、内部管理和对外事务等，将商务英语的应用范围扩展到金融、贸易等"大商务"领域。③ 同时，他认为商务英语是专门用途英语的一部分，旨在服务需要用英语工作的人员。李红还强调了商务英语教学的基础是通用英语，其内容涵盖语音、语法、词汇及跨文化知识，技能包括听、说、读、写等，对中国学生而言，还应包含翻译技能。④ 由此可以看到，李红的观点突出了商务英语的实践性和技能要求，同时明确了其与通用英语之间的关系，为理解商务英语在整个英语学习体系中的地位提供了清晰的视角。鲍文深入探讨了商务英语的学术界限，指出商务英语并非一个独立的语言系统，而是专门用途英语的一种特殊形式，主要作为跨文化交流和国际商务交流的语言工具。⑤ 商务英语紧密结合商务活动的实际需求，内容涵盖经济、管理、法律、政治、外交等多个与国际商务

① 张佐成，王彦．商务英语的界定[J]．国际商务（对外经济贸易大学学报），2002（6）：51-56．

② 林添湖．试论商务英语学科的发展．[J]．厦门大学学报（哲学社会科学版），2001（4）：143-150．

③ 李红．商务英语的概念探讨[J]．当代教育论坛，2005（14）：146-147．

④ 李红．高职商务英语翻译实训课程改革策略[J]．课程教育研究，2013（19）：87．

⑤ 鲍文．商务英语教学理念探析[J]．兰州学刊，2011（12）：219-221．

直接相关的领域。① 此外，作为一种专业化语言，商务英语的专业性体现在特定的词汇、句式和语义上。② 鲍文和丁马骏指出，商务英语学科的研究领域包括两个主要方向：一是探讨商务英语教育和教学规律的科学研究；二是研究在国际商务背景下英语使用的规律。通过这样的研究框架，鲍文和丁马骏对商务英语学科的理论和实践进行了全面分析③。

　　综合以上观点，商务英语的定义经历了从简单的语言视角到跨学科视角的演变，其内涵已经超越了简单的英语和商务活动的组合。商务英语的内涵可以归纳为以下几点。首先，商务英语指的是在国际商务活动中，用于跨文化交流的英语。这个内涵强调了其在全球商务实践中的沟通作用。其次，商务英语亦涵盖国际商务学科的内容。最后，商务英语作为一个独立的学科，包含教育规划、教学大纲、人才培养方向、教学方法以及对商务英语本身进行的多方面研究。商务英语的内涵不仅反映了商务英语在语言交流中的应用，也强调了其在教育和学术研究中的重要地位，展现了其作为一个多维度、跨领域的复合学科的特性。

第三节　商务英语的语言特征

一、商务英语的词汇特征

　　商务英语在词汇使用上展现了其独有的特征，这些特征不仅反映了商务交流的实用性和专业性，也是有效沟通的基础。具体来说，商务英语的词汇具有四大特征，具体如图 1-1 所示。

---

① 鲍文. 商务英语综合能力评价研究 [J]. 中国外语，2012，9（5）：20-23，33.
② 鲍文. 商务英语教学理念探析 [J]. 兰州学刊，2011（12）：219-221.
③ 鲍文. 丁马骏. 中国商务英语教育研究 20 年：回顾与前瞻 [J]. 外语界，2022（5）：50-55，96.

图1-1　商务英语的词汇特征

（一）领域专业性

商务英语作为一种专门用途英语，在贸易中得到广泛使用，因此其词汇具有领域专业性的特征。该特征体现在广泛使用数字、日期、金额等词汇上，这些词汇在交易、商贸中都是不可或缺的，任何一笔交易的成功都依赖对买卖细节的精确掌握和衡量，包括价格、数量、交付日期和付款条件等。例如，在签订合同时，对具体的支付金额、货物数量及交货时间的明确陈述是避免误解和冲突的基础。在签订合同之前，注明所交易设备的规模和性能是双方签订合同的基础，这样方便快速进行商品选择。尤其在快节奏、高效率的商务环境中，沟通的目的是达成协议、推进交易、解决问题。因此，商务英语的词汇要充分体现对买卖交易的针对性和目的性，确保信息的有效传达和交易的顺利进行。

领域专业性还体现在使用大量的专业术语上，这些术语通常是固定不变的，不能随意修改，以保持专业交流的唯一指向性和严谨性。商务英语广泛应用于国际贸易、金融投资、市场营销、保险、广告等众多领域，每个领域都有特定的专业术语。例如，国际贸易领域有"incoterms"（国际贸易术语解释通则）、free on board（船上交货价）、"bill of lading"（提单）和"customs clearance"（清关）等术语。金融投资领域有"interest rate"（利率）、"hedge funds"（对冲基金）和"credit rating"（信用评级）等术语，这些术语是描述金融市场运作和金融产品特性的关键词。市场营销领域有"brand equity"（品牌资产）、"consumer behavior"（消费者行为）和"marketing mix"（营销组合）等术语。保险领域有"underwriting"（承保）、"premium"（保费）和"liability coverage"（责任保险）、absolute liability（绝对责任）、force majeure（不可抗力）等术语，这些术语准确地描述了保险产品的特征。广告领域有"target audience"（目标受众）、"brand positioning"（品牌定位）和"campaign strategy"（竞选策略）等术语，这些术语用于制定和评估广告活动的有效性。随着全球化的发展和国际交流的加深，商务英语中的专业术语不断融合和发展，如"globalization"（全球化）、"corporate governance"（企业治理）和"sustainability"（可持续性），这些都是当前国际商务交流中频繁使用的术语。商务英语中的专业术语是专业人士进行有效沟通和理解的基础。

（二）单义性

在商务交谈中，每一次沟通都可能是重大决策或交易的铺垫。因此，清晰、精确的表达至关重要。因此，商务英语偏好使用单义词，即那些在特定上下文中只承载一个明确意义的词。这种特性可以确保信息传递的准确性和高效率，减少由词义不明导致的误解，尤其是在跨国交易、法律合同、财务报告等中，任何模糊的表达都可能导致经济损失或法律责任。例如，在合同中，使用"续签"（renew）而非"继续"（continue）描述合同的延期操作，能明确表达合同的正式更新过程。在金融报告中，"资产负债表"（balance sheet）和"损益表"（income statement）用来明确区分公司的财务状况和经营成果，而非泛泛地称为"财务报告"（financial report），以防信息的误读。需要注意的是，商务英语中的单义词往往与专业术语紧密相关。专业术语由于其定义的明确性和专业领域的特定性，自然具有单义性。例如，在营销领域，"市场渗透率"（market penetration rate）精确地描述了一个产品或品牌在特定市场中的覆盖程度，而"顾客忠诚度"（customer loyalty）专指消费者对品牌的忠诚和重复购买行为。这些专业术语的使用避免了含糊和泛泛的描述，保证了词语的单义表达。

单义词的使用可以大大节省商务交谈的时间。在贸易沟通中，时间往往意味着金钱。单义词的使用会提升沟通效率，因为它们提供了快速、准确的理解基础，减少了可能需要额外解释的时间。例如，"见票支付"（payable on demand）明确表示款项应在持票人提交票据时立即支付，"逾期支付"（payable in arrears）则指款项在服务或商品交付后支付。在国际商务交流中，单义词的选择需要考虑文化差异的影响。在不同文化背景下，相同词可能会有不同的理解。因此，在商务沟通时，需要确保所选用的单义词在跨文化环境下具有明确性，避免文化误解。例如，"裁员"（downsize）在不同的文化中会有不同的负面程度理解，而使用"重组"（restructure）这个中性词可以减少负面情绪。从整体来看，单义词在商务英语中的广泛使用反映了该领域对精确、无歧义沟通的高要求。使用具有单一明确意义的词，可以更有效地服务商业目标，提升交易效率，减少法律风险。全球商务活动的增加，对能够精确表达意图的商务英语人才的需求将持续增长，这要求商务英语专业人才不仅要精通专业知识，还要提升语言表达能力。

（三）简洁性

简洁性也是商务英语词汇的一个重要特征。词汇的简洁能加快信息的传递速度，从而提高交流效率，特别是在快节奏的国际商务环境中，时间是极其宝贵的资源，简洁的词汇更方便商务人士在短时间内处理大量信息或做出决策。其中，缩略语的广泛使用就是商务英语简洁性的一个明显表现，它通过将复杂概念或短语缩减为几个字母的组合，来提高沟通效率。例如，"HR"代表"human resources"（人力资源），"SEO"代表"search engine optimization"（搜索引擎优化），"CFO"代表"chief financial officer"（首席财务官），"ADB"代表 Asian Development Bank（亚洲开发银行）。这些缩略语的使用，不仅缩短了语言表达的长度，还加速了专业信息的传递和理解。就缩略语的简化方式而言，主要有以下几种，如图 1-2 所示。

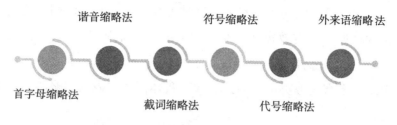

谐音缩略法　　　符号缩略法　　　外来语缩略法

首字母缩略法　　　截词缩略法　　　代号缩略法

图 1-2　缩略语的简化方式

1. 首字母缩略法

首字母缩略法是商务英语中极为常见的一种缩写方式，它通过提取每个单词的首字母形成一个特定的字母组合。这种方法能够有效地简化长单词，从而提高沟通的效率。首字母缩略语在商业文档、会议讨论以及电子邮件交流中被频繁使用。例如，"B2B"（business to business，企业对企业）、"B2C"（business to consumer，企业对客户）、"ROI"（return on investment，投资回报率）、ASP（American selling price，美国售价）、"IPO"（initial public offering，首次公开募股）、WPA（with particular average，水渍险）、"M&A"（mergers and acquisitions，合并与收购）。

2. 谐音缩略法

谐音缩略法是通过使用数字、字母或数字与字母组合代替整个单词的发音，如 WUD 代表 "would"（会）、"4U" 代表 "For You"（为你），简化了表达，同时保持了词汇信息的完整性。尽管商务英语一般要求使用正式、标准的语言，但在当今的社交媒体交流中，特别是那些寻求高效沟通的商务环境，缩略法不仅简化了文字表达，提升了沟通效率，还在某种程度上增加了交流的趣味性和感染力，为严肃的交谈提供了一种富有亲切感的交流方式，增添了沟通的灵活性，拉近了贸易双方的关系。

然而，值得注意的是，尽管谐音缩略法在商务沟通中广受欢迎，但在正式文件或重要的商务沟通中，使用谐音缩略词汇需要谨慎，以保持专业性和准确性，避免可能的误解或沟通障碍。

3. 截词缩略法

截词缩略法在商务英语中的应用十分广泛，它通过保留部分原词的字母来达到沟通简洁明了的目的。这种方式不仅能节省时间，还能在不失原意的情况下，有效传达信息。截词缩略法非常灵活，在商务交流、文档编写及电子邮件通信中极为常见，不仅可以提高沟通效率，还能在一定程度上丰富商务英语的表达方式。具体而言，截词缩略法有以下几种形式。

第一，通过保留词首去除词尾的方式，简化一些商务专有名词和常用短语。例如，"ACK"代表"acknowledge"（承认），"Config"代表"configuration"（配置），"INV"代表"invoice"（发票），"Spec"代替"specification"（规格），"App"代表"application"（应用程序），"Info"代表"information"（信息），"Intro"代表"introduction"（介绍），"AKA"代表"as known as"（也被称为）。这样的简化使得口语化的电子邮件或报告更加流畅易读。

第二，通过取单词首尾字母的缩写方法，能够在保留关键信息的同时，大幅减少字符数量。这种方法尤其适用于那些较长且在商务文档中频繁出现的词汇。例如，"Dept"代表"department"（部门），FRT代表"freight"（货运），LN代表"London"（伦敦），AMT代表"amount"（数量），"Qty"代表"Quantity"（质量）。这些缩略词在财务报告、库存管理和项目规划中起到了关键作用。

第三，合成词的截词缩略也非常普遍，它通过保留合成词的首部或关键部分来实现缩写。例如，"Blog"作为"Weblog"（网络日志）的缩略词，已经成为企业在线营销和个人表达的重要平台。

第四，通过组合几个词的首部来形成缩略语，这种方式在形成专业术语或特定概念时尤为重要。例如，"Forex"表示"foreign exchange"（外汇），INCOTERMS代表"international commercial terms"（国际商业），"AdTech"代表"advertising technology"（广告技术）。

第五，以辅音为核心的缩略法是另外一种高效的语言简化手段，它通过精选辅音字母构成缩略词，来代表完整的概念或单词。这种缩略法能显著减少书写和口头表达的复杂度，同时能保持原词的可识别性。辅音字母常在单词中承担主要的发音角色，所以即便去除元音，缩写仍能够被准确地辨认和理解。例如，"MKT"代表"market"（市场），"PCS"代表"pieces"（件、块、片）"PLS"代表"please"（请），"INFM"代表"inform"（通知）。截词缩略法是英语词汇适应快速变化的商业环境和提高沟通效率的体现。

虽然截词缩略法大大提高了语言的经济性，但在使用它们时，需要考虑上下文和受众的理解程度，以确保沟通的准确性和有效性。随着商业实践的发展，新的缩略法将不断出现，为商务英语的丰富性和动态性贡献新的元素。

4. 符号缩略法

符号缩略法在商务英语中扮演着至关重要的角色，其通过使用符号来代替单词或概念，不仅能提高沟通的效率和准确性，还能在国际商务活动中实现一种跨语言、跨文化的统一表达方式。这种缩略法以其形象性、简洁性和直观性被广泛应用于各种商务文档、财务报告、电子邮件中。其中，货币单位的表示是符号缩略法中最为典型的例子。例如，"$"代表美元，"£"代表英镑，"¥"则代表人民币。这些货币符号在全球范围内被普遍接受和理解，使得在处理国际贸易、投资和财务管理时，无须长篇累牍的解释。除了货币单位，符号缩略法也广泛用于度量衡单位。例如，"km"代表公里（kilometer），"kg"代表千克（kilogram），"℃"代表摄氏度（celsius）。这些缩略符号在国际商务中非常重要，因为它们提供了一种标准化的表达方式，保证了数据的准确交流和理解。时间单位的表示同样采用了符号缩略法，如"hr"代表小时（hour），"min"代表分钟（minute），"sec"代表秒（second）。在安排会议、制订工作计划或记录工时时，这些时间单位的缩略符号使得沟通更加高效和清晰。在商务沟通电子化和国际化的背景下，符号缩略法的应用尤为重要。它不但节约了空间，降低了沟通成本，而且其普遍性和标准化，极大地促进了跨国界、跨文化的商务交流。然而，正确、适当地使用这些符号要求商务人士熟悉各种相关的标准符号及其含义，以确保信息的准确传达和接收。

5. 代号缩略法

代号缩略法通过赋予特定的字母或数字组合特定含义，来代表复杂的概念或特定的信息。与其他缩略法不同，代号缩略法中的代号与其所代表的原词之间没有直接的视觉联系，这些代号更像是一种约定俗成的编码系统，它们的意义并不总能从字面上直接理解，而需要依赖特定的行业知识或上下文语境。例如，在服装和鞋类产品的制造和销售中，尺码和宽度常用代号来表示，如"C"代表男鞋的窄幅宽度，这种标记方式简化了尺寸信息的表达，使得生产者、库存管理者和销售者能够快速识别商品规格。同样，在海运行业，"F"表示有限制吃水的船只，这一代号能够帮助航运公司和港口管理机构在安排货物装载和船只进出时，快速了解船只的载重和吃水限制。在全球化的商务活动中，时间的统一标准至关重要。"Z"代表格林尼治标准时间，这一代号在国际通信、航空和海运等领域被广泛使用，以确保活动和操作在全球范围内同步进行。

代号缩略法的特性使其在需要准确无误、快速传递特定信息的商务环境中变得非常有用。它不仅能够在文档、报告和电子数据交换中提高信息处理效率，还有助于在跨国交易和多语言环境下保持信息的准确性和一致性。然而，代号缩略法的有效使用要求使用者必须对相关代号充分地了解。在不同的行业和领域，相同的代号可能代表着完全不同的含义，因此，熟悉特定行业的代号是确保有效沟通的关键。此外，随着商务活动的不断发展和国际化程度的加深，新的代号和标准在不断被开发和采纳，这要求商务人士持续更新其专业知识。

6. 外来语缩略法

在商务英语中，利用外来语构成的缩略语不仅丰富了语言的表达方式，也反映了商务交流的国际化特点。这种缩略法借助拉丁语、西班牙语、瑞典语、挪威语、法语、德语等多种语言中的词汇，形成了具有广泛应用的缩略语体系。这些缩略语在英语中的使用，不仅展现了英语的包容性，也为国际商务活动中的沟通提供了便利。例如，"RSVP"源自法语"Répondez s'il vous plaît"，意为"请回复"，在商务邀请函中经常使用，要求收件人对邀请做出回应。"Etc."源自拉丁语"et cetera"，意为"等等"，在列举多个项目时频繁出现，表达列表的不完全性。"FIFA"源自法语"Fédération Internationale de Football Association"意为"国际足球联合会"，当涉及国际体育营销、赞助和商务活动时，这个缩略语尤为重要。外来语缩略语成为跨文化沟通的桥梁，使来自不同语言背景的人能够在商务活动中更加顺畅地沟通。然而，正确理解和使用这些缩略语，要求商务人士具备良好的英语能力，并对这些缩略语背后的文化和语言背景有一定的了解。

商务英语词汇的简洁性不仅体现在缩略词的广泛应用上，还体现在倾向于使用直接、明确的语言表达意图和需求，尽量避免使用含糊或过于复杂的句子结构上。例如，使用"confirm"（确认）而不是"give consideration to confirming"（考虑确认），使用"send"（发送）代替"make a dispatch of"（进行发送）。此外，在商务英语中，同义动词的选择尤其需要注重精确和具体，以确保行动指令明确无误。例如，"allocate"（分配）、"implement"（实施）、"execute"（执行）等词应优先选用，因为这些词能够准确描述商务活动中的具体行为，从而减少理解上的歧义。商务英语的词汇选择应避免使用冗长或重复的表达，以免浪费时间和资源。通过省略不必要的修饰词和短语，商务文档和沟通可以变得更加高效。例如，要表达"提前计划"，不用"advance planning"而直接用"planning"就足够了，因为"planning"本身就涵盖提前准备的意味。

（四）特定性

英语中的一些词汇被用在商务英语领域时会被赋予特定的专业意义，如表1-1所示。这是商务英语词汇的一个显著特征，即特定性，体现语言在特定领域的适应性和专业化。例如，"proposal"通常指"提议或建议"，然而，在商务英语中，"proposal"特指投保单。又如，"pool"通

应用型本科商务英语专业人才培养创新研究

常指"池塘"，然而，在商务英语领域，其含义为"多个投资者的资金集中起来形成的一笔共同资金池"。再如，"policy"通常指政策或方针，但在保险领域，它被用来指代双方之间的权利、责任和条款。

表1-1 词汇的通常含义及在商务英语领域中的含义对比表①②

词汇	词汇通常含义	在商务英语领域中的含义
action	行动	诉讼
alienation	疏远	转让
assign	分派	转让
avoidance	逃避	宣告无效
balance	平衡	结余
liability	责任	负债
construction	建筑	解释
defense	防卫抗辩（理由）	被告方
determination	确定	终止
discovery	发现	调查证据
dishonor	耻辱	拒付
draft	草稿	汇票
distress	危难	扣押货物
execution	执行	（合同等的）签订
limitation	限制	时效
quote	引用	报盘
cover	覆盖、包含	清除、抵消
references	关于、参考	信用、能力等的证明人

① 曾葳.商务英语教学与模式创新研究[M].西安：西北工业大学出版社，2021：19.
② 袁林.商务英语课程体系研究：全球化高端人才培养视域[M].杭州：浙江工商大学出版社，2012：41.

此外还有一些看似日常，但容易望文生义的词汇。例如，"blue chip"常被曲解成"蓝色薯片"，但在商务英语中指的是"蓝筹股"，指那些具有长期稳定盈利记录、稳健的财务状况、良好的声誉的大型上市公司的股票。这些公司通常是各自行业的领导者，拥有稳定的收入，占据较大的市场份额，因而被视为投资者的安全投资选择。"蓝筹"一词源于赌场中最高价值筹码的颜色，即蓝色。

从整体来看，词汇的通常含义及在商务领域中的含义的不同不仅体现了语言在专业领域内的适应和演变，也强调了商业交流和法律文件对语言精确性的追求。了解和掌握词汇的特定含义，对从事国际商务的人士来说，是进行有效沟通和避免误解的关键。这一特征也提醒着翻译者和语言使用者，在处理商务英语材料时，必须对词汇的专业含义有深入的理解和正确的应用。

二、商务英语的句法特征

商务英语作为专门用途英语，在表达和交流中展现了一系列独有的句法特征，这些特征不仅体现了商务沟通的基本需求，还反映了商务文化的深层价值观。本部分内容将探讨商务英语的句法特征，包括委婉性、直接性、复杂性以及严谨性，如图1-3所示。这些特征共同构成了商务英语独特的表达风格，了解和掌握这些句法特征对提高商务英语交流效率和质量具有重要意义。

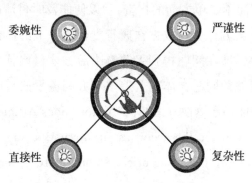

图1-3　商务英语的句法特征

（一）委婉性

在商务交流中，保持良好的客户关系至关重要。在商务谈判中，在不损害原则和底线的情况下，直接拒绝或表达强烈的否定意见可能会伤害到对方的自尊心，使对方感到被冒犯，最终降低双方达成共识的可能性或引起不必要的冲突。委婉表达可以留下回旋的余地，使双方有更多的空间来探索解决方案或妥协点，有助于维持和谐、长远的合作关系。但委婉并不意味着使用含糊的词汇，或者与对方极限拉扯，而是采取一种细腻且考虑周到的措辞方式，间接地表达意图或建议，既不直接表达赞同，也不直截了当地拒绝，为商务交流提供灵活的回应和后续讨论的空间。例如，如果交付的产品有质量问题，这时作为买方虽然有权问责，但采取委婉而非质问的沟通方式会更利于维护买方的正面形象，甚至得到超值的售后服务。买方可以这样表达："Upon evaluation of the latest product delivery, we've observed a few areas for enhancement. We're eager to collaborate on addressing these observations at your earliest convenience. Looking forward to your reply so that we can promptly settle the final payment."（在评估了最近交付的产品后，我们发现了一些需要改进的地方。我们希望能尽早与您合作解决这些问题，期待您的回复，以便我们及时付清尾款）。用"发现了一些需要改进的地方"而不是直接指出产品存在问题；"eager to collaborate"（希望能合作）强调了解决问题的合作态度，而不是单方面的指责；"以便能及时付清尾款"以一种委婉的方式表达了买方作为债权方在履行支付义务上的保留立场，暗示了尾款支付的条件，即在问题得到妥善解决后方才付尾款，客气又不失硬气，保护自身权益的同时，体现了追求双方利益平衡与商业关系可持续发展的高度专业性和谨慎性。又如，"As for goods Article No.160, we are currently unable to place the order, as an alternative supplier offering the same quality at a more favorable price. Should there be any adjustments in your pricing, please do not hesitate to contact us."（关于160号商品，我们暂时无法下单，另外一个供货商以更加低廉的价格提供了同样品质的商品，如果贵方有任何价格调整，请随时与我们联系）。此表达使用"暂时不能下单"而不是直接说"不会从您这里购买"，留下了未来合作的可能性；"另外一个供货商以更加低廉的价格提供了同样品质的商品"是在说明本次决策的理由而不是直接批评对方价格高；"如果贵方有任何价格调整，请及时与我们联系"则给了对方调整报价和继续谈判的机会，展现出对合作伙伴的尊重和期待进一步沟通的愿望，使得整个对话礼貌而温和。

从整体来看，委婉的语言策略在商务英语中极为重要，它不仅有助于缓和紧张关系，还能在保持商业礼貌和尊重的同时，为解决复杂或敏感的商务问题提供一个更加灵活和可控的沟通框架。通过这样的策略，商务人士可以在没有直接拒绝对方的情况下，表达出考虑、关注或重新评估的意向，为双方未来的合作关系铺设坚实的基础。

（二）直接性

虽然委婉性在确保对话的礼貌和尊重方面发挥着关键作用。然而，在一些情况下，直接甚至强硬的语气同样重要，尤其是在需要明确指示、迅速行动或强调责任时。

为了表达的直接性，商务英语大多采用被动语态、祈使句及各种从句句型。这些句型的运用不仅会增强语言的正式性和庄重性，而且行文的严谨，能有效地避免歧义，确保内容的客观公正和描述的准确性。例如，被动语态的使用能够构建一种客观且不直接指向特定个体的表达方式，而祈使句则能够在需要明确行动指令时提供清晰指导，而各种从句则允许在保持句子结构紧凑的同时，传达出更为复杂的信息，为阅读和沟通节省时间。

例　句 1：Under the gold standard, allowing for the free exportation of gold, currency values against foreign currencies were constrained to a minimal fluctuation range.

在金本位制下，允许黄金自由出口，货币相对于外币的价值波动被限制在一个极小的范围内。

例句 2：A quotation for the requested items will be sent to you within two business days.

所请求物品的报价将在两个工作日内发送给您。

例 句 3：Looking forward to receiving your feedback, we remain at your disposal for any further information.

期待收到您的反馈，我们随时为您提供任何信息。

例句 4：Ensure that you have thoroughly reviewed all terms before signing any contract.

请确保在签署任何合同前，您已经彻底审查了所有条款。

（三）复杂性

在商务英语的表达中，为了保证严谨以及内容的全面性，句子往往会在结构上展现出复杂性，通过频繁地嵌入短语、从句等修饰性和限定性元素，构建出既冗长又复杂的句式，特别是在涉及法律条款、合同规定或操作指南时，这种句式不仅可以详尽地展现信息，还可以确保表达的精确性，有时候，一个长句几乎占据了整个段落的篇幅。

Under any circumstances, regardless of being foreseen or unforeseen, prior to the voyage or during it, if the Carrier or the Captain perceives any potential for risks such as capture, seizure, detention, damage, delay, adverse effects or loss to the vessel or any segment of its cargo, or deems it unsafe, unwise, or illegal for any reason to embark on, continue, or complete the journey, or to offload the cargo at the designated port, leading to possible delays or complications in reaching, unloading at, or departing from the discharge port or the customary or agreed discharge location within such port, the Carrier has the right, before the cargo is loaded or the journey begins, to demand the shipper or any other entitled individual to reclaim the goods at the port of shipment. Should this request not be mct, the Carrier is entitled to store the goods, with all associated risks and costs borne by the owner of the goods. Furthermore, the Carrier or the Captain, regardless of whether the course to the discharge port is being made, or an attempt to enter or reach the discharge port or its usual discharge site is undertaken, or there is an attempt to offload the cargo there, has the authority to unload the goods into a warehouse, quarantine facility, lighter, or any other designated place.

在任何情形下，无论是预见的或未预见到的，无论是在航行前还是航行中，如果承运人或船长认为存在如被捕获、扣押、扣留、损坏、延误不利影响或对船舶或其任何部分的货物造成损失的风险，或出于任何原因认为启航、继续航行或完成旅程，或在指定港口卸货是不安全、不明智或非法的，导致可能在到达、在卸货港卸货或从卸货港出发或其习惯或约定的卸货地点出现延误或困难的情况下，承运人有权在装货或旅程开始前，要求发货人或任何其他有权人在装货港口回收货物。如果此请求未得到满足，承运人有权存储货物，所有相关风险和费用由货物所有者承担。此外，承运人或船长，无论是否正在向卸货港进发，或尝试进入或到达卸货港或其习惯的卸货地点，或尝试在那里卸载货物，都有权将货物卸入仓库、隔离设施、驳船或任何其他指定地点。

此例句通过句式的多样化、详尽的描述和条件设定，确保了表达的严密性和全面性。例如，使用了诸如 "regardless of being foreseen or unforeseen"（无论是预见的或未预见到的）和 "leading to possible delays or complications"（导致可能的延误或困难）等从句和短语，提高了表述的全面性和准确性。此外，通过详细阐述各种潜在风险及相应的预防措施，确保了商务沟通的专业性。

（四）严谨性

严谨性也是商务英法句法特征之一，这一特征在确保商务交流的准确性，尤其是在权利与义务明确划分方面发挥着关键作用。严谨性对商务英语的表达方式和措辞都提出了较高要求，特别是在合同和法律文件等商务文档中，每一个词的选择和每一个句子的构造都被精心考量，以避免任何可能的误解或歧义。在句式上，为了凸显严谨性，商务英语句式倾向于使用完整、结构复杂的句子而非简短的表达。这种偏好不仅反映在直接的陈述句中，还体现在对被动语态的频繁运用上。例如，"All services provided by the company will be executed in accordance with the standards stipulated in the contract."（公司提供的所有服务都将按照合同中规定的标准执行）。该被动句强调了服务的执行标准，而不是执行服务的主体，从而使得表述更加客观，减少了主观色彩。

长句的使用是商务英语严谨性的体现，通过在一个句子中嵌入多个从句和短语详尽描述某一商务操作或条款。如此一来，尽管增加了句子的复杂度，但同时提高了信息的全面性和精确度。例如，"Subject to the fulfillment of the prerequisites outlined in section A, the party B shall proceed with the payment not later than 30 days following the receipt of the final invoice."（在满足 A 部分概述的先决条件的前提下，B 方应在收到最终发票后不迟于 30 天进行支付）。这句通过详细阐述条件和执行步骤，确保了条款的准确性和可执行性。商务英语的严谨性不仅体现在语言的结构上，还体现在对准确性、明确性的较高要求上。严谨性能够确保商业文件精确地表达合同双方的意图，同时有效地规避潜在的法律风险和商业争议。

三、商务英语的语篇特征

商务英语的语篇特征如图 1-4 所示。

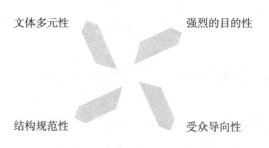

文体多元性　　　　　　　强烈的目的性

结构规范性　　　　　　　受众导向性

图1-4　商务英语的语篇特征

（一）文体多元性

商务英语的文体多元性体现为包含一系列专门化的商务文体，如商务报告、信件、合同、提案、电子邮件和即时信息等，每种文体都针对特定的商业沟通需求设计，不仅反映了商务英语在形式和结构上的多样性，还体现了商务交流在目的、受众和情境上的多样性。其中，商务报告是商务英语中的一种重要文体，通常用于汇报研究结果、分析数据、提出建议或展示项目进展。商务报告的语言通常较为正式和客观，包含详细的数据、图表和分析，以确保信息的准确性和全面性。例如，一份市场分析报告会包括目标市场的特征、消费者行为和竞争状况等内容，从而为企业做出市场策略提供依据。商务信件涵盖电子邮件、备忘录、通知等形式，是商业沟通中常用的文体。商务信件的语言风格可以根据具体情境和受众变化，包括从正式的邀请函到非正式的团队通知。在商务信件中，清晰、准确地传达信息是关键，同时需要注意语言表达的专业性，以维护良好的商务关系。合同是商务交易中较为正式的文体之一，它规定了合作双方的权利和义务。合同的语言必须极为精确和严谨，避免任何可能的误解和歧义。合同中通常包含大量的法律术语和专业细节，以确保所有条款都得到清晰的界定和说明。商务提案是向潜在客户或合作伙伴推荐产品、服务或解决方案的文档。提案需要详细说明提供的价值、优势以及执行计划。一个有效的商务提案不仅需要展现对客户需求的深刻理解，还需要有说服力。提案的语言通常既正式又具有吸引力，旨在建立关系并促成交易。在商务沟通中，电子邮件和即时消息是常见的交流方式。尽管这些方式可能不够正式，但能够更方便、快捷地提高沟通效率。

报告、信件、合同、提案、电子邮件和即时消息等文体体现了商务英语的文体多元性，反映了商务沟通的复杂性和多样性。了解和掌握不同文体的特点和使用场合，对进行有效的商务沟通至关重要。针对不同的文体，商务人士需要根据不同的商业情境中灵活地调整语言风格和结构，从而更加自信和专业地表达自己，进而促进成功的商业交流。

（二）结构规范性

为了展现商务英语的逻辑性和目的性，商务英语的语篇通常采用起承转合的结构。这一结构的应用，使得商务英语文本既能礼貌地引入话题，又能明确地传达核心信息，最后以逻辑严谨的方式完成目的性的表达。例如，商务英语文本常以礼貌的问候或感谢作为开头，旨在为直接切入主题铺垫，以免显得突兀。例如，"We are grateful for your notification regarding the scheduled visit of Mr. Green on June 27."（我们感谢您告知我们关于格林先生将于 6 月 27 日进行访问的计划）。这样的开头不仅传递了信息，也展现了礼貌性和亲切性。之后，文本通常直接陈述主题，明确地表达请求或说明情况，以避免可能的误解。例如，"We wish to discuss the potential collaboration between our companies during Mr. Green's visit."（我们希望在格林先生访问期间讨论我们公司间可能的合作）。该句直接且清晰地表达了交流的核心目的。接下来的文本往往包含对先前交流中提出的问题或要求的回应，从而确保文本的连贯性和互动性，强化商务交流的双向性。例如，"Regarding your inquiry about the product specifications, we have included a detailed brochure for your review."（关于您对产品规格的询问，我们附上了详细的手册供您查阅）。这种回应体现了商务英语的逻辑性和关注细节的特点。文本的结尾部分通常对前文内容进行简要总结，并以礼貌的方式表达期待进一步交流的愿望。例如，"We eagerly anticipate your feedback and look forward to exploring this opportunity together." (我们热切期待您的反馈，并期望共同探索这一机会)。结尾的礼貌性表述强调了商务英语维护良好关系的意图。从整体来看，商务英语语篇的结构规范性特征，确保了信息的准确传递和商务交流的有效性。这种结构的严谨不仅体现了商务英语的专业性，还体现了对商业伙伴的尊重和对商业实践的深刻理解。

多使用正式或书面语体而非口语语体，也是商务英语语篇结构规范性的体现。这种偏好反映了商务英语在确保信息传达专业性、准确性和权威性方面的基本需求。在语篇中，正式语体的使用体现在几个关键方面。第一，词汇选择。商务英语倾向于使用精确的术语和专业词汇，避免日常用语和俚语的出现。这不仅是为了确保语言的专业性，也是为了确保信息在不同文化和语言背景下的准确性。例如，在商务英语中，会使用"terminate"而非"end"来描述合同的结束，使用"compensate"而非"pay back"来讲述赔偿事宜。这一部分在商务英语词汇特征中已论述过，此处不再赘述。第二，句子结构的选择和使用。相较于口语中的短句，正式语体中的句子结构通常更为复杂，这种结构可以一次性表达更为复杂的含义和逻辑，尤其是长句以及包含多个从句和介词短语的复合句子，能够详细阐述条件、过程和结果，确保表达的全面性。例如，商务英语中常见的合同条款或法律声明，就是通过这种复杂的句式来确保每一项规定都得到充分说明和定义的。这一点在商务英语句法结构中已论述过，此处不再赘述。从整体来看，商务英语语篇的结构规范性满足了商业交流的专业性和准确性需求，不仅能够确保贸易双方进行有效的沟通，还塑造和维护了企业的形象。

（三）受众导向性

在商务交流中，一个显著的语篇特征是受众导向性，即读者中心性。这种特征强调在表达时考虑并尊重对方的立场和需求，主要表现形式是使用第二人称而非第一人称进行交流。这不仅体现了对受众的尊重，也增强了语篇的互动性和针对性，使得沟通更加有效。例如，在商务信函中，语篇的措辞和表达一般被设计为以接收方为中心的。例如，"You will receive our catalogue, which will provide you with the latest product information."（您将收到我们的产品目录，它会为您提供最新产品的信息）。该句将焦点放在接收方，即第二人称"您"上，直接讲述对方将获得的利益或需要采取的行动，提升了信息的针对性和吸引力。受众导向性的表现形式还在于通过被动语态的使用弱化第一人称的主体性，进一步体现对受众的尊重。例如，"Your order will be processed promptly."（您的订单将被及时处理）。该句既没有直接突出执行动作的主体（"我们"），又明确了对方关心的核心事项——订单的处理情况。这样的表达有助于降低自我中心的表达，转而强调服务受众的态度。此外，站在对方立场进行表达能够增强商务文本的说服力和影响力，让接收方感觉到自己的需求和期望被充分理解和重视，从而建立起更为积极的沟通氛围。在商务沟通中，这种以受众为中心的语篇是建立信任、促进合作和实现共赢的关键因素。从整体来看，受众导向性不仅是商务英语语篇的一个重要特征，也是进行有效商务交流的策略之一。在表达中优先考虑并尊重接收方的立场，能够更精确、更有效地传达信息，同时促进双方的理解和合作。这种特征反映了商务英语在实践中的应用原则和沟通策略，即在尊重对方的基础上进行有效沟通，以实现共同的商业目标。

（四）强烈的目的性

强烈的目的性也是商务英语语篇的一个显著特征。在商务环境中，语言不仅是沟通的工具，还是实现具体业务目标的手段。例如，在商务会议、电话交流等场景中，语言的主要作用是达成特定目的，如促成交易、推动工作活动。商务人员通常以目的为导向进行协商或交谈，更注重语言的组合，而非句法的使用。商务英语的语言往往用于解决事务性问题，而非纯粹的交际。具体而言，商务人员使用语言的主要目的是获取所需的资源、达成协议、签订合同或说服他人支持自己的行动计划。因此，商务英语的语篇通常注重解决问题、取得成就。因此，使用语言清晰地表达意图、明确要求和提出建议，有助于提高工作效率和推动业务发展，成为商务人员的职业要求与必备技能。

第四节 商务英语认证考试

一、剑桥商务英语资格考试

剑桥商务英语资格（Business English Certificate, BEC）考试由剑桥大学考试委员会主办，是剑桥英语考试体系中的一部分，旨在评估考生在商业环境中使用英语能力。1993年，中国举办该考试以来，BEC考试因其权威性和实用性，被广泛接受并用于教育和职场领域的英语水平评估认证。中国的BEC考试由剑桥大学考试委员会与教育部考试中心联合举办，其中剑桥大学考试委员会负责出题、评卷及证书发放，教育部考试中心则负责考生注册、试卷印制和考试组织等事务。BEC考试对年龄、性别、职业背景、地域及学历均无具体要求，面向人群广泛，为广大旨在提升商务英语应用能力的人开启了学习和认证的大门。BEC考试分为初级（BEC preliminary）、中级（BEC vantage）和高级（BEC higher）三个等级，以满足不同英语能力水平的考生需求。其中，初级考试适合学习英语不久的考生，重点评估考生的商务英语交流能力，考试内容涵盖日常商务场景中的基础沟通技巧，如简单的电子邮件交流、基本的会议对话等。中级考试适合那些具有一定英语基础，能够在商务环境中进行更复杂交流的考生，重点评估考生在稍微复杂的商业场景中使用英语的能力，包括编写报告、参与会议和讨论等。高级考试适合那些掌握高级英语能力的考生，特别是需要在多变和具挑战性的商业环境中使用英语的人，重点评估考生在高层次的商务交流中使用英语的技能，如进行复杂的谈判、撰写高级商务文件和演讲等。

在BEC的评分体系中，考生的成绩由四大部分构成：听力、阅读、写作和口语，每部分均占综合成绩的 25%，只要总成绩达到规定的及格线，即通过考试，而不对单独技能设置及格分数线。每个部分都有固定的分值，这些原始分数会根据特定的标准转换成最终分数。例如，从四个评价维度对考生的口语进行评判。其中，发音和语调评估考生语音的清晰度和语调的恰当使用，包括但不限于音量、重音、节奏和情感表达。语言准确性评估考生在语法、词汇使用及表达方式上的正确性。流畅性评估考生表达的连贯性和自然度，包括语速控制和句式的灵活运用，从而评判考生在持续交流中的适应能力。交流效果评估考生独立表达思想的能力、应对变化的灵活性以及掌握对话节奏和方向的技巧。对四个维度分别赋分，然后进行综合，以确保全面衡量考生的口头表达技巧。

参与 BEC 的考生通常会在考试结束后大约七周收到其成绩报告。成功通过考试的人将在随后的四周内收到由剑桥大学考试委员会颁发的合格证书。这份证书作为一种国际认可的英语能力证明，在全球范围内，尤其是在欧洲的许多商业领域受到广泛认可。BEC 证书的有效性终身不失，使其成为全球求职和教育领域中一个重要的资格凭证。BEC 的考试者数量可与托福、雅思考试的比肩，成为中国受欢迎的海外英语考试之一。此外，BEC 证书也被世界各地的众多知名企业用来评估雇员的语言能力。

二、托业考试（TOEIC）

托 业 考 试（Test of English for International Communication, TOEIC），中文译为国际交流英语考试，是一项专为全球范围内需要在国际职场环境中使用英语交流的个人设计的英语语言能力评估工具，由美国教育考试服务中心（Educational Testing Service, ETS）开发并于 1979 年推出。ETS 自 1947 年成立以来，一直是全球教育与评估领域的领军机构，旗下拥有多项知名的考试项目，包括托福（TOEFL）、美国高中毕业生学术能力水平考试（Scholastic Assessment Test, SAT）和研究生入学考试（Graduate Record Examination, GRE）等。托业考试以其公正、客观的评估方式，成功地在全球 120 多个国家推广，每年有超过六百万的考生参加，成为全球参加人数较多的英语考试之一。超过一万家国际公司和机构认可并使用托业考试成绩作为评估员工英语交流能力的标准。与其他英语能力考试不同，托业考试专注于评估考生在实际工作中使用英语的能力，而非理论知识。因此，托业考试被广泛认为是职场英语能力的重要衡量标准。

　　托业考试包括听力与阅读考试以及口语与写作考试，考察内容覆盖工作中常用的英语应用技能，通过计算机化的答题卡记录考生成绩，并将考生答题卡上正确答案按照听力和阅读两个主要领域分别转化为分数，每个领域的分数范围介于 5 分和 495 分。将这两个领域的分数合计，得出的总分介于 10 分和 990 分。托业考试旨在衡量个体在职场上使用英语的实际能力，而非评定某门特定课程的学习成果，因此并不设定传统意义上的及格或不及格标准。具体要求的分数标准取决于各个公司或企业根据职位需求设定的标准。例如，对于不需要频繁使用英语交流的职位，企业可能只要求 20 分的成绩；对于需要频繁使用英语交流的职位，企业则可能要求达到 900 分的高分。英语能力级别与对应的托业考试分数大致分为以下几个。优秀（805 ～ 990 分）：作为非英语母语者，能够在各种情境下流畅地使用英语进行交流，即便面对非专业领域的话题也能有效理解并恰当表达。高级（655 ～ 804 分）：能够在多数情况下进行适当的交流，理解常规会话并迅速做出反应，虽有个别语法或结构上的错误，但不影响沟通。中高级（555 ～ 654 分）：具备处理日常生活和有限商务交流的英语能力，能够理解会话要点并做出响应，尽管在复杂情景下可能会遇到挑战。高级起步者（405 ～ 554 分）：具有进行基本会话的英语交流能力，能在条件允许下理解简单对话。中级起步者（305 ～ 404 分）、初级起步者（205 ～ 304 分）、低级起步者（10 ～ 204 分）：即使在简单会话中也难以进行有效交流。这种等级化的考核标准，为个体职业发展和企业人才评估提供了一个统一的参考标准。

　　报名参加托业考试后，考生会收到一份官方指南，该指南详细解释了托业考试的评分规则以及各分数段在全球不同工作中的应用和意义。

2002 年 11 月 11 日，中国劳动和社会保障部职业技能鉴定中心与美国思而文学习系统公司共同宣布，托业考试被正式引入中国。这一举措代表着中国劳动职业技能认证与国际接轨的重要一步，同时为中国考生提供了展示其职场英语能力的国际平台。

根据对引进国外职业资格证书的相关规定，2019 年起参加托业考试的考生，人社部将在符合要求的考生成绩证书加贴人社部国际证书注册证签。此注册证签一证一码，与国家职业资格证书具有同等效力，证签由人社部相关部门审核发放，可在人社部国外职业资格证书查询平台进行查询。

考生可以通过参加不同组合的托业考试，获得不同等级的职业英语水平证书。这不仅为考生提供了一个量化自己英语能力的机会，还为企业提供了评估员工英语水平的标准。较高的全球认可度、广泛的应用场景以及在职场英语能力评估中的权威性，使托业考试成为追求国际职业发展的个体和企业首选的英语能力评估工具。随着全球化的不断深入，托业考试的重要性日益突出，为非英语母语国家的考生提供了一个展示自己英语交流能力的平台，同时促进了全球职场的英语交流和理解。

第二章　基于需求的商务英语专业人才培养目标、原则与趋势

在经济全球化浪潮下，商务环境快速变化，如何培育出既符合市场要求又符合学生个人发展的商务英语人才成为教育界和商界共同关注的问题。本章先分析当前社会对商务英语人才的需求，然后探讨商务英语专业人才培养目标，指出当前背景下商务英语专业人才培养的基本原则，分析商务英语专业人才培养趋势。商务英语专业人才培养应精准识别行业需求，确保教育过程的实践性、创新性与个性化，确保培养出的毕业生不仅拥有较强的语言应用能力，还具备广阔的国际视野和敏锐的商业洞察力，能够主动适应并引领市场需求变化。

第一节　商务英语人才需求

一、高质量发展的对外贸易对商务英语人才的需求

在改革开放的推动下，我国经济取得了令世界瞩目的成就，特别是在对外贸易领域，对外贸易增长速度之快、规模之大，在世界经济史上堪称罕见。自20世纪末至今，随着经济全球化的深入发展，国与国之间的经济联系日益紧密。在这一背景下，我国坚持走对外开放的发展道路，积极参与国际经济合作与竞争，不仅促进了自身的经济发展，也为全球经济增长作出了重要贡献。

我国对外贸易的高质量发展得益于多方面因素的共同作用。第一，国内经济的持续高质量增长为对外贸易提供了强有力的支撑。随着国内市场的逐步开放，我国成为全球具有较强吸引力的投资目的地之一。第二，我国加入世界贸易组织后，积极融入全球经济体系，通过降低贸易壁垒，提高了与世界经济的互联互通水平。同时，我国进一步放宽了对个人和企业的进出口贸易限制，激发了市场活力，为对外贸易的高质量发展提供了新的动力。第三，众多跨国公司将生产基地转移到我国，不仅带来了资本和技术，还促进了我国企业的技术进步和产业升级。第四，我国通过举办各类国际展览会，为我国产品和服务进入国际市场提供了展示平台。随着对外贸易的迅猛发展，我国的产业结构优化升级，传统的劳动密集型产业通过引进先进技术，逐渐转型升级为技术含量更高、附加值更大的产业。在转型过程中，我国企业在学习国际先进经验的同时，在创新中不断增强自身的国际竞争力。我国在全球产业链中的地位日益提升，逐步从"世界工厂"转变为全球创新中心和高端制造基地。对外贸易的高质量发展增加了对商务英语人才的需求。这些人才不仅需要具备扎实的国际贸易知识，了解国际市场的运作规则，还需要具有良好的外语沟通能力和跨文化交际能力，能够在复杂多变的国际贸易中解决各种贸易问题。此外，随着电子商务和数字化技术的快速发展，对外贸易对掌握数字化贸易技能的人才的需求也在迅速增长。这要求高校能够及时响应市场需求，更新课程内容，提高教育质量，以培养更多符合时代需求的高素质商务英语人才。

二、国际贸易竞争新形势对商务英语人才的需求

在经济全球化的大潮中，国际贸易已成为世界各国经济交往的重要组成部分。对我国这样一个贸易大国而言，深度参与国际贸易是经济发展的重要驱动力。我国企业在国际化进程中会遇到一些挑战。这些挑战不仅涉及技术、市场、政策等多个方面，还对企业的国际商务能力提出了更高的要求。第一，面对日益严格的国际技术性贸易壁垒和各类贸易

救济措施，我国企业需要具备一定的国际商务沟通能力和专业知识，以解决这些问题。发达国家对进口产品的技术性指标，如能耗、环保标准、食品安全等的要求日益严苛，这不仅是对技术和产品质量的挑战，更是对信息解读、沟通协调和国际法律争议处理能力的挑战。在此背景下，商务英语人才的作用不可替代。他们需要精通商务英语，熟悉相关国际规则和标准，还需要能有效进行跨文化沟通，以促进双方理解和合作，减少或避免潜在的贸易冲突。第二，随着国际竞争格局的变化，我国企业对外贸经营管理人才的素质和能力要求也在不断提高。以往依靠信息不对称、资源和政策优势获得的竞争优势正在减弱，企业越来越需要依靠提高经营效率、制定有效的市场策略、保护知识产权等方式来获得竞争优势。因此，商务英语人才不仅要具备良好的语言沟通能力，更要具备国际视野、战略思维和市场分析能力，能够在复杂的国际市场环境中为企业制定和执行有效的国际商务策略。第三，随着国际采购商大量进入我国市场，我国的外贸企业与具有丰富国际经验和雄厚资金实力的外资企业之间的竞争日益激烈。这不仅是产品和价格的竞争，还是管理模式、市场开发和客户服务等多方面的竞争。在这种情况下，商务英语人才需要能够利用自己的语言优势和国际商务知识，帮助企业改进国际化管理，提升国际市场开发能力和客户服务水平，从而使企业在激烈的竞争中脱颖而出。

综上所述，在经济全球化背景下，商务英语人才对我国企业应对国际贸易竞争、克服技术性贸易壁垒和提升国际化经营管理水平等发挥着至关重要的作用。具备国际视野、熟悉国际规则、掌握现代商务技能的高素质商务英语人才是推动我国企业深入参与国际分工、增强国际竞争力、实现可持续发展的关键力量。加强商务英语人才培养，不仅可以提升我国对外贸易质量，还可以为应对国际挑战、增强我国企业的国际竞争力提供重要的人才和智力支撑，对促进我国对外贸易的高质量发展以及构建开放型经济新体制具有重要的战略意义。

三、我国产业升级对商务英语人才的需求

随着我国经济的快速发展和经济全球化进程的不断深入，经济转型和产业升级成为我国经济发展的重要部分。这为外贸行业带来了全新的发展机遇，同时对该行业提出了更高的要求。在这一背景下，企业对商务英语人才的需求尤为迫切，这些人才的专业技能和国际视野将直接影响企业在国际贸易中的竞争力和发展能力。第一，我国经济从依靠出口拉动向以国内需求为主的增长模式的转变，意味着进口业务的规模、品种和经营方式将发生重大变革。这不仅包括民生发展必需的资源型产品，如粮食、矿产资源等，还包括能够改善民众生活水平的进口消费品。这种变化对外贸企业而言，既是巨大的市场机遇，也是严峻的挑战，尤其是在风险控制和分销能力方面。在这一过程中，具备扎实专业知识和良好沟通能力及跨文化交际能力的商务英语人才的作用不可小觑，他们了解国际贸易规则和市场动态，能有效地进行市场分析、客户沟通和风险管理。第二，外贸行业的产业升级和贸易投资一体化战略的实施，要求企业不仅要在传统的进出口贸易中寻求发展，更要通过产业链的整合和优化，提升在全球价值链中的地位。在这一过程中，能够熟练运用英语进行国际市场研究、投资分析和跨国谈判的商务英语人才将发挥关键作用，他们能够帮助企业探索和拓展国际市场，实现产业链的全球布局和优化。特别是在农产品出口、制造业和高科技产业等领域，商务英语人才能够通过有效的国际沟通和协作，促进企业从生产、加工到营销各环节的一体化管理，提高产品附加值，增强市场竞争力。第三，随着国际贸易竞争的加剧和利润空间的压缩，越来越多的企业意识到仅仅依靠降低成本已难以为继，必须通过提升产品和服务质量、加强品牌建设等方式来获取竞争优势。在这一过程中，具备国际视野和专业能力的商务英语人才能够为企业提供重要的支持。他们不仅能够帮助企业更好地理解国际市场的需求和趋势，还能够参与产品研发、市场营销和品牌传播等关键环节，通过有效的国际沟通和推广，提升企业的国际形象和品牌影

响力。第四，随着跨国公司在全球产业链中的角色日益重要，控制产品的生产和销售成为获取竞争优势的重要手段。在这一背景下，商务英语人才将成为企业不可或缺的宝贵资源。他们不仅能帮助企业在全球范围内进行有效的资源整合和产业链布局，还能促进企业在不同文化背景下的沟通和合作，推动企业的国际化战略实施和全球业务拓展。

从整体来看，在经济转型和产业升级的背景下，商务英语人才对我国外贸企业至关重要。他们不仅能帮助企业更好地应对国际贸易中的挑战和风险，还能促进企业的产业链整合和全球布局，增强企业的国际竞争力，提升企业的市场地位。因此，加强对商务英语人才的培养和引进，对推动我国外贸产业的高质量发展和建设开放型经济体系具有重要的战略意义。

四、企业对商务英语人才的需求

在经济全球化的大背景下以及中国经济结构调整和产业升级的关键时期，国际贸易和商务活动呈现出日益复杂和多元化的趋势。这为商务英语人才开辟了更广阔的发展空间，同时对他们提出了更高的能力要求。具体而言，企业对商务英语人才的需求已经远远超出了传统的语言交流技能，更强调他们在解决实际商务问题中的应用能力、跨文化沟通能力及对国际经贸规则的深入理解。并且，随着国际化经营策略的实施，企业越来越需要那些能够熟练运用商务英语、具备专业知识和国际视野，以及能在多变的商务环境中灵活应对的高素质人才。图 2-1 是目前企业对商务英语人才的能力要求。

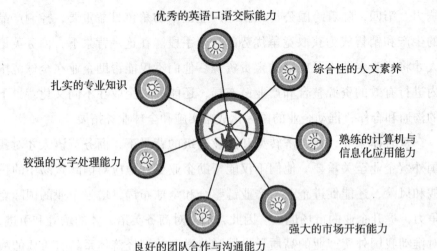

图 2-1　企业对商务英语人才的能力要求

　　第一，优秀的英语口语交际能力。在国际商务活动中，优秀的英语口语交际能力是商务英语人才必备的技能之一。随着我国对外经济贸易的日益频繁和全球经济一体化的深入发展，商务活动的类型更为多样化，涵盖金融、营销、管理、旅游、物流等多个领域。企业越来越重视人才在多领域，尤其是在中小型涉外活动的现场翻译、对外商务谈判等中的口语交际能力。一名具备强大英语口语能力的商务英语人才，能够获得更多展示自己能力的机会，进而实现职业上的快速提升。

　　第二，扎实的专业知识。涉外企业对商务英语人才具备的专业知识要求极高，不仅要掌握国际贸易的理论知识，还要掌握与商务活动密切相关的其他专业知识，如商品学、财务、企业管理及跨文化交流等。掌握这些知识，可以使商务英语专业人才在国际贸易活动中更加游刃有余地处理问题，更有效地支持企业的国际商务活动，增强企业在国际市场中的竞争力。

　　第三，较强的文字处理能力。企业对商务英语人才在文字处理能力方面的要求也相当高，包括高水平的专业外语文献阅读与翻译技能、熟练的翻译技巧以及专业的商务写作能力等。商务英语的文体具有其特定的功能和风格，是国际商务交流中不可或缺的一部分。无论是合同草拟、商务信函写作、产品说明书翻译，还是案例分析，都离不开强大的商务英语文字处理能力。

第四，良好的团队合作与沟通能力。在当今经济全球化和多元文化交融的商业环境中，良好的团队合作与沟通能力对商务英语人才来说尤为重要。企业的成功在很大程度上依赖团队成员之间的密切协作。团队合作不仅体现在对共同目标的追求上，更体现在成员之间通过有效的沟通实现这一目标上。这有利于促使团队成员将个人的成功与团队的成就紧密联系在一起，从而形成一种推动企业向前发展的强大动力。良好的团队合作与沟通能力要求商务英语人才能够积极参与团队活动，共同应对挑战，在完成日常工作任务中密切配合，在企业面临重大决策或危机时，能够集思广益，共同寻找最佳解决方案。在这一过程中，个体的自我激励和自我提升对团队的整体表现至关重要。每个成员都应该有意识地追求进步，不断学习团队中其他成员的优点，促进自身的成长，从而提升团队的整体能力。同时，国际商务活动中的沟通不仅涉及团队内部成员之间的交流，还涉及与来自不同文化背景的国际伙伴的有效沟通。

在跨文化的商务环境中，来自不同国家的商务人员在价值观念、行为习惯、思维方式等方面存在差异，这些差异往往是导致误解和冲突的根源。因此，商务英语人才需要具备深入理解和尊重不同文化差异的能力，通过有效的跨文化沟通技巧，建立和维护良好的国际商务关系。这包括能够准确理解对方的意图和需求，有效表达自己的观点和建议，以及在商务谈判和合作中寻找共同点，化解分歧，达成共识。此外，跨文化商务沟通能力也是解决国际商务活动中由文化差异引起的沟通与管理问题的关键。商务英语人才在国际商务活动中扮演着桥梁和纽带的角色，他们需要通过敏锐的文化洞察力，理解不同文化背景下人们的行为和沟通模式，从而促进商务活动的顺利进行，实现商业目标。

第五，强大的市场开拓能力。在当今商务环境中，企业对商务英语人才的市场开拓能力格外重视。这种能力不仅体现在对新市场的敏锐洞察和有效进入上，也体现在对现有业务的创新升级和跨界融合能力上。

拥有强大的市场开拓能力的商务英语人才，能够在面对全球化竞争和不断变化的市场需求时，凭借自身的专业知识和创新思维，探索并实现新业务领域、新产品或新服务的开发，以及新市场的开拓。这成为企业在激烈的国际竞争中脱颖而出、实现持续成长的关键因素。市场开拓与创新紧密相连，创新是推动企业不断前进、适应和引领市场的驱动力。在全球商务环境中，创新不仅包括技术或产品的革新，还包括商业模式、管理机制、市场策略等多方面的创新。例如，通过数字化转型，企业可以开辟电子商务渠道，利用大数据和人工智能等技术完善客户服务，提高运营效率，这本身就是对传统商务模式的一种创新和开拓。此外，跨文化创新意识在市场开拓中占有重要位置。商务英语人才需要具备跨文化理解和沟通能力，这不仅能帮助他们在多元文化的背景下更好地进行市场调研和客户交流，还能促使他们在创新过程中融合不同文化元素，开发出更具全球竞争力的产品和服务。例如，通过深入了解目标市场的文化偏好和消费习惯，企业能够设计出更符合当地消费者需求的产品，从而在新市场中快速扩大品牌影响力。同时，企业内部的创新文化建设也是开拓市场的关键。企业可以为员工提供学习新知识、探索新技术的机会和平台，激发员工的创新潜能，增强团队的整体开拓能力。企业还可以通过定期举办创新工作坊、鼓励跨部门协作、设置创新奖励机制等方式，营造一个鼓励创新、宽容失败的工作环境。

第六，熟练的计算机与信息化应用能力。在信息化、数字化时代背景下，熟练的计算机运用能力对商务英语人才而言，是其职业发展的基石之一。随着信息技术的飞速发展，特别是互联网、大数据、人工智能等技术的广泛应用，国际贸易的经营和管理方式正在经历着前所未有的变革。这种变革不仅体现在交易方式的电子化、网络化上，还体现在商务交流、市场分析、客户服务等多个方面的深度整合和创新上。在当今的商务环境中，电子商务不再是一个新鲜词语，而是国际贸易中不可或缺的一部分。从在线订单处理到电子支付、从虚拟市场的营销到数字化的供应链管理，无不体现出计算机与互联网技术在现代商务活动中的核心作用。因此，商务英语人才必须具备熟练运用计算机和网络资源进行商务活动的能力，这包括但不限于利用各种商务软件进行数据分析、使用社交媒体和电子商务平台进行市场推广、通过电子邮件和视频会议工具进行跨境沟通协作。而且，随着云计算、物联网、区块链等新兴技术在国际贸易中的应用，商务英语人才还需要理解这些技术背后的原理，掌握如何在商务活动中有效应用这些技术，以提高工作效率，降低运营成本，增强企业的竞争力。例如，利用区块链技术可以构建更加安全、透明的供应链管理系统，通过物联网技术可以实现对货物的实时监控，云计算则能够为企业提供强大的数据处理能力。此外，随着数字化转型的加速，企业对商务英语人才的要求也在不断提高，不仅要求他们掌握基本的计算机操作技能，还要求他们能够在数字化环境下进行创新思考，利用先进的信息技术解决商务问题，开拓新的商业模式。因此，商务英语人才需要保持对新技术的敏感度，不断学习和更新相关技术知识。

第七，综合性的人文素养。在全球经济一体化和文化多元化的当下，商务英语人才的人文素养尤为重要。人文素养不仅涉及文学、历史、哲学等传统人文学科的知识，还涉及对人类社会、文化多样性的深入理解。这种综合性的人文素养，为国际商务从业人员在复杂的国际环境中进行有效沟通、决策制定和问题解决提供了坚实基础。首先，综合性的人文素养能够增强商务英语人才的跨文化交际能力。在国际商务活动中，了解和尊重来自不同文化背景的商业伙伴是建立良好合作关系的前提。通过对不同国家和地区的文化的深入了解，商务英语人才能够更加敏锐地捕捉到跨文化交流中的细微差别，避免文化冲突，促进双方的理解和信任。其次，综合性人文素养的培养有助于提升商务英语人才的创新思维和问题解决能力。面对国际市场的复杂性和不断变化的商业环境，具备广博的人文知识和批判性思维能力的商务英语人才能够从更广阔的视角分析问题，寻找创新的解决方案。此外，综合性的人文素养还能够培养商务英语人才的道德观念和社会责任感，使他们在追求企业经济利益的同时，关注社会发展和环境保护，实现商业活动的可持续性。最后，综合性的人文素养在帮助商务英语人才更好地理解国际市场、设计和生产符合不同文化和消费习惯的产品方面起着至关重要的作用。通过深入分析目标市场的文化特征和消费者偏好，企业能够更准确地开发出更受目标市场欢迎的商品或服务，从而在激烈的竞争中占据优势。虽然综合性人文素养的培养可能不会立即为企业带来直接的经济收益，但从长远来看，它能提升商务英语人才的思维能力，夯实他们的知识基础，使他们在面对未来市场和社会挑战时更自信。因此，越来越多的企业开始重视商务英语人才的综合性人文素养，将其视为评价员工综合能力和潜在价值的重要标准。

第二节　商务英语专业人才培养目标

根据我国教育部发布的相关政策文件，可以明确看到商务英语本科人才培养目标的具体要求和方向。例如，《普通高等学校商务英语专业本科教学质量国家标准》规定："商务英语专业旨在培养英语基本功扎实，具有国际视野和人文素养，掌握语言学、经济学、管理学、法学（国际商法）等相关基础理论与知识，熟悉国际商务的通行规则和惯例，具备英语应用能力、商务实践能力、跨文化交流能力、思辨与创新能力、自主学习能力，能从事国际商务工作的复合型、应用型人才。"

一、知识层面

商务英语专业知识层面的人才培养目标是培养学生具备坚实的英语语言基础和广泛的商务专业知识，使他们能够在国际商务环境中有效沟通、应对各种商务挑战。这一培养目标涵盖两个关键组成部分：英语语言知识和商务专业知识，如图 2-2 所示。

图 2-2　商务英语专业人才知识层面的培养目标

（一）英语语言知识

掌握英语语言知识是商务英语专业学生成功的基石。英语语言知识不仅涉及英语的基本语法、词汇、语音等基础语言知识的学习，还涉及听、说、读、写、译等综合语言技能的培养。英语语言知识的培养目标是使学生能够在商务沟通中准确、有效地使用英语，包括能够理解和表达复杂的商务概念、参与商务谈判和讨论、撰写商务报告和信函等。为了达到这一目标，商务英语专业的课程设计应注重理论与实践的结合，不仅设置系统的语言学习课程，如语言学概论、综合英语、高级英语、商务英语写作等，还安排大量的语言实践活动，如口语训练、听力练习、阅读分析、写作工作坊、翻译实践等。通过这样全面、系统的语言训练，学生可以不断提高自己的英语语言应用能力，为进一步学习商务专业知识和未来的职业生涯奠定坚实的语言基础。

（二）商务专业知识

商务专业知识的培养旨在使学生掌握国际贸易、市场营销、财务管理等领域的基本理论和实践知识。在经济全球化的背景下，商务英语专业的学生需要了解国际商务的基本规则和操作流程，包括国际市场的分析、国际贸易的流程、跨国公司的运营管理、国际商务谈判的策略等。学生还需要学习商业法律、电子商务、跨文化管理等相关知识，以便能够在复杂多变的国际商务环境中有效地解决问题。为了实现这一培养目标，商务英语专业在高年级阶段（大三、大四）应增加大量的商务专业课程，如经济学导论、管理学导论、国际商法导论、国际市场营销等。[①]
这些课程不仅提供了商务理论的基础知识，还通过案例分析、项目研究、
实习实践等形式，增强学生的实践能力和创新能力。通过学习，学生不
仅能够学习商务理论，还能够将理论知识应用于实际商务活动中，为未
来的职业生涯做准备。

二、能力层面

商务英语专业能力层面的人才培养目标包含培养学生的实际操作能
力、跨文化交际能力、批判性思维能力以及自主学习和终身学习能力，
如图 2-3 所示。这些能力对商务英语专业学生在国际商务环境中的成功
至关重要。

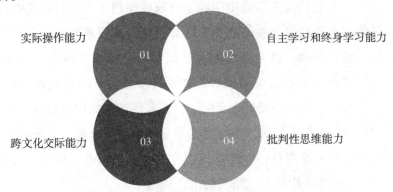

图 2-3　商务英语专业能力层面的人才培养目标

（一）实际操作能力

商务英语专业的学生需要具备将理论知识应用于实际商务活动的能
力。这包括在商务谈判、市场分析、财务规划、项目管理等方面的实践
技能。为了达到这一目标，教师应在课堂教学中融入充足的案例研究、
模拟商务活动和专业实习等活动。这些活动不仅可以加深学生对商务理

① 孙毅.《高等学校商务英语专业本科教学质量国家标准》的地方性解读：国标与校标的对
照 [J]. 外语界. 2016（2）：46-51，87.

论的理解，还能够提升学生解决实际问题的能力，培养他们的创新思维和团队协作精神。

（二）跨文化交际能力

在国际商务环境中，跨文化交际能力是商务英语专业学生必须具备的核心能力之一。这不仅涉及语言的流利使用，还涉及理解和尊重不同文化背景下的交流习俗和商务礼仪，有效地管理和调解文化差异带来的冲突，以及在多元文化团队中高效工作。应通过跨文化交际导论、国际商务沟通等课程以及国际学生交流、涉外工作岗位实习等活动，培养学生的全球视野，提升学生的跨文化理解和沟通能力。

（三）批判性思维能力

批判性思维能力是商务英语专业学生分析问题、做出决策的重要能力。这种能力能够保证学生在复杂的商务情境中精准识别问题、分析问题、评估不同的解决方案，从而做出合理的决策。教师应设置讨论课、研究报告、案例分析等教学内容，并鼓励学生参与科研项目和创新竞赛，以培养学生的批判性思维能力，提高他们的问题解决和创新能力。

（四）自主学习和终身学习能力

商务英语专业旨在培养学生的自主学习和终身学习能力。在知识更新速度极快的今天，能够自我驱动、持续学习和适应变化是商务英语专业学生成功的关键。应通过在线学习资源、开放式课题研究、学术讲座和研讨会等方式，鼓励学生主动探索新知识，培养自主学习的能力，为终身学习奠定基础。

三、素养层面

素养层面的人才培养目标着力于塑造全面发展的人才，不仅包括专业能力的提升，还包括高尚的品德、人文与科学素养、国际视野、社会责任感、敬业与合作精神、创新创业精神以及健康的身心素质的培养，如图 2-4 所示。这些素养是学生在未来职业生涯中取得成功的重要基石，也是他们作为社会成员必须具备的基本品质。①

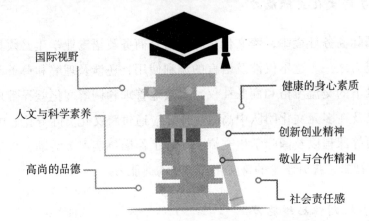

图 2-4　商务英语专业素养层面的人才培养目标

（一）高尚的品德

在商务英语专业的人才培养中，高尚品德的塑造被视为基础而关键的要素。这不仅因为品德直接关系个人的职业道路和企业的成功，还因为它对建立健康的商业生态环境和促进社会整体进步具有不可替代的作用。高尚的品德包括但不限于诚信、公正、尊重和责任感。在国际商务交往中，诚信是建立和维护商业伙伴关系的基石；公正则是确保交易公平、促进市场健康发展的前提；尊重不同文化和价值观能够促进跨文化交流，避免不必要的冲突；责任感则能够驱使商务人士不仅关注企业利益，而且考虑企业行为对社会和环境的影响。培养具有高尚品德的商务英语专业人才对促进国际商务活动公正和可持续发展具有深远意义。它不仅能够提升个人和企业的信誉，还能够为全球商务活动创造一个更加健康、公平和富有人文关怀的环境。在经济全球化日益深化的今天，品

---

① 刘永厚.《高等学校商务英语专业本科教学质量国家标准》解读 [J]. 语文学刊（外语教育教学），2015（9）：81-83.

德的重要性更是不言而喻。在培养高尚品德的过程中，教师应当通过具体的商业伦理课程、案例分析和模拟商务环境等教学方式，促使学生在面对真实或假设的道德困境时，能够深思熟虑，做出符合道德原则的决策。此外，学校和教师应当以身作则，为学生树立良好的榜样。通过系统而深入的教育，商务英语专业的学生能够更好地内化这些品德，并在学习和日常生活中践行这些品德。

（二）人文与科学素养

人文与科学素养在商务英语专业人才培养中占据了极其重要的位置，它们是商务英语专业学生适应复杂多变的国际商务环境、进行有效沟通和做出理性决策的基础。首先，人文素养强调对人类文化、历史、艺术和哲学的深入理解，这种理解能够使商务英语专业学生更好地理解不同国家和地区的文化背景和价值观，从而在跨文化交流中展现出尊重和同理心。科学素养则注重培养学生运用逻辑思维和科学方法分析问题的能力以及处理商务问题、评估市场风险和制定战略决策的能力。这两方面的素养相辅相成，对商务英语专业学生具有不同侧重的作用和价值。人文素养的培养，能够使商务英语专业学生在全球化的商务活动中展现出更开阔的视野和更敏锐的文化洞察力，从而促进不同文化背景下的有效沟通和理解，减少文化差异带来的沟通障碍。同时，通过对经典人文学科的学习，学生能够培养出批判性和创新性思维，这对在竞争激烈的商务环境中寻找新的解决方案和商业模式尤为重要。科学素养的培养，则能够使商务英语专业学生在面对复杂的商业数据和信息时，运用科学的分析方法和逻辑思维进行有效处理和解读，支持他们在商务决策中做出更加精准和理性的选择。在数字化和信息化日益发展的今天，具备良好科学素养的商务英语专业人才能够更快地适应新兴技术在商务活动中的应用，从而增强企业的竞争力。

从整体来看，人文与科学素养不仅为商务英语专业学生提供了跨文化交流的基础和科学决策的有效工具，还培养了他们应对全球化商务挑战时所需的综合能力。这种综合能力的培养,使得商务英语专业学生能够在国际商务领域中更加从容地应对挑战,展现出专业性和人文关怀并重的独特魅力。

(三)国际视野

具备国际视野是商务英语专业学生融入全球化商务环境并取得成功的关键。这一视野的培养能够帮助学生超越国界和文化的局限,洞察和理解全球经济、政治、社会及文化动态,从而在多元化的国际商务场景中做出精准的判断和进行有效的沟通。在商务英语专业教育中,培养国际视野不仅仅是教授学生关于国际贸易规则、全球市场营销策略或跨国企业管理的知识,更重要的是通过教授这些专业知识,引导学生建立一种全球化的思维方式和跨文化的敏感度,这包括对国际商务中常见的文化差异、商业习俗和沟通方式的深入理解能力以及在不同文化背景下进行有效交流和协作的能力,只有具备这些能力才能更好地化解跨文化冲突。同时,培养国际视野还意味着激发学生对国际事务的兴趣和好奇心,鼓励他们主动关注全球经济、政治的发展趋势以及经济全球化的深入发展对各行各业的影响。商务英语专业人才培养体系中可以加入参与国际交流项目、海外实习、模拟联合国活动等教学内容,使学生有机会体验不同文化,开阔视野,增强国际意识。具备国际视野的商务英语专业人才,能够在全球化的商业环境中以更加开放的心态和更高的灵活性应对挑战,为企业开拓国际市场、制定国际化战略提供有力的支持,从而促进不同文化背景下人们的理解与合作,为企业在国际舞台上赢得声誉。总之,国际视野的培养是商务英语专业学生走向成功的重要素养。它不仅增强能够学生的竞争力,还能够为他们未来的职业生涯开辟宽广的道路,使他们在国际商务领域中发挥关键作用。

(四)社会责任感

在商务英语专业人才培养体系中,社会责任感的培养是构建学生综合素质的重要方面，这不仅关乎个人的道德修养，更是商业实践中不可或缺的核心素养。在国际商战如此激烈的今天，商务英语专业学生应能理解企业在全球化经济活动中应当担负的社会责任，包括促进可持续发展、实施公平交易、保护生态环境、维护消费者权益以及促进社会公正等。培养社会责任感意味着学生应理解商业活动不仅应追求经济利益的最大化，还应考虑经济活动对社会和环境的长远影响。在商务英语专业的教学中，学生应学习相关的国际商法、全球市场营销伦理、企业社会责任等课程，深入理解全球化商务实践中存在的伦理问题和挑战。通过案例分析、讨论和反思，学生应学会如何在实际商务决策中权衡经济效益与社会效益，如何在跨文化交流和国际合作中推广和实践社会责任理念。此外，社会责任感的培养也鼓励学生参与具有实际社会意义的项目和活动，如商务志愿服务、公益项目等，这些实践活动不仅能够增强学生的社会责任感，还能够提升他们的团队合作能力、商务项目管理能力和实际问题解决能力。通过这些活动，学生能够将所学知识和技能应用于解决实际问题，从而提升自己的问题解决能力，实现自己的社会价值。从整体来看，社会责任感的培养对商务英语专业学生而言具有深远的意义。它不仅有助于塑造学生的全面人格，还能够促进学生在未来职业生涯中推动企业实现社会效益与经济效益的双赢，为构建更加公平、可持续的全球商务环境作贡献。

（五）敬业与合作精神

敬业与合作精神在商务英语专业人才培养中的重要性不容忽视，它直接影响学生将来在国际商务环境中的适应性和成功率。对于商务英语专业的学生来说，敬业精神体现为对学习和将来职业的全情投入和持续追求卓越，而合作精神则强调在多元文化背景下与他人有效合作的能力。具体而言，敬业精神的培养意味着学生应深入探索语言知识和商务知识，培养对所学专业的热爱和对未来职业的执着追求。这种敬业态度能够促使学生在学习过程中展现出较高的自我驱动力，不断追求专业知识的积累和技能的提升，以适应国际商务领域的高标准和严要求。拥有敬业精神的商务英语专业学生能够在未来的职业生涯中以高度的专业性和责任心，投身于跨文化交流、国际贸易、全球市场营销等领域，为企业在全球竞争中取得优势。合作精神的培养则着重于提升商务英语专业学生在多元文化环境中有效沟通和协作的能力。国际商务活动往往需要跨越不同的文化、语言界限，完成复杂的商业项目。在这一过程中，合作精神成为团队顺利工作、实现共同目标的关键。通过参与团队项目、多元文化交流活动和国际合作案例学习，学生不仅能够学习如何尊重不同文化背景的队友，还能够提升灵活应对跨文化沟通障碍、有效解决团队冲突的能力。合作精神对商务英语专业学生而言，是其在国际商务环境中顺利开展工作、提高团队协同效率的重要保证。

（六）创新创业精神

创新创业精神在商务英语专业人才培养中扮演着至关重要的角色，尤其是在当今快速变化的全球商务环境中。对商务英语专业学生而言，这种精神不仅意味着他们能够在语言和文化方面创造新价值，还涉及如何利用其专业知识和技能，在国际商务的广阔舞台上开拓创新，驱动企业成长和市场扩展。

创新精神要求商务英语专业学生具备突破传统思维模式的能力，能在多元文化交流和国际商务活动中寻找和制订新的解决方案。这种精神的培养要求学生运用批判性思维审视现有的商务模式和市场策略，探索跨文化交流中未被充分利用的商业机会。例如，学生可以通过分析不同文化背景下人们的消费行为，为企业开发新的市场营销策略；抑或利用技术创新，提高企业的沟通效率，优化业务流程。

创业精神则进一步将创新精神与实际行动相结合，旨在激发学生将创新想法转化为实际行动的动力。这涉及识别市场需求、制订商业计划、募集资金、管理团队和执行项目等一系列能力。商务英语专业学生通过学习国际商务谈判、项目管理和跨文化领导力等课程，能够在全球化的商业环境中有效地推进自己的创业项目，克服文化和语言障碍，与国际合作伙伴建立稳固的合作关系，推动企业的国际化进程。培养创新创业精神的重点在于激发学生的主动性和独立性，鼓励他们对国际商务现状进行深入分析，主动寻找创新机会。同时，通过提供实际的创业指导和支持，如创业孵化器访问、创业竞赛参与和企业家导师计划，促使商务英语专业学生能够在实践中熟悉创业过程的各个阶段，从而提升他们将创新理念转化为商业成功的能力。

（七）健康的身心素质

在商务英语专业人才培养中，健康的身心素质被视为学生成功的基石之一。这一素质的重要性不仅在于其对个人福祉的直接影响，更在于其对维持高效学习和工作能力的关键作用。对商务英语专业学生而言，健康的身心素质包括健康的身体、心理和情绪健康，这些都是他们在面对国际商务挑战和跨文化交流压力时保持最佳表现的基础。第一，健康的身体能为商务英语专业学生提供充沛的体力和持久的耐力，使他们在紧张的学习和未来的职业生涯中保持活力。健康的身体还有助于他们提高学习和工作质量，减少因健康问题导致的学习中断或工作缺席。第二，心理和情绪健康的重要性在于，它能使商务英语专业学生有效地应对学习和工作中的压力，维持积极的心态，增强心理韧性。在国际商务环境中，商务英语专业人才常常需要应对复杂的跨文化交流和高压的商务谈判，良好的心理健康状态能够帮助他们保持冷静，做出理性的决策，这对跨文化理解和合作尤为重要。因此，商务英语专业的教育不仅应关注学生专业知识和技能的培养，也应着力增强学生的健康意识和自我管理能力。通过参与健康教育课程、心理健康工作坊和体育活动等，学生可以学习如何平衡学习、工作与休息，如何应对压力和挑战，以及如何建立健康的生活习惯。培养健康的身心素质，能够为商务英语专业学生打下坚实的基础，使他们在未来的国际商务舞台上以最佳状态展现自我。

第三节　商务英语专业人才培养原则

在商务英语专业人才的培养过程中，遵循一系列明确的原则是实现教学目标和提升教育质量的关键。本节内容将详细探讨这些原则，包括理论与实践相结合原则、跨文化原则、创新性原则、职业导向原则、因材施教原则及与时俱进原则，如图 2-5 所示。

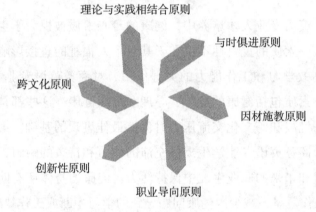

图 2-5　商务英语专业人才培养原则

一、理论与实践相结合原则

在商务英语专业人才培养过程中，理论与实践相结合原则不仅是教育过程的基本要求，也是提高教育质量、满足社会需求的重要途径。它的核心在于确保学生能够将理论知识有效转化为解决实际问题的能力，进而确保学生能具备高度的专业素养和较强的竞争力。第一，理论与实践相结合原则要求注重理论学习的深度与广度。在商务英语专业的理论学习中，学生不仅要掌握语言学、翻译学、跨文化交际等领域的基本理论，还要深入了解国际贸易、市场营销、国际金融等商务领域的专业知识。理论学习不能停留在知识的表层，而应要求学生能够深入理解理论背后的逻辑、原理及其在商务操作中的实际应用。这要求教师在教学过程中，采用批判性思维教学法，引导学生探究理论的深层含义，培养学生分析问题和解决问题的能力。第二，理论与实践相结合原则要求注重实践活动的真实性与挑战性。为了提高学生的实践能力，教育活动应尽可能地模拟真实的商务环境，设置具有挑战性的商务任务，如商务谈判模拟、跨文化交流活动等。这些活动应设计得既能够让学生运用所学理论知识，又能够让他们面对真实商务环境的复杂性和不确定性，从而在实践中锻炼和提升他们的专业技能。此外，通过学校与企业的合作，学生可以参与真实的商务项目，这种"学以致用"的经验对学生理解理论的实际价值和增强就业竞争力具有不可估量的作用。第三，理论与实践相结合原则要求注重理论与实践相互促进的动态循环。理论与实践相结合原则强调的是一个互动和循环的过程，而不是简单的两个阶段的线性关系。理论学习为实践提供指导，而实践又促进理论学习的深化和拓展。这种动态循环要求教师根据学生在实践中的表现和反馈，不断调整和优化教学策略，及时调整理论教学的内容和方法，使之更贴近实践，更能满足学生的学习需求和社会的实际需求。

　　将理论与实践相结合原则深入商务英语专业人才培养过程具有重要意义。对学生而言，不仅能提升其专业能力，还能增强其在真实商务环境中的适应性和创新性。对学校而言，能够提高教育质量，以及学生的就业率，从而提升学生和家长的满意度，进而提升学校的社会声誉和影响力。对社会而言，既具备扎实理论基础又具备强大实践能力的商务英语人才，能够满足国际商务领域对高素质人才的需求，促进经济的发展。从整体来看，理论与实践相结合原则在商务英语专业人才培养中占据着核心地位，它要求教师和学生能够在这一过程中不断探索、实践、反思和创新，从而实现商务英语教育的最终目标——培养出在全球商务环境中具有竞争优势的高素质人才。

二、跨文化原则

在商务英语专业人才培养中，跨文化原则的核心在于培养学生能够在多元文化的全球商务环境中有效交流、协作和解决问题的能力。这一原则强调了对不同文化背景、价值观、行为习惯和沟通模式的理解和尊重，被认为是国际商务活动成功的关键。随着经济全球化的深入发展，商务活动越来越多地涉及多种文化的交融。在这样的背景下，商务英语专业的学生必须具备跨文化沟通能力，以应对来自不同文化背景的客户、合作伙伴和同事之间的交流和合作。跨文化原则下的有效沟通不仅指语言交流的能力，更指理解对方文化和价值观的能力。因为在商务交往中，文化差异可能导致误解和冲突，从而影响合作效果。因此，商务英语专业学生的培养需要超越传统的语言教育范畴，深入文化层面，指导学生如何在跨文化情境中识别和适应不同的文化特征，如何使用适当的语言和非语言表达自己，以及如何解读他人的言行，从而实现有效沟通。此外，跨文化原则还强调对全球商务环境中多元文化价值观的理解和包容。在经济全球化的背景下，商务人士需要经常与来自不同文化背景的人合作，面对不同的商业实践、谈判风格和决策过程。这要求商务英语专业学生不仅要了解不同文化的商业习俗和礼仪，还要能够在跨文化的商务环境中灵活运用这些知识，处理复杂的人际关系。跨文化原则还要求教师在教育实践中对学生进行跨文化适应性、灵活性和创新性思维能力的培养。在全球商务环境中，不断变化的市场要求商务英语专业人才能够快速适应新环境，创新解决问题。通过跨文化教育，学生可以学习如何在不确定和多变的环境中保持开放和适应性，如何运用创新的思维跨越文化障碍，挖掘新的商业机会。

从整体来看，跨文化原则在商务英语专业人才培养中占据着至关重要的地位。它不仅是一种教育理念，还是一种必须贯彻在教育实践中的原则。通过深入理解和实践这一原则，商务英语专业的学生可以更好地为自己应对全球化带来的挑战做准备，成为能够在多元文化背景下有效工作和沟通的商务英语人才。在这一过程中，重要的不仅是学生对不同文化知识的掌握，还是他们对跨文化理解、尊重和适应能力的内化，这将是他们在未来职业生涯中取得成功的关键。

三、创新性原则

在当今全球化和信息化时代，商务英语专业人才的培养面临着前所未有的机遇和挑战。抓住这些机遇和应对挑战没有现成的模板和答案可供直接引用，墨守成规显然也不是一个可行的选择。因此，高校在商务英语专业的人才培养上必须展现出前所未有的灵活性和创新性。创新性原则是多维度的，它不仅要求高校在教学内容、方法和评估体系上进行革新，还强调要培养学生的创新思维和实践能力，以适应快速变化的商业环境和技术进步。以下是对创新性原则在商务英语专业人才培养中应用的进一步扩展分析。第一，培养学生的创新思维能力是创新性原则的核心。在传统教育模式中，学生往往被要求掌握固定的知识和技能。然而，在当前快速变化的商业环境中，这种教育模式已经难以满足社会的需求。教育者需要转变观念，重视培养学生的创新思维和问题解决能力。这意味着教育者需要设计更多开放性问题和项目，鼓励学生跳出传统思维框架，进行批判性思考和创新性探索。通过参与真实的商业案例分析、创业项目和跨文化交流，学生能够学习如何在多元化和不确定的环境中寻找机会，提出并实施创新解决方案。第二，教学方法和模式的创新对实现创新性原则至关重要。随着科技的发展，数字学习工具和平台为商务英语教学提供了新的可能性。在线课程、虚拟现实、移动学习应用等技术的应用，能够帮助学生突破地理和时间的限制，与世界各地的学生和专家进行交流和合作。例如，通过在线国际合作学习项目，学生可以在虚拟的国际团队中工作，解决跨文化沟通中的实际问题，这种经历对培养他们的全球视野和团队协作能力极为宝贵。第三，教学内容的更新和丰富也是创新性原则的关键组成部分。随着商业模式的不断演化和新兴技术的广泛应用，商务英语专业的教学内容也需要不断更新和丰富，以反映最新的商业实践和技术趋势。这不仅包括将电子商务、社交媒体营销、大数据分析等现代商业概念纳入教学内容，还包括增加关于可持续发展、企业社会责任等当代商业议题的讨论，以培养学生的社会责任感和伦理意识。通过教学内容的更新和丰富，学生不仅能够掌握前沿的商业知识，还能够提升面对未来商业挑战的能力。第四，创新性原则还要求教育管理和评价体系本身的创新。这意味着高校需要建立更加开放和灵活的管理体制，支持教师和学生的创新活动，鼓励跨学科学习和研究，以及与企业和国际伙伴的合作。同时，评价体系也需要从单一的知识掌握转向综合评估学生的创新能力、实践能力和跨文化沟通能力，这可能需要开发新的评价工具和指标，以全面反映学生的学习成果和能力发展。从整体来看，创新性原则在商务英语专业人才培养中的应用是多方面的，它不仅要求培养学生的创新思维和能力，还要求教学方法、内容和评价体系的创新，以及教育管理模式的创新。通过实施这一原则，可以有效提升商务英语教育质量，培养出能够适应未来商业挑战、在全球化商务环境中具有创新和领导能力的商务英语人才。

四、职业导向原则

职业导向原则是商务英语专业人才培养中应当遵循的一条基本原则，它要求教育过程紧密围绕市场需求和职业发展的实际需要来设计和实施，确保学生毕业后能够具备必要的专业知识、技能以及良好的职业素养，从而顺利实现就业。这一原则的实施，不仅反映了教育与社会需求之间的紧密联系，也体现了高等教育对提升国家经济竞争力和社会发展的重要贡献。在全球化和信息化日益加深的今天，商务英语作为一门应用广泛的学科，其培养目标为满足国际商务交流中日益增长的人才需求。这就要求教育者不仅要注重学生英语语言能力的提升，还要加强学生商务知识、跨文化交际能力、信息技术应用能力等方面的培养，为学生将来在国际贸易、跨国公司、外事交流等领域的工作奠定坚实的基础。

首先，职业导向原则体现在教学内容的设计上。教学内容应紧贴商务实践，同时结合实际案例分析，增强学生的实际应用能力。此外，跨文化沟通课程的设置能帮助学生理解不同文化背景下的商务行为和交际习惯，提高其在多元文化环境中工作的能力。其次，职业导向原则还强调实践教学的重要性。通过实习、模拟公司运营、商业项目竞赛等方式，学生可以将理论知识应用到实际工作中，提前适应未来的职业角色，提升解决实际问题的能力。同时，这些活动为学生提供了与企业接触的机会，有助于他们建立职业网络，增加就业机会。最后，职业导向原则要求教育者在教育过程中加强对学生职业规划和职业素养的教育。通过职业发展课程、职业规划指导、求职技巧培训等，帮助学生树立正确的职业观，了解职业市场的需求，制订个人职业发展计划。这不仅有助于学生认识到自身的优势和兴趣所在，还能够提高他们的就业竞争力。

在实施职业导向原则的过程中，教育者和教育机构需要与企业、行业协会等建立紧密的合作关系，及时了解行业动态和人才需求，调整教学内容和方法；还需要关注学生的个性化需求，提供多样化的学习路径和支持，以适应不同学生的职业发展目标。总之，职业导向原则在商务英语专业人才培养中的实施，旨在通过提供与实际职业紧密相关的教育内容和实践机会，培养学生的专业知识和技能、职业素养及终身学习能力，从而使他们能够在国际商务环境中展现出较强的专业能力和竞争力。这不仅符合学生的个人发展需求，还符合社会经济发展和国际化进程对商务英语人才的实际需求。

五、因材施教原则

因材施教原则在商务英语专业人才培养中扮演着关键角色，它要求教育者根据学生的个体差异、学习能力、兴趣爱好及职业发展需求设计和实施教学活动。这一原则的实质在于提供个性化的教学策略和学习路径，最大限度地发挥每名学生的潜能，促进其全面发展，使其具备商务英语专业要求的全部能力和素养。在国际商务环境中，商务英语专业学生面临着多样化的职业机会和挑战，因此，实施因材施教原则尤为重要。

第一，学生的背景、学习需求和未来职业目标存在较大差异。一些学生可能对国际贸易感兴趣，希望在进出口公司工作；另一些学生可能更倾向于在跨国企业从事市场营销或人力资源管理等职务。因此，教育者需要对学生的需求进行详细分析，了解他们的专业兴趣和职业规划，据此提供相应的课程和学习资源，确保教学内容的相关性和实用性。第二，学生在语言学习能力、学习风格、认知速度、性格等方面的个体差异要求教育者采用灵活多样的教学方法。例如，针对性格内向的学生，教育可以设计更多的口语练习，帮助他们克服交流中的障碍，增强自信心。这种训练可以通过小组讨论、角色扮演、模拟商务谈判等形式进行，模拟真实的商务环境，让学生在相对安全的环境中练习和提高商务英语的口语交流能力，提高在商务场合中的表达能力和应变能力。针对对特定商务领域感兴趣的学生，教育者可以提供更深入的专业知识教学和更具针对性的实践机会。例如，对对国际贸易方向感兴趣的学生，教育者可以安排相关的案例研究、市场分析报告编写和实地考察等活动，让他们能够深入理解国际贸易的运作模式和相关法律法规。对技术能力较薄弱的学生，教育者可以引导他们利用信息技术来支持商务英语学习和实践。例如，指导学生使用电子商务平台进行市场调研，或者利用社交媒体工具进行品牌营销策略的设计和实施。这样的训练不仅能够提升学生的技术应用能力，还能让他们了解数字技术在现代商务活动中的重要作用。对学习进度较慢的学生，教育者则需要进行更加耐心和细致的指导，可能还需要提供额外的辅导和支持。第三，因材施教原则还意味着教育者在教学过程中要充分考虑学生的反馈和建议，不断调整教学策略以适应学生不断变化的需求。这种双向互动的教学模式能够增强学生的学习动力和参与感，帮助他们更好地掌握商务英语知识和技能。同时，通过定期的学习评估和反馈，教育者可以及时发现学生的学习难点和问题，从而采取具有针对性的措施进行干预和支持。第四，实施因材施教原则还需要教育者具备高度的专业素养和灵活应变的能力。教育者既要熟悉商务英语的教学内容和方法，也要了解学生心理和教育心理学的相关知识，准确识别学生的个体差异，设计出符合学生个性化需求的教学方案，还要鼓励学生进行自我探索和自我管理，引导学生根据自己的兴趣和目标制订学习计划，培养终身学习的能力。

六、与时俱进原则

在商务英语教育领域，与时俱进原则是指教育内容、教学方法、教师素养以及学生能力等各个方面都应不断适应并反映科技进步、市场需求和文化交流的最新趋势。这一原则的核心在于保持教育的活力和相关性，确保商务英语专业学生的培养能够满足时代需求。第一，从国际经济形势来看，全球经济的变化对商务英语教育提出了新的挑战和要求。随着国际贸易的不断发展、跨国公司的广泛布局以及数字经济的兴起，商务英语教育需要紧跟国际经济发展的步伐，及时更新课程内容，涵盖国际贸易规则、跨文化管理、国际市场营销策略、跨境电子商务等领域的最新知识。这不仅要求教育者具有前瞻性眼光，还要求他们能够快速吸收和传授新兴的商业模式和实践。第二，在教学方法上，与时俱进原则强调采用创新的教学技术和手段，提高教学效果。随着信息技术的飞速发展，基于在线课程、虚拟现实和增强现实等技术的新型教学工具越来越多地被应用于商务英语教学中，这些工具不仅能为学生提供更加互动的学习体验，还能帮助他们更好地理解复杂的商务概念和实践。

对教师而言，与时俱进原则要求他们不仅要不断更新自己的专业知识和技能，还要积极探索和应用新的教学方法和技术。这意味着教师需要成为终身学习者，通过参加专业培训、学术会议和教育技术研讨会等方式，不断提升自己的教学能力和科研水平。对学生而言，与时俱进原则强调培养他们的自主学习能力、批判性思维能力和跨文化交际能力。在全球化的商务环境中，商务英语专业学生需要能够独立获取和分析信息，批判性地评价不同的商业模式和战略，以及有效地与来自不同文化背景的人沟通和协作。此外，与时俱进原则鼓励学生关注国际经济和商业动态，通过实习、参加国际会议、学术交流等方式，提前了解国际商务实践，为未来的职业生涯做好准备。从整体来看，与时俱进原则的有效实施可以培养出具有良好英语能力、国际视野、创新精神和跨文化交际能力的复合型商务英语人才。

第四节　商务英语专业人才培养趋势

随着全球化进程的加速和经济结构的不断优化，商务英语专业人才的培养面临着新的挑战和机遇。为了适应这一变化，教育者需要积极探索和实施多样化的人才培养策略。本节内容将重点讨论商务英语专业人才培养的主要趋势，具体如图2-6所示。培养趋势不仅反映市场需求的多元性，也指导着教育实践的发展方向，旨在培养出更多能够适应快速变化的商务环境的高素质人才。

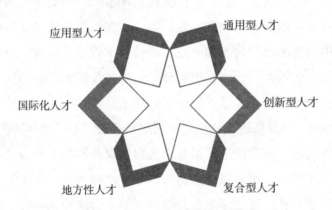

图 2-6　商务英语专业人才培养趋势

一、应用型人才

（一）对应用型商务英语人才的需求

在当今全球化和技术驱动的经济环境中，培养什么样的商务英语人才、如何培养符合市场需求的商务英语人才已成为教育领域和商业领域共同关注的焦点。面对经济的高速发展以及企业转型升级的迫切需求，社会和企业对毕业之后能够直接投入生产、管理和服务一线，解决实际问题的应用型人才的需求日益增长。特别是在商务英语领域，企业青睐的不仅是具备扎实的专业理论知识的员工，更是那些能够将在学校学到的理论知识应用到实际工作中的人才。企业是实战战场，更关注员工在实际商务活动中的能力，如能否进行国际合同谈判、市场分析、国际贸易操作、跨国项目管理等。只有具备将理论应用于实践能力的人，才能够更快、更精准地识别问题、分析问题并提出解决方案，才能够结合理论知识和实际情况，有理有据地解决工作中遇到的各种问题，从而提高企业的问题解决效率和创新能力。这种能力在企业面对市场变化和竞争加剧的情况下尤为重要，并且大量的应用型人才的储备可以形成强大的人力资源优势，不仅能够促进企业的持续发展，还能够帮助企业节省大量的人员培训成本，帮助企业构建一支高效的实战团队，提高企业的运作效率。这种优势在竞争日益激烈的今天，对企业来说至关重要。

（二）应用型商务英语人才的内涵

应用型人才是具备一定的专业知识和专业技能的，能够将学术研究成果转化为社会生产力或将这种社会生产力运用到社会生产实践当中，并直接创造出社会物质财富的人才。[①] 这个定义是相对于学术型人才而言的。"根据高等学校职能与其培养的未来人才能力状况可将大学分为创造（创新）型、研究型、研究应用型、应用研究型、应用型、职业型等6个类型层次。学校职能特征与未来化人才能力特征一致，这些分类既反映不同类型层次学校的职能特征，又反映主要未来化人才的能力特征。"[②] 因此，应用型人才、学术型人才是关于人才类型的划分，而不是

---

① 冯之坦，胡一波. 应用型本科创新型人才培养模式改革与实践[M]. 北京：中国商务出版社，2022：31.

② 庄玉兰. 商务英语人才培养与教学改革研究[M]. 北京：北京理工大学出版社，2017：18.

对人才等级的划分，将应用型人才归为低层次人才的观点是错误的。事实上，应用型人才和学术型人才一样，也存在高级、中级和初级的层次划分，不能片面理解这两种人才类型的价值和功能。并且应用型人才的培养并不局限于本科教育，也包括如工程硕士、工商管理硕士、临床医学博士等专业学位教育，这些教育路径同样旨在培养高层次的应用型人才，以满足社会和经济发展对高技能人才的需求。学术型人才与应用型人才之间并非严格分离，而是存在一个渐变的中间地带。在特定条件下，两者可以相互转化，这也显示了人才培养的灵活性、多样性与综合性。对认知偏见的纠正有助于破除对应用型人才的误解，培养学生正确的职业观，更好地促进学生的全面发展，促进商务英语教育体系的结构优化和人才培养体系的多样化。

二、国际化人才

国际化人才是在经济全球化背景下产生的一个概念，其核心在于培养能够在国际舞台上有效竞争和合作的高层次专业人才。这类人才不仅拥有国际化的知识结构和能力，而且能够在全球化的竞争环境中把握机遇，主动寻求发展。具体来讲，他们具备专业的国际惯例知识，能熟练运用外语进行沟通，并且拥有强大的跨文化适应能力[①]，能够在经济全球化的大潮中为自己国家的利益服务。

商务英语专业在当今经济全球化的背景下扮演着至关重要的角色，它连接着国际贸易、跨国企业及全球经济合作等关键领域，是与国际连接非常紧密的专业。市场对从业者的综合能力要求反向影响了商务英语专业国际化人才培养的趋向。国际化能力成为商务英语人才在全球就业市场中的核心竞争力。因此，培养具有国际化能力的商务英语人才尤为关键，这也使得商务英语专业的人才培养目标紧密贴合了我国高等教育国际化的发展趋势。而且，商务英语专业的国际化趋势应该在全国高校

---

① 丁昱初，孙宇，程国艺. 京津冀区域国际化人才培养协同机制探究：以河北省 H 大学国际化人才培养实践为例 [J]. 人才资源开发，2023（23）：56-57.

国际化人才培养体系中处于领先地位，应该成为国际化人才培养的典范专业。我国高等教育国际化的探索开始得较晚，但近年来已在加快推进这一进程，尤其是在商务英语专业上展现出显著的努力和成果。从整体来看，国际化商务英语专业人才的培养是高等教育面对全球化挑战的积极响应。对商务英语专业而言，国际化人才不仅是其教育目标的核心，也是该专业学生就业竞争力的关键所在。通过培养具有国际视野、专业知识、外语能力和跨文化适应力的人才，商务英语专业在促进学生个人发展的同时，为教育体系优化以及我国国际经济贸易作出了重要贡献。

（一）国际化商务英语人才的内涵

在当今经济全球化和文化多元化的大背景下，国际化商务英语人才的培养已成为教育领域和商业领域的重中之重。国际化人才不仅要掌握扎实的语言技能和专业知识，还要具备全球视野和跨文化交际能力。结合理论研究与商务英语教学的实践经验，可以将国际化商务英语人才的内涵细分为三个核心部分：国际化意识、国际化知识和国际化能力。

国际化意识是培养国际化商务英语人才的基石。这包括国际理解意识、相互依存意识、和平发展意识以及国际正义意识。在经济全球化的今天，商务活动不局限于本国内，更涉及全球范围内的交流与合作。因此，国际化商务英语人才必须具备开阔的视野，能够理解和尊重不同文化和价值观，以促进国与国间的合作。这种意识促使个体在跨文化交际中采取更为包容和谦逊的态度，为建立良好的国际商务关系奠定基础。

国际化知识是国际化商务英语人才必备的理论基础。这不仅包括英语语言知识和国际商务基础知识，还包括国际时事政治、各国的地位与作用、世界历史发展趋势、东西方文化差异、宗教知识以及世界地理等领域的知识。掌握这些知识有助于商务英语人才更好地了解国际环境，预测全球市场变化，从而在国际商务活动中做出更为准确的判断和决策。通过深入了解不同国家和地区的文化背景和社会习俗，商务英语人才能够更有效地与国际伙伴沟通和合作，促进商业活动的顺利进行。

国际化能力是衡量国际化商务英语人才综合素质的重要指标。这包括独立思考能力、跨文化交际能力、参与竞争的能力、信息处理能力、终身学习能力、创新能力和经受挫折的能力等。在激烈的国际商务竞争中，国际化商务英语人才仅有扎实的专业知识是不够的，还需要具备灵活应对各种挑战和变化的能力。跨文化交际能力能使国际化商务英语人才跨越文化障碍，有效沟通；创新能力和终身学习能力则是国际化商务英语人才不断适应国际市场变化，引领企业和行业发展的关键；信息处理能力和经受挫折的能力是国际化商务英语人才面对复杂国际环境时不可或缺的能力。总之，国际化商务英语人才的培养是一个系统、复杂的过程，需要学生掌握丰富的国际化知识，增强国际化意识和多方面的国际化能力。这种全方位的培养能够确保国际化商务英语人才在全球化的商务环境中立足不败，为企业乃至国家增强国际竞争力作出重要贡献。

（二）国际化商务英语人才培养的意义

在当今经济全球化和知识经济迅猛发展的背景下，世界经济的推动力逐渐从物质资源转向人力资本，这标志着国际化人才的培养成为增强国家竞争力的关键。尤其对商务英语专业的学生来说，他们作为未来参与国际贸易和涉外商务活动的主力军，其国际化培养不仅是个人职业发展的需求，还是国家增强竞争力的重要支撑。第一，从决策层面考虑，经济全球化的深入发展和科技的快速进步为国际商务环境带来了前所未有的复杂性和不确定性。在这样的环境下，商务英语人才必须具备国际视野和国际化思维，这是他们能够准确了解全球经济动态、预见国际市场趋势，并据此制定有效的商务策略的基础。国际化思维模式能使商务英语人才超越国界限制，从更加宏观的视角审视和解决问题，从而在复杂的国际商务环境中做出科学合理的决策，推动企业的国际化发展。第二，从操作层面考虑，国际商务活动的每一个环节均受到国际贸易规则的约束和影响。作为世界贸易组织的成员国，我国的对外贸易和国际商务活动需要遵循国际贸易规则。这要求商务英语人才不仅要精通这些规则，以保证交易的顺利进行和自身利益的维护，还要能够灵活应对由文化差异导致的商业习惯和实践的差异。在具体的业务操作中，对国际贸易规则的熟悉度和应用能力，以及对不同国家文化传统和商业习惯的理解和适应能力，直接影响到商务英语人才是否能够有效地完成国际交易，避免不必要的经济损失。第三，从交际层面考虑，国际商务活动本质上是一种跨文化交际活动，要求参与者不仅要掌握流利的商务英语，还要具备跨文化交际能力。因为在不同文化背景下的交流中，人们往往会不自觉地使用自己文化中的交际规则和思维模式，这种民族中心主义的倾向可能会阻碍国际商务活动的顺利进行。因此，商务英语人才的跨文化交际能力培养是帮助他们克服民族中心主义倾向，有效跨越文化障碍，避免跨文化交流中的误解和冲突，从而促进国际商务活动成功的关键。

总而言之，国际化商务英语人才的培养是应对全球化挑战、促进国际贸易和商务活动顺利进行的必要条件。这不仅要求他们具备全球视野和国际化思维，精通国际贸易规则和跨文化交际能力，还需要他们在持续学习和实践中不断增强自身的国际竞争力，为增强国家的国际竞争力和推动国家的经济发展贡献力量。

三、地方性人才

（一）地方性人才的内涵与价值

地方性人才是指那些不仅具备专业知识和技能，还具备特定地区经济、文化相关知识和技能的人才。他们不仅了解本地区的经济环境、经济结构、产业特色、文化传统和市场需求，还能够灵活运用本地文化和社会规则，根据本地产业发展的实际需要，进行知识和技能的本土化调整与创新，通过创新性的实际行动促进本地区的产业升级和经济转型，从而增强本地区的综合竞争力和持续发展能力。

地方性商务英语人才的培养在当前全球化与地方发展紧密相连的背景下，具有深远的意义和价值。第一，地方性人才是区域经济发展的驱动力。地方性人才能够直接对接地方产业的具体需求，这一点在推动地方经济发展方面具有不可替代的作用。他们凭借对本地经济特色的深刻理解，能够有效地利用专业优势，促进地方经济结构的优化和产业升级。这不仅包括传统产业的转型升级，还涉及新兴产业的培育与发展。例如，商务英语人才的国际视野和专业能力，能够引导本地企业开拓国际市场，提高地方产品的国际竞争力，从而推动地方经济的整体发展和区域经济的全球融合。第二，促进文化传承与社会和谐。地方性人才对本土文化的认同和尊重在促进文化传承与社会和谐方面具有独特价值。例如，通过将地方文化元素融入商务实践，不仅有助于保护和弘扬地方文化遗产，还有助于推动地方文化的国际传播，增强地方文化的全球影响力。同时，地方性人才通常具备较强的社会责任感，致力通过自身的专业实践为地方的可持续发展贡献力量。第三，促进教育模式的创新与教育体系的优化。地方性人才的培养强调教育的个性化和地域化，即将教育内容与地方经济实际相结合，这不仅能增强学生的就业竞争力和工作适应性，促进地区经济发展，还能促进教育体系的优化和创新。

当前，众多高校在培养商务英语人才时往往采用标准化或一致化的教学方案和课程内容。这种做法虽然在一定程度上保证了教学质量和学科知识的系统性，但忽视了地方经济特色和企业的多样化需求。并且，我国幅员辽阔，不同地区的经济发展水平、产业结构、文化背景和市场需求存在明显差异，这些差异对人才的知识结构、能力素质和工作技能提出了更高要求。因此，地方性人才的培养应当成为高等教育尤其是商务英语专业改革的重要方向，它可以形成高等教育服务地方经济社会发展的良性循环，改变"千校一面"的专业建设状况，将教育焦点对准地方需求，使地方资源不仅成为地方高校专业建设的基础，更成为推动其专业发展的核心动力。地方高校凭借对地方社会资源的独特优势，通过紧密结合区域资源进行专业建设，能明确区别于其他高校的教育模式，有效打破教育内容和教学方法的同质化局面。这种基于地方经济优势和实际需求的人才培养策略，能够培育出具有地方特色和竞争优势的商务英语人才，直接响应地方经济发展的实际需要，更能促进教育模式的创新和教育体系的优化。

（二）地方性商务英语人才培养

地方性商务英语人才培养明显区别于普通商务英语人才培养，具体表现在以下几个方面。

第一，地方高校在地方性商务英语人才培养方面具有天然优势。比起中央直属高校，地方高校面向本地经济的发展，更紧贴地方经济的脉动，是服务地方经济社会发展的关键力量。地方高校对本地经济环境具有深入的了解和科学的把握，能够精准定位地方经济发展的关键领域和痛点，从而更有针对性地根据地方经济特色和产业需求确定教育内容和制订培养计划。这种紧密结合地方实际的教育模式，能够使地方高校培养出更符合地方经济发展需求的专业人才。地方高校可以更加便捷地进行多部门联动，通过与地方企业、政府部门及行业协会的深入合作，获取第一手的行业信息和需求，确保教育方向与地方发展战略同步，从而有针对性地调整教学计划和内容，确保学生学到的知识和技能能够直接服务地方经济发展，促进高校教育资源与地方经济需求的有效对接。地方高校还可以利用其地理位置上的优势，设立与地方产业相关的特色课程，为学生提供丰富的实习和实践机会。通过参与地方企业的实际项目，学生不仅能够将理论知识与实践相结合，还能够提前适应职场环境，增强其解决实际问题的能力。这种紧密联系实际的教育方式，无疑会提升地方高校商务英语专业学生的综合素质和职业竞争力，同时能为地方经济作出贡献。

第二，可以形成地方性人才培养与地方经济发展的良性循环。地方性人才培养与当地经济发展之间的良性循环，可以构筑共生共赢的发展模式。地方性人才培养可以促进区域经济发展，如通过专注于地方特色和需求的教育策略，地方高校不仅能巩固其在地方教育领域的核心地位，还能为当地经济发展注入新的活力和动力。地方高校依托其对地方资源的独特访问权，开展与地方经济特色紧密相连的专业建设，有利于解决教育模式同质化问题。通过紧密结合地方经济发展的实际需求，地方高校能够输送大量专业对口、实战经验丰富的商务英语人才，从而有效促进地方产业发展和经济结构优化。反过来，地方经济的繁荣发展能为地方高校提供更多的实习基地、就业岗位和合作项目，增强教育的实践性和应用性，进一步提升教育质量和学校声誉。这种相互促进、相互支持的关系，不仅能加快地方经济的发展步伐，还能推动地方高校教育模式的创新和教育体系的优化，最终实现教育资源与地方经济需求的有效对接，促进地方经济和教育事业的共同繁荣。

第三，地方性人才培养具有明显的地域特色与区域差异性。这种差异性不仅体现在人才培养的方向上，更贯穿教育模式和战略定位的全过程。地方企业作为推动地方经济发展的核心力量，对人才的需求具有明显的地域特性和行业特定性。因此，地方性人才的培养应紧密围绕当地企业的需求展开，充分考虑当地企业的特点和发展方向。以粤港澳大湾区为例，作为一个外向型经济较发达的地区，其对国际会展、国际合作等领域的商务英语人才有着迫切需求。因此，当地的教育机构在人才培养时应侧重国际商务沟通、跨文化交际能力的培养。这种教育模式的实施，不仅有利于促进学生的个性化发展和职业生涯规划的多样性，还能为地方经济的多元化发展提供坚实的人才支持，同时展示教育多样性和特色化发展的巨大潜力。

（三）地方性人才与国际化人才的关系

教育的发展与经济社会的进步紧密相关，表现为教育发展的核心目的在于满足并促进经济社会的持续发展，经济社会的持续发展为教育的发展提供物质基础和条件。在经济全球化、社会信息化、文化多样化的时代背景下，经济发展逐渐呈现出全球与地方互动的特性。这一趋势对教育尤其是高等教育在人才培养方面，提出了新的要求，即如何在培养国际视野的同时，关注并促进地方经济的发展。国际化人才能够为区域经济带来新的发展机遇。他们在国际商务、跨文化交际及全球经济趋势分析方面的优势，能促使区域经济更好地融入全球市场，寻找和利用国际合作的机会。例如，国际化人才能够凭借自己的优势，帮助地方企业识别和进入新的市场，或是吸引外国投资，促进地方产业的升级和转型。但是国际化人才大多缺乏对地方经济的深入理解和掌握，而地方性人才恰恰可以弥补这一短板。地方性人才在推动地方经济发展和国际化进程中同样发挥着关键作用。地方性人才的特点在于其深厚的地方文化背景知识，以及与之相匹配的专业技能。因此，他们能够准确把握地方市场的需求变化，有效解决地方企业在经营过程中遇到的实际问题，促进产品和服务的地方化创新。地方性人才作为地方与外部世界的沟通桥梁，能够凭借他们的专业知识和技能，将地方特色产品和服务推广至全国乃至全球市场，增强地方经济的外向型发展能力。他们对本地市场的深刻理解，能够帮助本地企业在全球竞争中保持其文化特色和竞争优势。地方性人才也能够通过创新产品和服务，满足地方市场需求的同时，将地方特色推向全球市场，提升地方品牌的国际影响力。地方性人才还能够凭借其专业知识，为地方企业在国际贸易中的谈判提供支持，帮助企业克服跨文化交际的障碍，实现有效的国际合作。

国际化人才与地方性人才在商务英语人才培养中的共存并非冲突，而是相辅相成的关系。这种关系，为区域经济的发展提供了双重驱动力。一方面，国际化人才可以通过引入国际资源，为地方经济的开放和国际化提供动力；另一方面，地方性人才可以凭借其对本土的深入了解，确保地方经济发展的可持续性和独特性。这种双向互补的关系，不仅有助于促进地方经济的稳定发展和国际化布局，还有助于促进地方经济的国际化，提升地方经济在全球经济中的竞争力和影响力。

四、复合型人才

（一）复合型人才的内涵

复合型人才在当今社会已成为人才培养的重要方向，特别是在经济全球化和经济转型的背景下，社会对能够跨专业、跨学科工作和研究的人才需求日益增长。这类人才不仅掌握了本专业的深厚知识，还获得了至少一个其他专业的基本知识和技能，能够适应复杂多变的工作环境和研究领域。复合型人才的培养，旨在打破传统教育中的学科壁垒，鼓励学生在一专多能的同时，发展跨学科的思维方式和问题解决能力。高等教育不仅要遵循自身的发展逻辑，还要适应外部环境的不断变化。商务英语专业的产生和发展便是对传统英语语言文学专业在社会经济发展过程中"不适应"现象的一种调整和回应。《就业蓝皮书：2015 年中国本科生就业报告》将英语专业列为"红牌"专业①，说明传统英语教育面临着挑战。这些挑战包括思想观念、人才培养方式、课程设置和教学内容、学生知识结构等方面与社会需求之间的"不适应"，即人才培养与社会需求的脱节。而商务英语专业不仅涵盖英语语言学习，还融入了商务、经济、法律等领域的知识，能够培养在国际商务环境中高效沟通和工作的复合型外语人才。

英语与商务的结合，促进了新型人才的出现。在产业结构升级中，英语将在促进经济实践、创新思维、国际商务沟通、人文精神与创意产业以及体验经济等方面发挥更大的作用。这不仅能提高语言研究的实际应用价值，还能为外语研究和教学提供更广阔的视野和实践平台。随着经济全球化的深入和我国经济外向度的不断提高，英语教学的"复合化"道路成为必然趋势，尤其是与经济贸易等学科的复合。这种复合不仅反映了商务英语在我国兴起的原因，也体现了高等教育为适应社会经济发展而进行的积极探索和创新。

---

① 麦可思研究院. 就业蓝皮书：2015 年中国本科生就业报告 [M]. 北京：社会科学文献出版社，2015：67.

（二）具有特色的复合型商务英语人才培养

在经济全球化和知识经济迅猛发展的今天，我国高等教育迎来发展机遇的同时，面临着国际人才竞争激烈、全球经济一体化加速、高新技术日新月异、知识经济崛起、多元文化融合以及经济体制转型等多重挑战。在这样的背景下，形成具有特色的高等教育体系，培养能够应对这些挑战的复合型人才，成为我国高校发展的必然趋势。复合型人才的培养不仅意味着跨学科的知识积累，更重要的是形成独特的教育特色。这种特色可从三个层面理解：首先是独特性或个性，即"人无我有"；其次是杰出性或优质性，即"人有我优"；最后是开拓性或创新性，即"人优我新"。正如伯顿·克拉克（Burton R.Clark）在其著作《高等教育新论：多学科的研究》中所述，当面临普遍的不景气时，那些缺乏特色的院校将在资源分配上处于不利地位，而那些努力形成特色的院校则更可能获得公共当局的奖励与支持。特色专业的建设是高校在长期办学实践中逐步形成的。它反映高校在专业办学条件、建设水平、教学管理、教学改革成果和人才培养质量等方面的优势。构建具有特色的复合型专业，不仅要考虑学生的语言能力与商务知识的结合，还要考虑如何满足社会对复合型人才的需求、如何平衡语言课程与商务类课程的比例，以及如何实现两者之间的有效融合。商务英语专业的兴起反映了社会对语言学习与商务实践相结合的需求，这一专业的出现本身就具有一定的特色。

然而，随着社会对复合型人才需求的增加，单纯依靠英语与商务的结合已不足以形成持久的竞争优势。在这种背景下，各学科都在探索如何通过加强本学科与其他学科的结合，来培养具备复合知识与技能的人才。这意味着，商务英语专业要想维持和发展自身的特色，就需要不断创新，构建出与其他专业不同的教育特色。因此，特色专业的建设不仅需要高校对自身的办学理念和实践进行深入思考和全面总结，还需要高校密切关注社会经济发展的新趋势，以及国际化人才培养的新要求，通过不断优化课程体系，加强实践教学，推动教育模式创新，培养出既具有专业深度又拥有跨界广度的复合型人才，从而在激烈的国际竞争中占据有利地位，为社会的发展作出更大的贡献。总之，构建具有特色的复合型专业、培养具有特色的复合型人才，是我国高等教育应对当下挑战、把握发展机遇的重要路径，也是推动社会进步和创新的重要力量。

五、创新型人才

（一）创新型人才的内涵

随着科技的快速发展和经济全球化的不断深入，创新型人才成为推动社会进步和经济发展的关键力量。在教育领域，创新型人才被视为具有创新、创造和创业潜力的个体，他们能够通过独立思考和批判性分析，丰富知识、提升技术水平。科学家将创新型人才定义为科学发现和技术发明的先驱，他们通过科学研究和技术发明，探索未知领域，创造新的知识和产品。在实业领域，创新型人才被看作具有创业精神和知识应用能力的个体，他们能够结合市场需求，创立新的企业或带动产业的发展，将知识、技术和管理融为一体，展现出敏锐的市场洞察力和强大的创造力。不同领域对创新型人才的定义虽有所不同，但也有共同点，即创新型人才必须具备创新精神，以及实现创新的潜质和能力。

（二）创新型商务英语人才的发展趋势

以知识掌握为核心，过于强调学生对知识的记忆的教育模式，忽视了对学生创新能力和批判思维的培养，特别是在英语教育领域，过于注重语言知识和技能的训练，而忽视对学生思考和创新能力的培养，会导致学生在面对复杂多变的商务领域时，缺乏必要的创新能力和应对策略。在全球经济一体化和知识经济快速发展的当下，培养创新型商务英语人才的重要性日益凸显。这种重要性不仅源于经济全球化对跨文化交际能力的高要求，还源于科技进步和信息时代对商务实践方式的深刻影响。商务英语专业的学生，未来将成为连接不同国家和文化、推动国际商务发展的关键力量。因此，他们需要具备强大的创新能力，以适应和引领市场的变化。

第一，经济全球化增强了国际商务活动的复杂性，要求商务英语专业的学生能够在多变的国际环境中进行有效沟通。这不仅要求他们练就一口流利的英语口语，掌握专业的商务知识，还要求他们能够创新性地解决跨文化交际中的问题，以及应对在国际商务活动中遇到的各种挑战。例如，跨国公司和国际合作的增加，对商务英语专业的学生提出了更高的要求，他们不仅要能理解不同文化背景下的商业惯例，还要能创造性地提出解决方案，增强企业的国际竞争力。

第二，科技的快速发展，尤其是信息技术的广泛应用，极大地改变了商务活动的模式。在这种背景下，商务英语专业的学生不仅要掌握商务知识和英语技能，还要学会如何利用现代科技创新性地开展工作。这包括利用大数据分析市场趋势，使用社交媒体进行国际营销，通过网络平台开展跨国经营等。这些能力的培养，要求商务英语专业的教师不仅要注重知识的传授，还要注重培养学生的创新能力，使其能够在信息时代保持竞争力。

第三，创业和创新成为推动社会发展的重要力量。因此，商务英语专业的学生需要具备发现和创造新机会的能力。这不仅包括发现新的市场、开发新产品，还包括在组织管理和商业模式上的创新。因此，培养学生的创业精神和创新思维，成为商务英语专业教育的重要组成部分。通过案例分析、模拟商业竞赛和实习实践等，学生可以学习如何进行创新和创业，为未来的职业生涯奠定坚实的基础。同时，随着知识更新的加速，持续学习和自我更新成为个人发展的必要条件。对商务英语专业的学生而言，这不仅意味着要不断更新自己的专业知识和语言技能，还意味着要学会如何学习新的知识和技能，如何在不断变化的环境中保持自己的创新能力和竞争力。这要求商务英语专业教育能够培养学生的自主学习能力，鼓励他们进行跨学科学习，增强综合能力。

六、通用型人才

随着经济全球化的深入发展和科技进步的突飞猛进，社会对人才的需求呈现出高度分化与综合化的特征。一方面，专业化的知识和技能在特定领域依然重要；另一方面，随着跨领域、跨学科问题的增多，社会对具有综合素质、能够进行跨领域沟通与合作的通用型人才的需求日益增加。通用型人才不仅要能适应快速变化的工作环境，还要能预见和应对未来社会面临的挑战。在教育领域，通用型人才指的是那些具有广泛知识、灵活应用能力、高尚情操和创新思维的人才。这类人才不仅掌握了自己专业领域的知识，还能全学科、全领域地运用所学知识解决实际问题，具有自我激励和自我发展的品质。在经济全球化和信息化时代背景下，社会对人才正从单一专业技能需求向综合能力的全面需求转变。这一转变体现在，现代社会和经济生活的复杂性要求人才不仅要具备专业技术能力，更要具备多学科的知识结构和创新能力，以及处理复杂社会关系的能力。因此，通用型人才成为人才培养的重要趋势，因为它响应了现代社会对具备创新思维、人文素养和科学素养的人才的迫切需求。

在全球经济一体化的大背景下，商务英语人才的培养也面临着前所未有的挑战和机遇。国际商务活动的增多和国际交流的频繁，要求商务英语人才不仅要具备专业英语技能，还要具备综合素质和全领域的应用能力。因此，商务英语专业学生不仅要精通专业知识，还要具备跨学科的知识和技能。例如，国际经济学的基本原理、全球市场的运作模式、跨国公司的管理策略等，这些经济学和管理学知识可以帮助学生更全面地理解国际商务的背景和环境。此外，信息科技的应用能力，也越来越成为商务英语专业学生应必备的技能，它能够帮助学生适应数字化商务环境，有效处理和分析商务信息。国际商务活动的多元文化背景要求商务英语专业学生具备强大的跨文化交际能力。这不仅包括了解不同国家的文化习俗和商务礼仪，还包括能够在多元文化环境中进行有效沟通和协作。此外，掌握国际商法等法律知识，对预防和解决国际商务活动中出现的法律问题至关重要。因此，商务英语专业学生不仅要掌握专业的语言技能和商务知识，还要具备经济学、管理学、信息科技、法律、跨文化交际等领域的知识和技能。这样的人才能够在全球化的商务环境中更加灵活地应对各种挑战，有效地解决跨领域的实际问题，推动企业和社会的发展。

第三章　商务英语专业人才培养模式

本章主要探讨商务英语专业人才培养模式，着重介绍四种人才培养模式——订单式人才培养模式、项目驱动式人才培养模式、工学交替式人才培养模式以及"课证赛岗创"五位一体人才培养模式。这些模式可以提升学生的实践能力、创新思维能力、跨文化交际能力以及自主学习能力，是高等教育领域对培养高质量、实用型人才的响应。通过对比分析不同人才培养模式的特点，本章旨在为高校提供多样化的人才培养方案选择，为学生提供多元化的学习路径，以满足学生个性化的学习需求和职业发展需求。

第一节　订单式人才培养模式

商务英语专业订单式人才培养模式是一种高度定制化的教育模式，旨在根据企业具体岗位的需求设计和实施专业技能培训。在这种模式下，高校与企业需要密切合作，确保培训内容和实践活动直接满足目标岗位的需求。这样，学生不仅能够获得必要的技能和知识，还能在学习过程中增强对企业的认同感。订单式人才培养模式因能够使人才培养与企业需求高度匹配而受到企业的青睐。

一、订单式人才培养模式的内涵与类型

订单式人才培养模式作为近年来我国职业教育的重要组成部分，代

表了教育与产业紧密结合的新方向，即产学融合，旨在实现教育内容与企业需求的精准对接，从而增强教育的适应性和有效性。

在实践中，订单式人才培养模式主要有两种基本模式：直接订单模式与间接订单模式。在直接订单模式下，学校与企业直接签约，共同参与人才培养的全过程，如课程设计、实训和评价体系构建等。根据合作阶段的不同，直接订单模式可进一步细分为学前订单模式、学中订单模式和毕业季订单模式，不同的订单模式各有其特点和应用场景。

学前订单模式是在学生入学之前或刚入学时开始实施的。在这种模式下，企业根据自身的人才需求，提前与高校建立合作关系。在开学之初，企业的相关人员会参与学生的选拔。这种模式的优势在于，企业不仅可以根据自身需求对学生进行筛选，还可以参与个性化培养计划的制订，确保学生从一开始就接受与其未来岗位密切相关的教育。这种模式能够使教学习内容更加贴合实际工作需求，从而为学生确定职业方向、规划职业生涯提供有力支持。

学中订单模式是在学生已经完成了一定的基础教育后实施的。在这种模式下，企业与学校共同选出符合企业需求的学生，并对学生进行有针对性的培训和实践指导。学中订单模式的特点是学生在掌握了基础知识和技能后，通过参与校企合作项目，直接接触工作环境，实现知识和技能的实际应用。这种模式不仅能加深学生对专业知识的理解，还能提高学生解决实际问题的能力，为学生未来顺利步入职场打下坚实的基础。

毕业季订单模式是在学生即将完成学业步入职场时实施的。此时，企业根据自身需求到学校直接选拔即将毕业的学生，并为学生提供短期的、针对性强的岗前培训。这种模式的优势在于，它能够为企业迅速补充所需人才。临近毕业的学生已经具备相关的行业知识和基础能力，有一定的岗位适应能力，能够快速适应工作岗位。这种模式能够使学生在离校前就明确自己的职业去向，降低了学生毕业后就业的不确定性，同时加强了学校教育内容与企业实际需求之间的衔接。学前订单模式、学中订单模式和毕业季订单模式构成了一个全方位、多层次的企业与高校合作的人才培养体系，不仅能提高人才培养质量，还能为学生的职业发展和企业的人才梯队建设提供有力支撑。

与直接订单模式不同，间接订单模式引入了第三方机构，如职业中介、培训机构或其他合作企业，作为学校和用人单位之间的桥梁。这种模式的主要特征是，学校不直接与最终用人单位签订订单，而是由第三方机构进行人才培养需求和目标的传递。具体而言，在间接订单模式中，学校与第三方机构签订合作协议，明确双方的职责和合作内容。第三方机构根据市场需求和合作企业的人才需求，向学校提供人才培养的具体要求，包括所培养人才应具备的专业技能、知识水平等。学校根据这些要求设计相应的教学计划和培养方案，并实施教育教学活动。在培养学生的过程中，第三方机构可参与课程设计、实训基地建设、实习安排等环节，以确保学生的培养质量。学生在完成学业后，通过第三方机构的安排，进入企业工作，从而实现从学校到职场的顺利过渡。间接订单模式的一个显著优势是其灵活性和广泛性。由于涉及第三方机构，这种模式能够连接更多的企业，为学生提供更多的就业机会。此外，第三方机构的专业性和市场敏感性可以帮助学校更准确地把握行业动态和人才需求变化，从而调整和优化人才培养方案。人才需求和分配的测评工作由第三方机构负责，不仅节省了学校和用人单位的人力、物力资源，还使学校能够专注于人才培养和教育质量的提升，同时用人单位能够集中精力于自身的核心业务发展和创新，进一步增强其在市场上的竞争力。这种分工合作的模式，能有效提高整个人才培育和就业流程的效率，并为社会经济的持续发展注入新的活力。

总之，间接订单模式为订单式人才培养提供了多元化的合作平台和就业渠道，增强了学校与企业合作的灵活性。要充分发挥间接订单模式的优势，需要加强对第三方机构的选择和管理，确保合作的有效性和学生培养质量。通过优化合作机制和加强监管，间接订单模式可以成为促进教育与企业需求紧密对接的重要途径，为学生的就业和职业发展提供更多的可能性。

不管是直接订单模式还是间接订单模式，订单式人才培养模式都展现了多方面的优势。第一，订单式人才培养模式有利于教育资源的优化配置。订单式人才培养模式有效促进了教育资源与企业需求的精准对接。通过与企业合作，学校能够直接获得企业的最新技术和行业动态，将这些资源融入教学，不仅有利于提升教育质量，还有利于使教育投入更加精准，避免资源浪费。第二，订单式人才培养模式有利于教育与企业需求的快速对接。在订单式人才培养模式下，学校能够根据企业反馈的人才需求，调整教学计划和课程设置，使教育内容始终保持与企业需求同步。这种敏捷的响应机制，能够确保培养出的人才既满足当前市场需求，又能适应未来行业变化。第三，订单式人才培养模式有利于教育质量的持续提升。通过紧密的合作，企业能够参与教学过程、实训指导乃至评价体系的建立。这种参与有助于学校不断优化和改进教育方法和内容，从而持续提升教育质量。第四，订单式人才培养模式有利于高校毕业生就业率的显著提高。订单式人才培养模式直接针对企业具体岗位的需求进行人才培养，极大地提高了学生的就业率。学生通过参与项目、实习等，提前融入职场，不仅能提升自身的职业技能，还能为毕业后的顺利就业奠定基础。第五，订单式人才培养模式有利于经济发展与社会需求的紧密结合。通过实施订单式人才培养模式，学校与企业的合作不仅满足了各自的需求，还为地方经济发展培养了大量的实用型人才，促进了就业结构的改善。第六，订单式人才培养模式提供了创新发展的动力。订单式人才培养模式激励学校和企业不断探索新的合作模式，为教育领域注入新的活力。这种创新不仅体现在教育内容和方法的创新上，还体现在教育管理和服务模式的创新上。

　　总之，订单式人才培养模式通过独特的合作机制，实现了教育与产业的深度融合，不仅提升了教育质量，还为企业乃至整个社会带来了显著的好处。这一模式的推广和完善，将更好地促进教育与企业需求的紧密匹配，推动社会经济的健康发展。

二、订单式人才培养模式的实施流程

订单式人才培养模式的实施流程如图 3-1 所示。

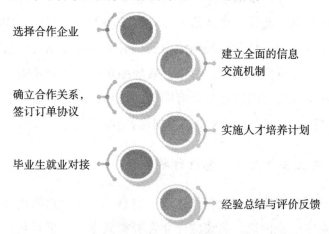

选择合作企业

建立全面的信息
交流机制

确立合作关系，
签订订单协议

实施人才培养计划

毕业生就业对接

经验总结与评价反馈

图 3-1　订单式人才培养模式的实施流程

（一）选择合作企业

订单式人才培养模式的核心在于精准匹配教育与企业需求，确保培养出的人才能直接满足企业的具体需求。因此，选择合作企业至关重要。合作企业不仅要在市场上有一定的技术领先地位和发展潜力，还要具备良好的信誉和合作意愿。高校需要深入调研企业的管理模式、创新能力、技术水平、市场占有率、发展潜力以及对人才的具体需求，确保双方的合作能够在共享资源、课程设计、实习安排、评价标准等多个方面达成一致。这种基于深入调研的合作，不仅能避免后续出现不必要的麻烦，还能确保合作的效率和质量，大大提高培养计划的成功率。

（二）建立全面的信息交流机制

有效的信息交流是订单式人才培养模式成功的关键，它能够化解高校毕业生就业难和企业高技术人才招聘难的矛盾。为此，高校需要通过多渠道与企业进行深入的信息交流，并建立起一个全方位的产学信息咨询平台。该平台提供包括但不限于合作企业的详细介绍,让学生全面了解企业的背景、文化、价值观和发展前景。企业也应向学生展示其经营理念、管理体系等,帮助学生尽早适应企业环境,实现观念上的认同和实践能力的提升。此外,企业需要对学生关心的薪资待遇、职业发展路径、以往毕业生就业情况等问题给予明确答复,确保信息的透明度。通过建立全面的信息交流机制,可以有效地缩短教育与企业需求之间的距离,确保学生对自己的职业生涯有明确的规划,同时企业能够积极参与人才培养过程,实现真正意义上的双向选择和匹配。

(三)确立合作关系,签订订单协议

一旦校企双方负责人就合作达成一致意见,便会指派代表签署具体的订单式人才培养协议。协议应建立在资源共享、互惠互利、平等协商以及共同发展的基础上,确保双方在合作过程中的权利与义务得到明确规定。协议还应详细列明培养周期,并对学校与企业的职责进行具体界定。具体而言,作为甲方,学校的职责通常包括设立专业方向,组织专班,与企业共同确定教学计划及课程大纲,保证教学计划的顺利实施,参与学生的实训指导,以及对违反企业规章制度的学生进行纪律处分。而作为乙方,企业的职责通常包括与学校协作,拟订教学计划和课程大纲,为学生提供实习岗位,参与学生的实习和实训指导,负责学生实训表现的考核。

在间接订单式人才培养模式下,学校、企业均与第三方机构合作。因此,三方的义务划分更加复杂一些。其中,学校的义务主要集中在根据第三方机构提供的企业需求和市场趋势,调整教育计划与课程内容。学校需要保证教学质量,为学生提供必要的理论知识和实践技能培训,确保学生具备良好的职业素养和基础技能,为进一步的专业技能训练打下坚实的基础。企业的义务在于明确提出人才需求,包括所需的专业技能、工作态度和职业素养等,并与第三方机构共同制订实习、实训计划。企业需要为学生提供实习、实训机会,让学生在真实的工作环境中学习

和成长。企业还需要参与学生评估过程，对学生的实习、实训表现进行评价，为学校提供反馈，帮助学校进一步优化教学计划。第三方机构则负责沟通学校与企业的需求。具体来讲，第三方机构需要将企业的人才需求准确地传达给学校，同时需要将学校的教育资源和能力介绍给企业，以促成双方合作。除此之外，第三方机构还要负责协调实习、实训安排，监督培养质量，确保学生的培养计划与企业需求高度匹配。在必要时，第三方机构需要提供职业指导和就业服务，帮助学生顺利从学校过渡到职场。通过这种协议，学校与企业的合作关系及各自的职责和权益得到了法律的保障，确保了订单式人才培养协议的顺利实施和高效执行，同时为学生提供了一个清晰、规范的学习和实习环境，有助于学生更好地融入企业，实现学以致用。

（四）实施人才培养计划

在确立合作关系、签订订单协议后，接下来就是实施人才培养计划。实施人才培养计划是一个涵盖多个环节的综合过程，旨在确保学生能充分融入企业环境，掌握必要的职业技能，最终实现顺利就业。基于合作，企业需要提供行业内的专家与资深人士，与学校共同组建专业建设指导委员会，共同参与人才培养计划与专业发展规划的制定，确保学生的培养既符合教育部门的人才培养要求，又满足企业的具体需求和用人标准。首先，校企双方需要共同构建一个科学合理的课程体系，这要求学校敢于对现有的办学模式、教学方法、课程体系进行全面改革，以确保课程内容的实用性、前瞻性。课程设计应以技术应用能力和职业素质培养为主线，贯彻"实际、实用、实践"的原则，优化课程设置，加大实践课程的比重，确保教学内容与企业实际需求紧密相连。其次，为了保证人才培养计划的有效实施，建立和优化教学实训基地是至关重要的。校内外的实训基地不仅能为学生提供接近真实工作环境的实践场所，还能使学生沉浸式接触行业最新技术和了解其工作流程。学校应建立符合企业需求的仿真实训中心，配置必要的设施设备，让学生在实践中深入理解企业文化和工作流程。同时，作为校内实训的重要补充，校外实训通过将学生送入企业进行顶岗实习，尤其是将学生送入合作企业，不仅能巩固学生的理论知识，还能锻炼学生的实际操作能力和问题解决能力，为学生的顺利就业奠定坚实的基础。通过精准实施人才培养计划，订单式人才培养模式不仅能够有效地满足企业的用人需求，还能够促进企业、高校、学生等多方共赢。

（五）毕业生就业对接

学生顺利就业并不是人才培养的终点，确保学生能够根据协议顺利就业，并在行业内稳定下来，是实现校企合作目标的重要环节。在此过程中，学校和企业共同承担着将学生从课堂引向职场的重要责任。为了最大限度地挖掘学生的就业潜力，学校在"订单班"组建初期会预设一定比例的扩招，以便在培养过程中通过激励机制和考核筛选出更优秀的人才。这一策略不仅能激发学生的学习积极性，还能为企业提供更广的人才选择空间。如何既确保高质量人才的输出，又确保培养的人才全部就业，是学校需要做好的一项重要工作，其中涉及考核和评价环节。根据协议中明确的考核体系要求，结合企业对学生实习表现的综合评价，学校应公平、准确地确定学生的最终成绩，并向合作企业推荐基础知识扎实、专业技能熟练、工作态度积极的毕业生。这一推荐过程要基于双方共同认可的评价标准和公正透明的选拔机制，以确保推荐的毕业生能满足企业的实际需求。最终，企业根据协议承诺为这些毕业生提供相应的岗位。这一步骤的成功实施，不仅代表着企业对学校教育成果的认可，也标志着订单式人才培养模式的圆满完成。

（六）经验总结与评价反馈

作为一种创新的教育模式，订单式人才培养模式不仅在理论上提供了校企合作的思路，还在实践中展现了其有效性。然而，为了持续优化和提升该模式的成效，为合作双方带来长期的发展红利，建立一套系统的经验总结与评价反馈机制尤为重要。评价反馈过程可以对人才培养过程中的各个环节进行全面审视，从而识别存在的问题，总结经验教训，及时调整改进策略。有效的经验总结与评价反馈机制应满足以下几点要求。

第一，经验总结环节应涵盖从合作企业的选择、人才培养计划的制订、课程体系的构建到实训基地的建设和毕业生就业安排等各个环节。通过收集相关参与者，包括学生、教师、企业导师等的反馈，获得多维度的评价信息，为经验总结提供丰富的数据支持。第二，评价反馈机制应确保信息的及时传递和处理。这不仅包括校企双方内部的信息沟通，还包括通过校企合作论坛、工作坊等平台，定期对外发布人才培养的进展报告和效果评估，邀请行业专家和公众参与讨论，共同探讨人才培养模式的改进方向。评价反馈的整个过程应公平、透明，并且留痕。第三，基于经验总结和评价反馈的结果，学校和企业应共同制定具体的改进措施，包括调整人才培养计划、优化课程设置、增强实训的实践性等。其中，学校应关注对人才培养质量的长期跟踪评估，如通过对毕业生就业情况和职业发展轨迹的追踪分析，评估培养模式的长效性和社会适应性。第四，评价反馈机制应贯穿整个人才培养周期，以确保教育质量和教学进度符合预定目标。这种动态评价机制包括对学生学习成果、教学内容和方法、实训效果以及合作企业满意度等多个维度的持续监控和评估。通过这种方式，学校和企业可以及时发现问题、分析原因，并采取相应的调整措施，确保培养过程的高效性。定期的评价反馈不仅有助于及时调整教学策略，优化课程内容，还有助于激发学生的学习动力，提高他们的学习效率。例如，通过中期考核的反馈，学生可以明确自己的学习强项和弱项，从而有针对性地改进学习方法。同时，企业可以根据中期考核反馈，提出具体的实训指导建议，帮助学生更好地适应工作环境，提高实践能力。此外，教师可以根据中期考核反馈调整教学方法和策略，采用更有效的教学手段激发学生兴趣，提高教学效果。

总之，通过建立和完善经验总结与评价反馈机制，订单式人才培养模式能够不断完善和优化，从而更好地适应经济发展的需求，培养出更多符合市场需求的高素质技能型专门人才。

三、订单式人才培养模式的特征

订单式人才培养模式致力打造与企业需求高度匹配的教育体系，具有以下明显的特征，如图 3-2 所示。

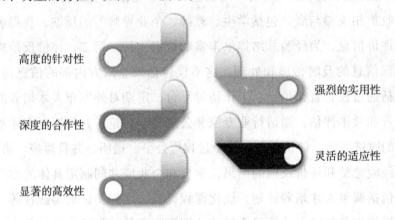

高度的针对性

强烈的实用性

深度的合作性

灵活的适应性

显著的高效性

图 3-2　订单式人才培养模式的特征

（一）高度的针对性

订单式人才培养模式的首要特征是高度的针对性，体现在教育内容和培养目标与企业的具体需求紧密结合上。企业根据岗位需求直接参与人才培养计划的制订，从而使教教学内容更贴合自身需求。这种做法能确保教学过程的每一步都为学生将来的顺利就业做准备，极大地提高了教育的实用性。针对性还表现在订单式人才培养模式减少了学生从学校到职场的过渡时间，使毕业生能够快速适应工作环境，增强他们的就业竞争力。

（二）强烈的实用性

订单式人才培养模式强调培养内容的实用性，这一点体现在紧密结合企业的实际工作需求和岗位技能要求上。教学计划不仅包括理论知识，还侧重实际操作技能的培养，确保学生可以在学习期间就熟悉企业的工作流程和技术标准，毕业后能够迅速融入职场，减少企业在新员工培训上的投入。这种以实践为导向的培养方式，有利于提升学生的职业技能，从而满足企业对技术应用型人才的需求。

（三）深度的合作性

订单式人才培养模式的核心在于其深度的合作性。在订单式人才培养模式下，高校与企业建立了密切且全方位的合作关系，覆盖人才培养的各个环节，包括课程设计、教材开发、实训基地建设、教学实施、实习安排、能力评估等。企业不仅提供具体的岗位需求，还参与教学计划的制订和实施，从而确保培养的人才能够直接满足其实际需求。合作性还体现在资源共享上，如企业提供实习岗位、实训设备、技术支持，高校提供人力支持、创新支持，不仅提高了人才培养的效率和质量，还促进了双方的长期合作和信任。

（四）灵活的适应性

订单式人才培养模式显著提高了教育与就业的适应性，体现在教育内容的持续更新和优化，以适应行业技术进步和市场变化上。学生通过参与实际的工作项目，不仅能提前适应职场环境，还能根据企业反馈调整学习重点，增强自身的职场竞争力。适应性还表现在培养方案的灵活性上。高校能够根据企业需求的变化快速调整培养计划，确保毕业生具备的知识与技能符合企业要求。通过增强教育与就业的适应性，订单式人才培养模式有效缩短了学生从学校到职场的过渡期，增加了毕业生的就业机会，提高了就业质量。

（五）显著的高效性

订单式人才培养模式通过精确匹配教育与企业的需求，大幅提升了培养过程的高效性。首先，高效性体现在教育资源的利用上。通过与企业合作，学校能够直接获得企业的实训资源和技术支持，从而避免教育资源的重复投入。其次，高效性体现在学生通过参与真实的工作项目，能够快速将理论知识运用于实践，缩短从学习到应用的时间上。最后，高效性体现在就业上。毕业生能够直接进入合作企业工作，减少了企业在人才选拔和培训上的成本，同时降低了学生就业的不确定性。订单式人才培养模式的显著高效性，不仅为学生、学校和企业三方带来了显著的好处，还提高了整个社会的人才培养和利用效率。

四、订单式人才培养模式的价值

订单式人才培养模式具有两方面的价值，如图 3-3 所示。

订单式人才培养模式的共赢价值　　订单式人才培养模式的创新引领价值

图 3-3　订单式人才培养模式的价值

（一）订单式人才培养模式的共赢价值

订单式人才培养模式基于对企业需求的精准把握和对教育资源的有效整合，创造了一种互利共赢的新模式。在这种模式下，企业不仅能确保高校培养的人才符合其实际需求，还能通过直接参与人才培养过程，将企业的文化理念融入教学内容，增强学生的认同感。这样既节约了企业在人力资源上的投入，包括招聘的时间成本和培训新员工的财力成本，也为企业的稳定发展和技术创新培养了后备力量。

对高校而言，通过与企业的紧密合作，能够及时更新教学内容和培养方案，使之更符合企业发展的最新趋势。这种教学模式的创新不仅提高了教育的实践性和针对性，还极大地增强了学生的就业竞争力和职业适应能力。

对学生而言，订单式人才培养模式提供了一个明确的学习和职业发展方向。学生在学习过程中不仅能获得与未来职业紧密相关的知识和技能，还有机会直接接触实际工作，这种经验的积累能极大地增强学生的职业信心和解决实际问题的能力。更重要的是，这种模式为学生提供了稳定的就业渠道，大大减轻了他们的就业压力。从社会层面来看，这种模式有效地解决了高校毕业生就业难的社会问题，促进了高等教育与经济社会发展的紧密结合。总之，订单式人才培养模式实现了高校、企业、学生乃至整个社会的共赢，是一种值得推广的教育创新模式。

（二）订单式人才培养模式的创新引领价值

订单式人才培养模式深化了教育创新和职业培训的实践，体现了教育适应经济发展的需要，推动了教育模式的创新。订单式人才培养模式不仅能增强教育内容的实用性和前瞻性，而且能提升学生的创新思维能力和问题解决能力。订单式人才培养模式鼓励高校和企业共同参与课程开发、教学实施及评价体系的构建，这样不仅能增强课程的实践性，还有利于促进教学方法和内容的持续优化和更新。此外，学生通过参与企业实训和应用新技术的方式，能够激发创新潜能，增强解决复杂问题的能力。更进一步讲，订单式人才培养模式促进了教育领域内外的交流与合作，打破了教育与行业之间的壁垒。例如，引入行业专家参与教学，不仅能丰富教育资源，还能为学生提供与行业接触的机会。这种校企合作为教育改革和创新提供了新的视角和平台，有利于促进教育理念、教育内容和教育方法的创新，为教育的持续发展注入活力。此外，订单式人才培养模式还为高校提供了一个与国际教育标准接轨的机会。通过与国内外知名企业的合作，高校可以引进国际先进的教育理念和教学设备，进一步提升教育质量。

综上所述，订单式人才培养模式不仅能优化教育内容和方法，提高教育质量和效率，还能为教育系统与经济社会的深度融合提供路径，从而推动教育领域乃至整个教育体系的创新与发展。

第二节　项目驱动式人才培养模式

一、项目驱动式人才培养模式的内涵

随着科技的快速进步和市场经济的发展，企业的角色和功能发生了较大变化，从传统的生产型企业转变为以创新和多元化经营为特征的开拓型企业。这种转变加剧了企业对实用型、技术型、操作型人才的需求，传统的以理论知识为主的人才培养模式已经无法完全满足企业的实际需求。在这种背景下，项目驱动式人才培养模式应运而生。项目驱动式人才培养模式是一种通过解决实际问题和完成具体项目来驱动学生学习的教育模式。这种模式基于建构主义教学理论，核心在于使学生在完成项目的过程中，逐步掌握专业核心技能，提升实用技能和综合素质及问题解决能力、团队协作能力和创新能力等，以达到人才培养目标。学生通过参与实际项目的设计、执行和评估，能够将理论知识与实践操作紧密结合，更好地理解和掌握专业技能，同时能提前适应工作环境和岗位要求。在项目驱动式人才培养模式中，教师的角色从知识传授者转变为学生学习的引导者和协助者，负责设计和选择与人才培养目标相符的教学项目，并在学生探索过程中提供指导。同时，这种模式强调校企合作，以确保教学内容紧密贴合行业需求。在项目驱动式学习过程中，学生的自主探索和团队合作是核心。学生需要在教师的引导下，围绕项目进行自主学习和实践操作，这不仅能锻炼他们的实践操作能力和团队协作能力，还能激发他们的创新思维。成功完成项目不仅能给学生带来成就感，还能极大地激发他们的求知欲，从而形成自主学习和探索的良性循环，实现"授之以渔"的教学效果。

二、项目驱动式人才培养模式的实施流程

项目驱动式人才培养模式的实施流程包括制订项目驱动式教学计划，实施实践能力导向的教学，构建综合性、多层次的评价体系以及校企协同实现教学内容与岗位需求对接，如图3-4所示。这一系列步骤旨在为学生提供一个接近真实商务环境的学习平台，促进学生的专业知识学习、实践技能提升和职业素养培养，为他们未来的职业发展奠定坚实基础。

实施实践能力导向的教学　　　　　校企协同，实现教学内容与岗位需求对接

制订项目驱动式教学计划　　　构建综合性、多层次的评价体系

图3-4　项目驱动式人才培养模式的实施流程

（一）制订项目驱动式教学计划

项目驱动式人才培养模式实施流程的第一步是制订项目驱动式教学计划。这一计划涉及深入分析行业需求、确定专业核心能力，并据此选择适当的课程内容，构建以职业能力培养为核心的课程标准。成功实施这一流程，需要保证以下内容。第一，项目的设计应广泛覆盖与就业岗位相关的知识、技能以及个人素质要求。这样的广泛覆盖能够确保学生在完成项目的过程中建立完整的知识体系，形成必要的职业能力，提升职业素养。第二，项目内容的设定需要具备高度的明确性和可操作性。这意味着项目不仅要有清晰的目标和要求，还要为学生提供实际操作的机会。通过这种方式，学生可以在实践中运用所学知识，深化和巩固学习成果，提高学习能力、综合应用知识的能力以及实践操作能力。第三，项目需要与时俱进，能够反映行业的最新发展趋势，使学生通过参与项目学习最新技术。这不仅有助于学生的知识和技能迁移，还能激发学生的创

新意识。项目的实施应遵循循序渐进的原则，符合学生的认知规律和专业技能形成规律，从简单到复杂、从低级到高级，逐步引导学生掌握更为复杂和高级的知识与技能，确保学生能够在逐步深入的学习过程中，持续提升自己的专业能力。保证以上几点，项目驱动式人才培养模式才能够有效地将教学内容与行业实际需求对接，为学生提供一个实用、高效且富有挑战性的学习环境，最终实现学生的全面发展和职业能力的显著提升。

（二）实施实践能力导向的教学

项目驱动式人才培养模式实施流程的第二步是实施实践能力导向的教学，旨在通过实践活动提升学生的实践能力。这一过程的核心是将"教、学、做"无缝集成，形成显著区别于传统的知识传授式课堂教学、以技术和技能传授为主导的教学模式。项目驱动式人才培养模式提倡构建一个包含基本素质课程、专业基础能力课程、职业核心能力课程以及可持续发展能力课程等在内的课程体系。该课程体系需要按照"必需、够用"的原则设计，不仅要覆盖学生职业发展所需的各方面内容，而且要通过模块之间的相互衔接和支持，为学生提供一个全面、系统的学习平台。在教学内容的组织上，该模式强调以项目为核心驱动力。通过科学挑选与专业核心能力匹配的项目，围绕项目需求组织教学内容，以确保教学活动能够直接服务于学生职业能力的形成和职业素养的提升。这种以项目为中心的教学内容组织方式，能够使理论教学和实践教学得到有效融合，增强学生学习的针对性。在项目实施过程中，教师应遵循从单项演练到模拟仿真再到综合训练的教学思路，确保教学活动顺应学生的认知规律和职业技能形成的自然过程。项目的安排应紧密围绕岗位能力和岗位素养的需求，按照从简单到复杂的层次递进，引导学生逐步构建和完善自己的职业能力框架。通过这一流程的实施，项目驱动式人才培养模式能有效地将理论知识与实际操作紧密结合，提升学生的专业技能和操作能力，促进学生综合素质的发展。这种以实践为核心的教学实施策略，为学生的职业生涯成功奠定了坚实的基础，同时为企业和社会培养了具有高度职业适应性和创新能力的人才。

（三）构建综合性、多层次的评价体系

项目驱动式人才培养模式实施流程的第三步是构建综合性、多层次的评价体系，旨在通过多元化的评价方式，全方位地考查和评价学生的学习成果和能力提升。这一评价体系应具有创新性，打破传统教学评价的单一模式，引入过程与结果、个体与集体、学校与行业及企业多重评价维度，以确保评价的全面性和客观性。

第一，过程与结果的结合。评价不仅应关注学生最终的项目成果质量，还应重视学生在学习过程中的表现和态度。过程与结果结合的评价方式旨在鼓励学生积极参与学习过程，促进学生在项目实施过程中积极探索和自我完善，同时促使学生通过实践活动有效地将理论知识转化为实践操作能力。

第二，个体与集体的结合。在项目驱动式人才培养模式中，团队协作是完成项目的关键。因此，评价体系同时考量个体表现与集体贡献，强调学生的团队合作精神和集体责任感，不仅有利于培养学生的社会实践能力，还有利于促进学生综合素质的发展。

第三，学校与行业及企业的结合。该评价体系融合了学校评价、行业评价和企业评价，形成了一个多元化的评价网络。其中，学校评价侧重学生对专业知识的掌握和应用；行业评价通过职业资格认证的标准来衡量学生的专业能力；企业评价则采用反馈式评价，全面考查学生的职业素质和实习表现。这种综合评价方式能够使教育教学更加贴近行业标准和企业需求，增强人才培养的针对性。

通过构建综合性、多层次的评价体系，项目驱动式人才培养模式不仅能全面、客观地评估学生的学习成果和能力提升，还能及时反馈教学中存在的问题，为教学改革和优化提供依据。同时，该评价体系为学校和企业之间建立了有效的沟通桥梁，促进了校企合作的深入发展，确保了教育教学活动能够更好地服务于经济发展。

（四）校企协同，实现教学内容与岗位需求对接

项目驱动式人才培养模式实施流程的第四步，也是最后一步，是校企协同，实现教学内容与岗位需求对接。这一对接不仅能促进学校教育与企业实践的有机融合，而且通过直接参与企业的实际项目，学生能够在真实的工作环境中学习和成长。在这一步中，学校可与企业共同开发和实施符合行业需求的实践项目。学校依托企业提供的资源和平台，设计和组织生产性实习活动，将企业项目纳入教学和人才培养计划，使学生能够在参与实际工作的过程中掌握必要的职业技能，从而提升人才培养质量、教学质量及就业率。企业不仅可以为学生提供实习岗位和必要的设备资源，还可以在项目实施过程中选派具有强烈责任感、高技术水平和丰富经验的员工指导学生的项目实践活动。这种直接的指导，能确保学生在实践中获得有效的学习和成长。同时，企业通过为学生提供实践操作指导，为自身的人才储备和知识更新提供了支持。企业处于人才培养的第一线，会更加熟悉学校人才培养的优势与弊端，从而在人才储备和招聘过程中更加具有针对性和目的性，也利于明确职后的培训方向和内容。企业作为人才培养的受益者，其对人才的具体需求和质量评价对学校来说也是宝贵的反馈。通过企业的反馈，学校可以不断调整和优化培养方案，从而使人才更好地满足市场的需求。这种基于反馈的教育改进，会加强学校教育与企业实践的紧密结合，确保教育内容的时效性和实践活动的针对性。

从整体来看，项目驱动式人才培养模式不仅能够培养出符合企业需求的高素质技术人才，还能够推动教育教学内容的持续改进，有利于实现教育与社会实践的深度融合，为学生的职业发展和社会服务能力的提升奠定坚实基础。

三、项目驱动式人才培养模式的优势

项目驱动式人才培养模式具有以下几点显著的优势，如图 3-5 所示。

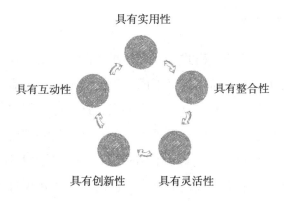

图 3-5　项目驱动式人才培养模式的优势

（一）具有实用性

项目驱动式人才培养模式的实用性体现在其紧密贴合企业需求的教学设计上。不同于传统的以理论讲授为主的教学方式，项目驱动式人才培养模式强调通过解决实际工作中遇到的问题来促进学习，使学生在学校就熟悉并掌握未来岗位所需的专业技能和知识。例如，通过参与企业的真实项目，学生不仅能学习到如何应用专业知识解决具体问题，还能了解行业的最新技术和发展趋势。这种学习方式能极大地增强教育的针对性和前瞻性，使学生毕业后能够快速适应职场，提高教育的就业导向性和社会服务能力。

（二）具有互动性

项目驱动式人才培养模式的互动性不仅体现在课堂上的师生互动和学生之间的合作上，还体现在学校与企业、学生与企业专家之间的深度交流上。这种全方位的互动交流机制为学生提供了丰富的学习资源，能够帮助他们更好地理解知识的实际应用场景，增强学习的情境感和紧迫感。通过与企业专家的直接对话，学生能够获得宝贵的职业指导，同时，企业参与课程设计和项目评价能使教学内容和评价标准更加贴近实际工作需求，从而增强学习的有效性和实践的针对性。

（三）具有创新性

项目驱动式人才培养模式强调在解决实际问题的过程中培养学生的创新思维和创新能力。通过应对不同的项目挑战，学生需要运用已有知识并结合新的信息和技术，寻找解决方案，这一过程能够激发学生的创造力和探索精神。学校为学生提供了一个允许失败和鼓励尝试的安全环境，使学生在实践中学会如何面对不确定性、如何进行风险评估和管理，这些都是创新过程中不可或缺的要素。同时，学生在项目实施过程中的自主学习和团队合作为创新提供了必要的条件，促进了跨学科知识的融合和新思想的产生。

（四）具有灵活性

项目驱动式人才培养模式的灵活性体现在教学内容、教学方法和评价机制的快速调整和优化上。面对技术的迭代和市场需求的变化，学校能够迅速更新教学项目，引入新技术和新方法，确保学生学习的内容始终保持最新。同时，项目驱动式人才培养模式支持教师根据学生的学习进度和兴趣进行个性化教学，满足不同学生的学习需求。在评价方式上，采用形成性评价和终结性评价相结合的方式，更加全面、公正地评估学生的学习成果，从而促进学生全面、均衡地发展。

（五）具有整合性

项目驱动式人才培养模式的整合性体现在学校、企业和社会资源的有效结合上。通过校企合作，学生能够直接接触企业的实际项目，获取第一手的行业信息和技术经验，同时，企业能通过参与人才培养过程，直接影响教学内容和质量，为自身输送定制化的人才。此外，项目驱动式人才培养模式鼓励学校与其他教育机构、研究机构合作，以促进知识和资源的共享，增强教育的开放性和社会服务功能，为学生提供一个跨界学习和成长的平台。

四、项目驱动式人才培养模式在商务英语专业的具体应用

项目驱动式人才培养模式应用到商务英语专业时可以遵循以下步骤，如图 3-6 所示。

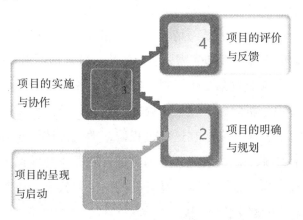

图 3-6　项目驱动式人才培养模式应用到商务英语专业的步骤

（一）项目的呈现与启动

项目驱动式人才培养模式应用到商务英语专业时，教师可以在课程设计中将学习内容分解成多个模块，每个模块与一个具体的、实际的商务场景或问题相关联，从而设计相关的课堂项目。例如，在国际商务模拟主题的课程中，教师可以设计一个项目，内容是让学生模拟向潜在客户介绍自己的公司和产品。此时，教师需要详细阐述项目的背景、目标以及学生需要达到的具体成果。接下来，教师根据学生的学习水平和课程目标，精心设计项目的具体内容和要求，包括确定完成项目所需掌握的专业知识、语言技能以及其他相关能力，如跨文化交际技巧等。教师还需要明确项目的执行步骤，提出能引起学生认知冲突的问题，以此激发学生的学习兴趣和内驱力。

（二）项目的明确与规划

项目呈现给学生后，下一步便是帮助学生进一步明确项目的要求和目标，并指导学生制订出可行的实施方案。此时，教师的角色转换为指导者和协助者，为学生搭建脚手架，提供必要的学习资源和方法指导，包括创设符合项目背景的学习情境、提供相关学习资料和工具、介绍有效的信息检索渠道等。教师还需要引导学生有效利用网络和图书馆资源，甚至联系行业专家获取第一手资料。在教师的帮助下，学生将学习到如何根据项目要求分析问题、收集和处理信息，以及如何通过团队协作制订出解决方案的初步计划。在这一过程中，学生将被要求运用所学的商务英语知识和技能，撰写商业计划书、进行商务谈判模拟等，以确保项目的顺利完成。这不仅要求学生具备扎实的语言技能，还要求他们能够灵活运用这些技能解决实际问题。

（三）项目的实施与协作

商务英语课程中的项目为学生提供了一个将理论知识应用于实践的机会。在项目实施过程中，学生可以分组协作，共同完成教师设计的项目。这一过程不仅能锻炼学生的信息检索能力，还能提升他们的团队协作和项目管理能力。而教师在这一过程中主要发挥引导和监督的作用，确保项目的进展方向和质量，同时为学生提供足够的空间，鼓励他们进行自主学习和探索。这对商务英语专业的学生尤为重要，因为项目模拟了真实的商务环境，要求学生不仅掌握语言技能，还要了解国际商务的基本操作和策略。通过这样的项目实践，学生能够在真实或接近真实的商务场景中，综合运用所学知识，提高自己的专业能力和职业素养，同时为自己的顺利就业奠定坚实的基础。

（四）项目的评价与反馈

项目完成后，采取多元化的评价方式对学生的学习成果进行评估。

首先，学生需要自我评价。这不仅能帮助他们反思自己在项目中的表现，还能促使他们识别并改进不足之处。其次，小组间互评。同伴评价能够提供新的视角和建议，增强学习的互动性和深度。最后，邀请外部专家和教师对学生的学习成果进行评价。这种更权威的评价能够帮助学生更准确地理解商务英语专业的要求和标准。此外，举办成果展示会，不仅给了学生展示自己成果的机会，还使他们能够在公众面前锻炼自己的表达能力。这种评价和反馈机制，不仅能够促进学生学习质量的提升，还能够为教学方法和教学内容的改进提供宝贵的信息。

第三节　工学交替式人才培养模式

一、工学交替式人才培养模式的内涵

工学交替式人才培养模式，旨在通过学校教育与企业实践的紧密结合，将学生培养为既掌握理论知识又具备实践能力的复合型人才。在这种模式下，学校和企业共同参与人才培养的全过程，共同制订人才培养计划，确保教育内容与企业需求紧密对接。而学生不再仅在学校接受书本知识，还将有机会直接参与企业的实际工作，通过实际操作来深化对所学知识的理解。在工学交替式人才培养模式下，学生的学习过程被设计为在学校学习与企业实践之间交替进行。这样学生不仅能在学习期间深入了解企业文化，了解岗位技术要求及所需的职业素质，还能在实践中遇到问题时，将问题带回课堂，与同学和教师共同探讨解决方案，促进理论与实践的深度融合。

工学交替式人才培养模式下的企业不仅是实习基地，还是教育的参与者和推动者。企业不仅参与人才培养方案的制订、教学计划的实施，还直接参与教学过程，为学生提供实际的工作场景，使学生在实际工作中学习并应用理论知识。学生在此过程中具有双重身份——既是学生，

也是企业员工。这种双重身份使得学生能够更快地适应工作环境，增强就业竞争力。工学交替式人才培养模式在提升学生实践能力、促进学生快速适应社会、提高教育质量和就业率等方面的成效显著。通过建立"企业冠名班"，学校和企业互为对方的技能培养与科研基地，这种模式实现了教学内容与岗位要求的无缝对接，为学生的就业提供了强有力的支持。

二、工学交替式人才培养模式的特征

工学交替式人才培养模式具有比较鲜明的特征，如图3-7所示。

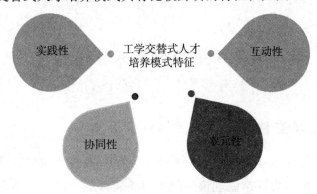

图3-7 工学交替式人才培养模式的特征

（一）实践性

实践性是工学交替式人才培养模式的显著特征，它强调通过实际工作与理论学习的结合，提升学生的职业技能和实际操作能力。在工学交替式人才培养模式下，学生不仅在课堂上学习理论知识，还在企业参与实际工作，通过完成真实的工作任务来深化对所学知识的理解和应用。这种教育方式使学生能够在学习阶段提前适应工作环境，增强其就业竞争力。实践性确保学生能够将理论知识有效地转化为实践操作技能，为其就业打下坚实的基础。

（二）协同性

协同性体现在工学交替式人才培养模式中学校和企业的紧密合作上。在这一模式下，教育过程是由学校和企业共同规划、实施和评价的，这种合作关系确保了教育内容与企业需求的紧密对接，教学计划既符合学术标准也满足行业标准。通过双方的共同努力，学生在学习期间就能获得与未来职业相关的知识和技能，企业也能通过参与教育过程培养出符合自身需求的高素质人才。协同性通过加强学校与企业之间的联系和互动，促进了教育资源的优化配置和有效利用。

（三）双元性

双元性体现在学生在工学交替式人才培养模式中的双重身份上。既是学生又是企业员工的双重身份使学生能够在学习和工作中获得全面的发展，既能接受系统的理论教育，又能获得丰富的实践经验。在企业中的工作经历，使学生能够理解和掌握企业文化，提前适应职业角色。作为学生，他们也能从学校获得必要的理论支持和专业指导。双元性为学生提供了一个平台，使他们能够在实践中学习，在学习中实践，促进了知识与技能的有机结合。

（四）互动性

互动性是指在工学交替式人才培养模式中，学校与企业、理论与实践、教师与学生之间的持续互动和反馈机制。这有利于保证教育内容的实时更新和优化，使教育更加贴近企业的实际需求，更具针对性和有效性。通过定期的互动和反馈，学校能够及时调整教学策略和内容，解决在教学过程中遇到的问题。学生能够将在实习过程中遇到的问题带回学校，与教师和同学共同探讨解决方案。这种互动不仅能增强学生的问题解决能力，还能促进理论与实践的深度融合。

三、工学交替式人才培养模式的价值

工学交替式人才培养模式的价值体现在多个层面，对学校、学生、企业乃至整个教育体系的发展产生了深远影响，如图 3-8 所示。

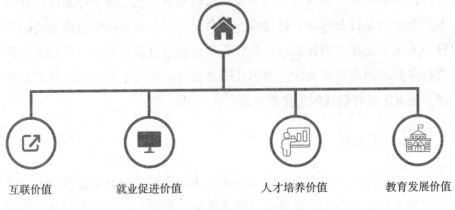

互联价值　　就业促进价值　　人才培养价值　　教育发展价值

图 3-8　工学交替式人才培养模式的价值

（一）互联价值

互联价值主要体现在工学交替式人才培养模式促进了学校、企业和学生之间的深入了解和紧密联系。对学校而言，通过与企业合作，可以直接了解企业的实际需求和运营模式，从而调整和优化课程设置，使之更贴近企业需求。对企业而言，通过与学校的合作，可以直接参与人才培养过程，有机会提前发现并培养符合自己需求的人才，这种早期的人才储备机制对企业的长远发展具有重要意义。对学生而言，他们可以通过参与企业的工作，提前了解岗位的实际需求和所需知识与技能。这不仅有助于学生确定自己的职业方向，还有利于增强学生的就业竞争力。

（二）就业促进价值

工学交替式人才培养模式通过为学生提供在企业的实习机会，不仅能增强学生的实际工作能力和职业素养，还有助于促进学生的充分就业。

在这一模式下，学生能够在实习期间获得一定的劳动报酬，既减轻了求学期间的经济压力，又提升了工作技能，积累了工作经验，从而增加了毕业后的就业机会。此外，企业通过观察和评估学生实习期间的表现，可以直接挑选符合自己需求的学生，这种人才选拔机制大大提高了学生的就业率和企业的人才匹配度。

（三）人才培养价值

工学交替式人才培养模式通过理论与实践的结合，培养了大量符合企业需求的应用型人才。在这一模式下，学生不仅要掌握课堂理论知识，还要能够将所学知识应用于实际工作，这有助于学生更快地掌握职业技能，提高其解决实际问题的能力。同时，企业可以根据自身的需求，对学生进行有针对性的培训和指导，这种定制化的人才培养策略大大提高了人才的适用性和专业性。

（四）教育发展价值

工学交替式人才培养模式对学校的健康发展具有重要促进作用。首先，这一模式有助于学校更准确地把握办学方向和课程设置，使教育内容更加符合企业需求。其次，通过企业的参与，学校可以不断优化教学方法，提高教学质量。最后，教师可以借助学校与企业的合作，提升自己的职业技能和教学能力，这对提高教学水平具有积极意义。

从整体来看，工学交替式人才培养模式实现了教育资源的优化配置和有效利用，促进了学生的全面发展和充分就业，满足了企业对高素质应用型人才的需求，推动了教育体系的持续改革和健康发展。

四、实施工学交替式人才培养模式的注意事项

（一）精心挑选合作企业

在工学交替式人才培养模式中，精心挑选合作企业是关键的一步，

也是确保该模式成功实施的重要环节。合作企业的选择不仅影响到教学质量和学生的实习效果，还影响到学生的职业发展和实践技能的提升。因此，学校必须审核企业以下几方面的条件，以确保合作的成效。第一，审核企业的合法性与规模。合作企业应当是合法注册经营的，并拥有一定规模和行业影响力。这样的企业通常具备更完善的管理体系、更广泛的业务范围和更先进的技术设备，能够为学生提供一个规范的实习平台。规模较大的企业通常更有能力和资源投入人才培养中，包括提供专业对口的实习机会、合理的报酬、必要的生活和学习支持。第二，审核企业与学生专业的对口性。合作企业应能提供与学生专业紧密相关的实习岗位。这是确保学生能够将所学理论知识运用到实践中的基础，也是提升学生职业技能的关键。企业应愿意承担培养学生的责任，不能将学生视为临时劳动力，而应将其视为潜在的、有价值的人才资源。第三，审核企业的培训与设施支持。合作企业应具备提供专业培训的能力和相应的设施支持。这包括但不限于专业设备的使用、专业技能的培训以及实践指导。这样的支持对学生掌握实际工作中所需的专业技能至关重要，有助于学生更快地适应工作环境，提高实践操作能力。第四，审核企业的管理与保障制度。良好的实习学生管理和考核制度是合作企业必须具备的条件之一。这样的制度能够确保学生在实习过程中的学习和成长得到有效监督和指导，同时保证实习质量和效果。此外，企业应提供必要的生活保障和学习娱乐设施，确保学生的基本生活需求和学习需求得到满足，创造一个有利于学生成长和发展的实习环境。

总之，慎重并精心选择合作企业是工学交替式人才培养模式成功实施的关键。只有符合基本筛选条件的企业，才能为学生提供一个高质量的实习平台，促进学生实践技能的提升和职业素养的培养，从而达到理论与实践相结合的教育目标。

（二）学制弹性化调整

在工学交替式人才培养模式下，针对学生学习期间将近一半的时间在企业进行顶岗实习的现状，学校可通过调整学习和实习时间的分配或者调整整体学制年限来应对。具体来说，学校可以在维持原有学制的基础上，通过整合利用和优化学生的寒暑假时间，灵活地为学生安排实习计划。这样既可以确保学生有充分的时间完成理论课学习，又可以保证学生有更多的机会和时间深入参与企业的实际工作，从而获得宝贵的实践经验。这种调整方式的优势在于，既能保留传统的学籍管理和教学班级模式，又能在一定程度上满足企业用工的季节性和周期性需求，提升人才培养周期的效率。尽管假期能提供的时间有限，且利用假期的方法在满足生产高峰期企业用工需求方面存在一定局限，但它提供了一个折中方案，使学生在不延长学制年限的前提下，最大限度地利用假期时间进行实践学习。此外，学校还可以考虑适当延长学制，以为学生提供足够的理论学习和实践时间，这样教师也可以从容安排教学内容，循序渐进地推进教学计划。这种方式虽然不便于教学管理，且在一定程度上增加了人才培养成本，但是这种方式会使学生对知识的掌握更加扎实，更有利于学生未来职业的长远发展。需要注意的是，学校需要考虑到学生的个性化发展需求，鼓励学生根据自己的实习情况和职业规划，灵活选择实习时间和学习内容。这要求学校在课程设计和教学管理上采取更为灵活和开放的策略，以适应工学交替式人才培养模式下学生学习和实习的特殊需求。

总而言之，学校要实施学制弹性化调整制度，确保学生完成必要的理论学习的同时，为他们提供充足的实习机会。这种平衡策略有助于学生既掌握必要的专业知识，又积累实践经验，从而更好地满足未来的职业发展需求。

（三）采用灵活的教育策略

在工学交替式人才培养模式下，为了应对企业生产任务的不连续性和对学生实践能力的高要求，学校需要采取更加灵活和创新的教育策略。其中，教学模块化设计与灵活的学籍管理和教学组织是实现这一目标的关键措施。第一，教学模块化设计。教学模块化设计是将课程内容划分成若干独立的学习模块，每个模块专注于特定的知识点或技能培训，并分配相应的学分。这种设计使得学校可以根据实习安排和学习进度，灵活选择学习模块，而不是按照固定的课程计划进行。每个模块的学习时间可以从一周到一个月不等，便于学生在企业的实习与学校的学习之间进行切换。教学模块化设计既可以增强课程内容的针对性和实用性，又能使学生根据自己的职业规划和实习经历，有选择地加强在特定领域的知识和技能学习，还有利于学校根据企业的最新需求，及时调整课程内容，保持教学内容的时效性。第二，灵活的学籍管理和教学组织。与教学模块化设计相配套，灵活的学籍管理和教学组织对工学交替式人才培养模式的成功实施同样重要。在这一模式下，学生的学习路径变得多样化，学习周期也可因个人情况而异，这就要求学校在学籍管理上足够灵活，以适应各种学习需求和实习安排。学校可以通过引入学分制，允许学生在规定的学制年限内，根据个人的实习经历和学习进度，灵活安排课程学习。此外，教学组织也需采取更为灵活的形式，学生可以根据选择的模块进行分组，而非传统的按年级或专业固定编班。这种灵活的学籍管理和教学组织，不仅有助于学生根据自身条件和市场变化，灵活调整学习计划，还能促进学校教育资源的高效利用，增强教育的个性化和适应性。

从整体来看，灵活的教育策略对工学交替式人才培养模式的成功实施至关重要。它不仅能够为学生提供更加个性化的学习，还能确保教育内容与企业需求紧密结合，从而培养出更加适应市场需求的高素质技能型人才。

（四）构建科学的学生管理及考核系统

在工学交替式人才培养模式中，构建一套科学的实习学生管理及考核系统是保证学生实习效果和质量的关键。在这一模式下，学生有学生和企业员工两重身份，这要求校企双方均采取有效措施，确保学生实习的顺利进行和实习目标的达成。为此，学校和企业应建立联合管理机构，作为常设的协调实习学生日常管理和问题解决的平台。在工学交替式人才培养模式实施初期，该机构能够确保实习活动的顺利开展。为了保证实习的高效性和安全性，校企双方需要制定一套包括考勤、安全操作、实习表现考核以及奖惩机制在内的规章制度，并严格执行。这套制度旨在确保实习学生能够充分利用实习机会，规范他们的行为操作，激励他们积极参与实习，主动学习。其中，考核制度的设计应能够反映学生在实习过程中的表现。奖惩机制则需要既表彰优秀的实习表现，又对违规行为进行必要的惩戒，以维护实习秩序。此外，将实习表现与学生的毕业要求相挂钩，是一种有效的激励措施。这种做法不仅为学生提供了清晰的目标，促使他们在实习过程中遵守规章制度，积极学习，还有助于学生认识到实习的重要性，从而更加投入和专注于实习。

总之，在工学交替式人才培养模式下，通过建立科学的实习学生管理及考核制度，校企双方可以为学生提供一个结构化、规范化的实习环境，不仅能够提升实习质量和实践效果，还能够帮助学生更好地适应未来的职场生活，为其职业发展奠定坚实的基础。

（五）加强校本教材的开发

在工学交替式人才培养模式下，教材的选择和使用直接关系到教育质量和学生实践技能的提升。这一模式要求教材覆盖理论知识，更要反映实际工作的具体操作和技能要求，确保学生能够将所学知识有效应用于实践中。因此，加强校本教材的开发成为实施工学交替式人才培养模式的一个重要事项。校本教材的开发需要紧密结合企业的岗位需求，这意味着教材内容不仅要涵盖必要的理论知识，还要包括实际操作过程，以确保学生通过学习掌握岗位所需的具体技能。此外，校本教材需要设计成模块化，以适应灵活多变的教学计划，允许教师根据学生的学习进度和实习经历，灵活调整教学内容和顺序。

随着企业技术的更新换代和生产工艺的优化，校本教材的内容需要进行相应的更新，以保证教学内容的时效性和实用性。这要求学校与企业建立起密切的合作关系，通过定期的交流和反馈，及时将企业最新的技术要求和岗位变化反映到教材内容中。校本教材持续更新和改进的过程，要求学校具备一定的教材开发能力，同时需要教师能够积极参与教材的编写和修订工作。这是一个动态的、持续的教育改进过程。教师在这一过程中扮演着至关重要的角色，他们的专业知识和实际教学经验将直接影响到教材的质量。

综上所述，加强校本教材的开发是实施工学交替式人才培养模式的关键环节。通过开发与实际岗位紧密相关、能够灵活适应教学需求的校本教材，可以有效提升教学质量，为学生的职业技能提升打下坚实的基础。这一过程需要校企双方的紧密合作和教师的积极参与，是一个充满挑战同时极具价值的教育创新活动。

（六）建立合理的教师培训及绩效管理机制

工学交替式人才培养模式的实施为教育的发展提供了新的机遇，同时对教师的专业发展提出了更高要求。因此，建立合理的教师培训及绩效管理机制不仅是提升教师教学质量和实践指导能力的关键，也是工学交替式人才培养模式成功实施的重要保障。在工学交替式人才培养模式中，教师的角色和职责发生了根本性的变化，他们不仅要具备扎实的理论知识，还要具备实际操作技能和现场工作经验，即他们要成为既能"讲授理论"又能"实际操作"的双师型教师。为了满足这一要求，学校需要制定一套全面的教师培训及绩效管理机制。第一，学校应引入具有丰富实践经验的企业专家，作为兼职教师或导师，参与专业课程教学。这些企业专家不仅可以将最新的行业技术和工作方法带入课堂，还能为学生提供更加真实和直接的行业视角。第二，学校需要安排专职教师到合作企业进行实地培训和进修，以便教师能够掌握相关岗位的技术。这种"走出去"的培训方式有助于教师从实际工作中获得第一手经验，增强实践教学能力。第三，为了确保教师培训计划的有效实施，学校需要制定详细的绩效考核制度以及相应的奖惩机制。绩效考核制度应能全面评价教师的教学效果、实践指导能力以及与企业合作的成效，并以此为依据实施奖惩。奖励机制应能激励教师积极参与培训和实践教学，并对表现不佳或不积极的教师，设立相应的惩罚措施。

第四节 "课证赛岗创"五位一体人才培养模式

跨境贸易行业的发展推动了商务英语专业人才培养模式的改革创新，促使高校不断提高学生的综合素质与专业技能。这需要在人才培养模式、专业课程设置、教学资源整合、师资培训等各方面实行创新，并从理论和实践层面解决商务英语专业定位、人才培养方案、课程体系设置、实践教学、创新创业教育等方面的问题。商务英语专业人才培养需要面向我国对外开放的新格局，体现数字经济和跨境贸易特色，明确复合型商务英语专业定位，培养跨学科、高素质、复合型、应用型创新人才。而"课证赛岗创"五位一体人才培养模式（以下简称五位一体人才培养模式），实施"课""证""赛""岗""创"融通教学，能有效提升商务英语专业的教学水平和人才培养质量。

一、五位一体人才培养模式简介

在应用型人才培养目标的定位下，根据商务英语专业国家标准的指导和行业岗位能力的要求，五位一体人才培养模式将课程教学、资格认证、学科竞赛、岗位实践和创新创业等融为一体，结合职业资格认证要求、学科竞赛标准、岗位实践技能需求、创新思维和创业实践，形成了以"课"教学、以"证"带学、以"赛"促学、以"岗"验学、以"创"续学的人才培养路径，如图3-9所示。该模式的各个环节以应用型人才培养目标为统领。知识目标包括语言知识、商务知识、跨文化知识、人文知识和公共知识；能力目标包括公共基础能力、语言应用能力、跨文

化交际能力、自主学习能力、国际商务实践能力和创新创业能力；情感
目标旨在提升学生的政治素养、人文素养、心理素质、思想道德和职业
道德。

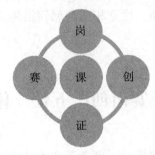

图 3-9　五位一体人才培养模式

（一）以"课"教学

在课程体系上，商务英语专业以语言文学类课程、商务类课
程、跨文化类课程、通识教育类课程构成完整的复合型课程体系，实
现"英语＋商务"的交叉，帮助学生形成跨学科知识结构。课程的进
阶路径为通识课、专业核心课、专业方向课、专业实践课。为了实现
"课""证""赛""岗""创"的融通，专业实践课在大二、大三、大四学
年均有开设，所占比例较传统人才培养模式有很大提升。专业实践课的
设置应结合地域和学校特色，要有体现不同院校特色的课程模块，以确
保培养出来的人才能为地方经济和特定行业服务，最大限度地彰显商务
英语专业的特色，充分发挥商务英语专业的优势。

（二）以"证"带学

在资格认证上，学校鼓励学生考取证书，目的是检测学生对语言知
识、商务知识和技能的掌握程度，是否已经具备从事商务英语相关工作
的基本能力。学生获取的证书通常会对其毕业后的求职有很大帮助，甚
至会提升工作待遇。商务英语专业的学生可以考取的资格证书有以下三
类：①语言类证书，如大学英语四级、六级证书，英语专业四级、八级

证书；②商务语言类证书，如全国商务英语专业四级、八级证书，剑桥商务英语初级、中级、高级证书；③商务类证书，如跨境电商B2B数据运营职业技能等级证书。学生还可根据专业特长、个人兴趣和就业意向选择考取其他职业资格证书。考证表明了学生勤奋刻苦的学习态度，除此之外，参加学科竞赛的获奖证书也是学生态度和能力的证明。

（三）以"赛"促学

在学科竞赛上，商务英语专业学生能参加的有语言技能类、商务类和创新创业类。语言技能类竞赛种类繁多，包括全国大学生英语竞赛、全国大学生英语翻译大赛、全国大学生英语阅读竞赛、全国大学生英语辩论赛、全国高校学生跨文化能力大赛等；商务类竞赛有全国商务英语实践大赛、全国大学生国际贸易挑战赛、全国跨境电子商务技能大赛等；创新创业类竞赛主要包括"挑战杯"中国大学生创业计划竞赛和学校、地方政府部门、企事业单位组织的各类赛事。商务类和创新创业类的一些竞赛是以项目的形式进行的，要求学生通过小组合作，对特定行业或企业进行调查研究，撰写调研报告或诊断报告，或者是根据创意制订具体的商业计划书。部分赛事的完成还需要企业的参与，由来自学校和企业的导师共同指导学生完成。赛事评比能够有效诊断项目的优势与不足，完善项目的架构。通过参加这类竞赛，学生不仅能提高专业能力尤其是专业实践能力，而且能培养交际能力、团队合作能力，同时团队合作意识、抗压能力、心理素质都得到增强。

（四）以"岗"验学

在岗位实践上，实践课程和学科竞赛能让学生提前接触国际贸易和跨境电商平台，系统学习平台运营规则，获取对行业及岗位的基本认知。在项目导师的引领下，学生可以在跨境贸易较发达的地区参与"跨境电商夏令营""跨境电商冬令营"等社会实践活动，奔赴企业岗位一线，提前进入并切身体验跨境电子商务类相关职业角色。学校应积极开展校企合作，与合作企业协同建立校外实践教学基地，给学生提供充足的专业实践岗位。为了进一步提高学生的实践能力和职业技能，学校还可以将课程考核与企业考核相结合，并让企业参与考核。

（五）以"创"续学

在创新创业上，商务英语专业学生的创新创业能力培养离不开实践教学，更离不开社会实践活动。校企深度合作是培养商务英语专业学生创新创业能力的必然途径。学校应先培养学生的基础能力，然后基于校企合作的社会实践活动，培养学生的核心技能和创新意识，从而培养学生的创新创业能力。商务英语专业的实践教学和学科竞赛大多是以校企合作为依托的。例如，由中国对外贸易经济合作企业协会主办的全国跨境电子商务技能竞赛，通过组织真实的技能培训、真实的企业运营竞赛，提供真实的就业创业机会等方式，促成跨境电商企业与高校的深度合作，能有效地提高商务英语专业学生的创业能力。基于真实项目的学科竞赛、岗位实践还具备创业孵化的功能，帮助学生实现创业就业。

二、五位一体人才培养模式的特色与创新

五位一体人才培养模式在专业建设、培养方案设计、课程体系优化、师资队伍培养、一流课程建设、教学方法创新、考核评价机制改革等方面进行了理论与实践探索，贯彻落实了复合型人才培养理念，保证了应用型人才培养质量。该模式以商务英语专业课程体系构建为中心，以语言文学类、商务类、跨文化类专业核心课程为龙头，协调通识教育类课程、实训、实践、实习、毕业设计等环节，创设商务英语专业"课""证""赛""岗""创"融通的人才培养模式，在校企合作的基础上，将课程教学、资格认证、学科竞赛、岗位实践、创新创业等融为一体，将职业资格认证要求、学科竞赛标准、岗位实践技能需求、研究性学习与创新创业实践等融入课程教学及其考核评价。

（一）五位一体人才培养模式的特色

五位一体人才培养模式的特色主要体现在两个方面。一方面，五位一体融会贯通。在校企融合机制下，商务英语专业将基于工作岗位的知识、能力与素质要求，基于职业能力的语言和商务资格认证，基于技能竞赛的工匠精神培育，基于创新创业的教育，作为复合型、应用型人才培养的切入点和突破口，不断探索与实践，形成"课证赛岗创"协同的一体化课程体系。五位一体人才培养模式摒弃了"先理论再实践"的传统模式，以"课""证""赛""岗""创"等培养环节为依托，提前进行实训、实践、实习、毕业设计等实践教学环节，并将其与课程教学融合。该模式最大的特色在于课程教学、资格认证、学科竞赛、岗位实践和创新创业之间的融合，并将校企合作教育、创新创业教育与课程思政教育贯穿其中，而且，各培养环节之间并非单项线性融合，而是双向融通、多向融通。另一方面，校企协同服务地方。五位一体人才培养模式遵循"引企入校、促校进企"的原则。学校可以与多家企业签订合作协议，建立实习基地。学生深入企业顶岗实习，全面熟悉跨境贸易流程、业务操作及商务运营管理，系统、完整地运用所学专业知识和技能进行职前适应性实践。学校选派教师到企业挂职锻炼，同时聘请企业人员担任学院职业导师，指导学生的课程实践和创新创业。学校可以结合地区社会经济、民族文化等特色，秉承应用型人才培养目标，把专业建设融入地方经济文化建设，增强服务地方区域社会的经济能力，协同培养从事跨境贸易、翻译、管理、文秘等工作的商务英语应用型人才。

（二）五位一体人才培养模式的创新

五位一体人才培养模式的创新主要体现在两个方面。一方面，理论创新。该模式用于商务英语专业人才培养，是对传统的"教学用""产学研""课岗证""课岗证赛"等模式的一种补充与完善。该模式以"课"教学、以"证"带学、以"赛"促学、以"岗"验学、以"创"续学，并实现各个培养环节之间的融合，具有独创性。另一方面，实践创新。五位一体人才培养模式借鉴、整合国内外高校商务英语专业人才培养模式，根据行业发展现状和岗位技能要求，结合自身特色和优势，调整或增设适合学校、区域、行业的专业核心课程和专业方向课程。在培养过程中紧跟国家高等教育形势，满足国家对复合型、应用型商务英语人才的需求。

三、五位一体人才培养模式的实施路径

五位一体人才培养模式的实施依照"课"（将课程与职业能力对接）、"证"（将资格认证纳入教学评价体系）、"赛"（将专业素质和技能竞赛与课程教学、教学评价及考核贯通）、"岗"（将岗位实训、实习与课程教学和创新创业教育对接）、"创"（将创新创业项目与实践教学、资格认证、学科竞赛、岗位实践及毕业设计融合）的路径进行，并注重各路径之间的融合、贯通，以凸显五位一体人才培养模式的整体效应。

如图 3-10 所示，五位一体人才培养模式以校企合作和产教融合为依托，在人才培养上达到从标准化培养到定制化培养的有效过渡，且创新创业教育贯穿始终。

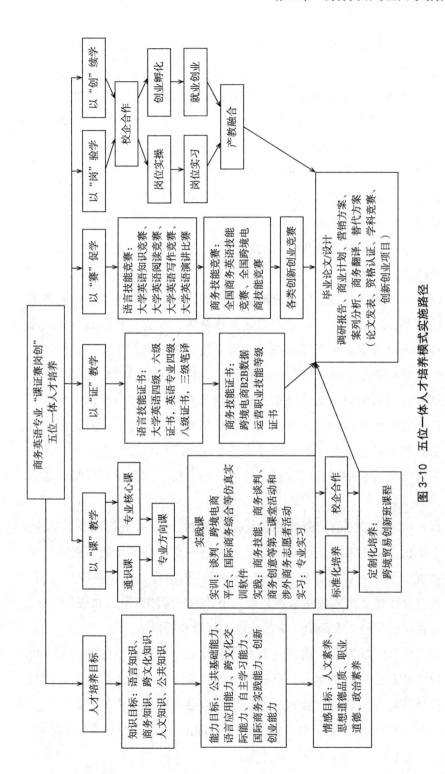

图 3-10　五位一体人才培养模式实施路径

以"课"教学方面，商务英语专业应根据相关行业发展现状，及时修订和调整人才培养方案，积极开设适应岗位能力要求的新课程，建设校企合作课程和实践课程，开发相应的校本教材。学校可以在课程评价和考核上进行创新，推进研究性学习与非标准答案考试方案，将"证""赛""岗""创"等环节纳入课程评价体系。

以"证"带学方面，商务英语专业应推广并实施一系列技能证书的考试和考点认证，从而将课程考核与相对应的行业证书考试并轨，实现以证认绩。同时，学校可以大胆创新，将技能考试纳入人才培养和课程考核中，通过考试激发学生学习的积极性，丰富学生各方面的知识，提升各项技能。

以"赛"促学方面，学校应鼓励学生积极参加全国各类各级商务英语技能竞赛、跨境电商竞赛、创新创业竞赛等，并尝试将参赛所获成绩与课程考核以及毕业实践项目挂钩。通过技能类、创新类竞赛，促使学生感受浓厚的学习和创新氛围，提高学生对相关知识的理解、运用能力，从而培养其创新能力；通过模拟和实战创业大赛，促使学生体验创业的艰辛，和克服困难后的喜悦之情，激发学生的创业兴趣，培养其创业意识。更具有创新意义的是，该模式将竞赛项目与毕业设计进行融合，鼓励学生将参赛过程中形成的项目设计、案例分析、创业计划等整合成毕业设计。

以"岗"验学方面，商务英语专业应建立校内、校外实践教学基地，为学生提供丰富的专业岗位实践机会。为进一步提高学生的实践能力和职业技能，学校可以将课程考核与企业考核相结合，让企业参与考核。通过校企合作建立实践教学基地，来自企业的导师团队可以在资格认证、学科竞赛和创新创业方面给予学生相应的指导和帮助。

以"创"续学方面，商务英语专业学生通过参与创新创业活动，可以有效延伸自己的课堂学习。有些创新创业活动要求学生用英语展示项目、进行答辩等，这是检验和提升学生商务英语应用能力的好机会。在参加这些活动时，学生需要选择一个感兴趣的行业，进行深入的调研，并用英语撰写报告，这不仅能够提升学生的英语写作能力，还能增强学生的市场分析和判断能力。学生还可以创办小型企业或线上店铺，利用电商平台开设面向国际市场的店铺，亲自负责客户服务、市场推广等工作，在创业实践中学习国际营销、物流管理和客户关系管理。通过这些具体的创新创业活动，商务英语专业学生不仅能巩固和丰富专业知识，还能在实践中培养创新思维，提高问题解决能力，从而为未来的职业发展奠定坚实基础。

在整个培养模式的实施过程中，课程考核、证书认证、岗位实践、创业实践等环节都能起到人才培养质量保障和监督的作用。同时，为深化校企合作和产教融合，企业和高校可以根据行业发展最新动态成立创新实验班，实现人才的定制化培养。创新实验班的师资团队由学校导师和企业导师共同组成。学校导师以其深厚的学术底蕴，确保理论知识的系统传授；企业导师凭借其丰富的实践经验，引入业界最新动态与实战技能。两者的有机结合不仅有利于促进理论与实践的深度融合，还有利于提升学生的综合素养，增强学生的就业竞争力。

四、五位一体人才培养模式的应用效果

湖南人文科技学院商务英语专业实施五位一体人才培养模式。

（一）丰富了教学资源

五位一体人才培养模式推动了学校开发教学资源，如建设校企合作课程、线上课程、企业定制课程，建设校内、校外实践教学基地，充分利用合作企业的实践教学资源建立教学案例库和企业导师团队。跨境贸易相关资格认证、学科竞赛、创新创业竞赛等培养环节的实践活动案例和经验总结反哺了课程教学。

（二）增强了教学效果

该模式以岗位需求为导向，以学生能力发展为中心，着重培养商务

英语专业学生的能力和素质，启发学生养成从不同学科视角发现问题、分析问题的意识，培养学生跨学科思考、跨学科学习、跨学科研究的能力。该模式实施以来，湖南人文科技学院商务英语专业的人才培养质量持续提高，具体表现在学生课堂学习积极性提高，课程考核不及格率持续走低；学生的语言及商务资格认证考试通过率提高；学生积极参加学科竞赛，成绩突出；学生在岗位实训实习中表现优异，获得企业好评。

（三）提升了教师科研能力

校企合作有效带动了教学科研，行业动态和企业资源为教学科研提供了新的选题。该模式有力地推动了商务英语教师教改项目的立项，有效促进了科研成果的生成。湖南人文科技学院商务英语专业在实施该模式的过程中，师资团队积极开展教学合作与研讨，完成了多项教学改革项目和课程建设项目，发表了多篇教学改革论文，并获得了多项教学成果奖。

（四）提高了学生的就业率和就业质量

在实施该模式下，湖南人文科技学院培养的商务英语专业毕业生在知识、能力和素质方面都非常出众，受到用人单位的青睐。学生刚进入毕业年级就被抢聘一空，除了考研和考编制的学生，就业率可以达到100%。企业给予毕业生很高的评价，还有企业特意写信感谢学校培养出这么优秀的学生。

（五）示范与辐射作用

根据该模式修订的人才培养方案拥有完善的课程体系，得到省内商务英语专业同行的认可，在湖南省享有盛誉，经常有兄弟院校的商务英语专业教师来校学习，高考和专升本考试中报考该校商务英语专业的学生人数显著增多。该校商务英语专业近几年在服务地方经济和社会发展方面表现非常出色，多次为省、市经贸管理部门的招商引资、跨境贸易、经济文化交流等活动提供语言翻译服务。

　　从整体来看，五位一体人才培养模式以培养复合型商务英语人才的目标为指引，将课程教学、资格认证、学科竞赛、岗位实践和创新创业五个环节融为一体。除了传统的通识课程和专业核心课程，还开发校企合作课程、线上课程、企业定制课程等，并建设实践教学基地、教学案例库等教学资源，在不断的教学改革中，将资格认证、学科竞赛、岗位实践和创新创业融入相应核心课程的评价考核。在专业核心课程的考核上，要求学生分组完成创新创业或案例分析项目。这不仅有助于实现"课""证""赛""岗""创"在所有教学环节的融通，还有助于提高人才培养质量。

　　五位一体人才培养模式的实施过程中还有一些方面需要进一步深化和完善：一是合作企业参与人才培养的积极性需要进一步调动，激发企业开展深度合作；二是学生就业率虽高，但就业稳定性不高，跳槽过于频繁，学校应更加重视职业规划和就业指导教育；三是语言技能学习，占据时间较多部分高年级学生还将大部分学习时间和精力放在语言技能证书考试上，这样便影响了商务知识和能力的学习，因而学校需要调整和优化学生的教学内容顺序；四是创新成果的进一步推广和应用还需做大量细致的工作。

　　我国跨境贸易行业发展日新月异，但高校人才培养滞后于产业发展步伐，如何在现有条件下确保人才培养切实匹配岗位需求成为应用型本科高校面临的挑战之一。在校企合作培养人才的过程中，商务英语专业需要准确定位自身特色，把握好与企业合作的维度，切实从广度与深度上"打磨"好人才，从而使学生和企业真正受益。

第四章　商务英语专业课程体系建设

在确立商务英语专业人才培养模式的基础上，构建一个既符合时代要求又能够应对全球商务挑战的课程体系成为关键。本章提供了一套全面且具创新性的商务英语专业课程体系建设指南，以引导课程体系的建设和优化。本章首先分析了商务英语专业课程的概念与分类；其次从国家层面、社会层面、学校层面、个人层面细致分析了商务英语专业课程设置的依据；再次分析了商务英语专业课程设置需要遵循的原则；最后提出应用型本科商务英语专业课程体系建设的具体路径。

第一节　商务英语专业课程的概念与分类

一、商务英语课程的概念

在我国，对"课程"一词的使用可以追溯到唐代。孔颖达等在《五经正义》中提到了教学活动的组织和监督："教护课程，必君子监之，乃得依法制也。"到了南宋，朱熹的《朱子全书·论学》中课程的含义与现代课程的含义更为接近，如"宽着期限，紧着课程"，"小立课程，大作工夫"。

随着时间的推移，科举制度被废除，现代学校教育兴起，课程的含义经历了转变。新式教育机构的建立、班级授课方式的普及，都促进了人们对教学过程和结构的重视，课程从指学习的整个过程或路径转变为更加侧重教学的具体内容和方法。这种变化体现了教育观念的进步，以及人们对课程在教育过程中的作用和重要性认识的深化。课程不仅是学习的路径，还是教育理念和价值观的体现。

随着社会的发展和教育理念的更新，课程的定义也在不断发展。不同学者从不同视角对课程提出了多元化的解释，这些解释不仅反映了学者对教育的理解，也揭示了教育目标和方法的多样性。第一，课程是教学科目。这一观点将课程视为学生学习的具体科目，如语文、数学等，强调课程内容的固定性和科目知识的体系化。这种定义根植于教育的历史传统，如中国古代的"六艺"和欧洲中世纪的"七艺"，体现了以学科为中心的课程理念。① 然而，这种观点忽略了教育过程中隐性课程的作用，以及学科之外教育的价值。第二，课程是有计划的教学活动。这一观点强调课程的计划性和系统性，看重课程设计对课程目标、课程内容、教学方法等的考虑。这一观点认为，课程不仅包括学科知识，还包括教学的组织与实施。这一观点对课程的认识较全面，但忽略了教学过程的不确定性和学生发展的多样性。② 第三，课程是学习经验。这一观点强调个人体验和学习结果的重要性，关注学生在教育过程中实际获得的知识和经验，而非教学计划本身。这种经验主义的课程观重视学习过程个性化和学生的主体性，但面临统一教育目标和评估学习成果的挑战。③第四，课程是预期的学习结果。这一观点侧重于教学目标和学习成果，认为课程应明确教育者希望达到的学习目标，强调学习成果的预期性和目标导向性。然而，这一观点忽略了教育实施过程中的非预期情况。④第五，课程是社会改造的工具。20世纪30年代，美国的一些教育家提出，课程的设置和实施应致力解决社会问题，推动社会变革。这一观点将课程视为一种社会实践，旨在通过教育培养学生的社会责任感，是一种以社会为本的课程观。

---

① 刘彦文. 课程与教学问题专题研究 [M]. 北京：中国轻工业出版社，2017：2.

② 刘彦文. 课程与教学问题专题研究 [M]. 北京：中国轻工业出版社，2017：2.

③ 李定仁，徐继存. 课程论研究二十年 [M]. 北京：人民教育出版社，2004：5.

④ 施良方，课程理论：课程的基础、原理与问题 [M]. 北京：教育科学出版社，2003：3-7.

从广义上看，课程是学校提供的一整套教育系统，旨在通过各学科、活动、环境等，全面促进学生成长。该定义将课程视为一个复合体，强调了教育活动的互动性和双向性，体现了课程的动态性，也强调了学习过程的连续性和整体性。

根据对广义课程的理解，可以将商务英语课程定义为一种综合教育体系，该课程旨在通过学科知识传授、专业技能训练、实践经验积累以及跨文化交际能力培养，提升学生在全球商务环境中的英语应用能力和商务实操能力。具体而言，商务英语课程不仅传授英语语言技能，提升学生的听、说、读、写能力，特别是涉及商务沟通各个方面（商业谈判、报告撰写、演讲等）的能力，还涉及商业知识的传授，如国际贸易原则、市场营销策略、企业管理理论等知识。商务英语课程的核心在于将语言学习与商业实践相结合，通过案例分析、项目工作、模拟商务场景等，让学生在实践中深化对商务英语的理解并熟练使用商务英语。此外，考虑到商务活动的国际性，商务英语课程还特别强调跨文化交际能力的培养，旨在帮助学生理解不同文化背景下的商业习俗和沟通方式，从而在全球化的商务环境中有效地交流和协作。

从整体来看，商务英语课程是一个专为培养具备高级英语沟通技能、深厚商业知识、跨文化理解和国际视野的商务英语专业人才而设计的教育计划。其目标是让学生能够在国际贸易、全球市场营销等领域中，以英语为工作语言，高效地进行沟通和管理，推动商业成功。

二、商务英语专业课程的分类

根据不同的标准，商务英语专业课程可以分为不同的类别，如图 4-1 所示。

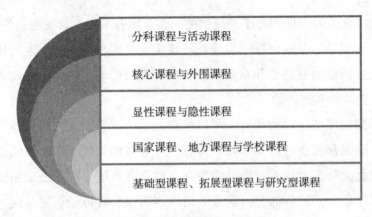

图 4-1　商务英语课程的分类

（一）分科课程与活动课程

根据学科的内容属性，商务英语专业课程可分为分科课程与活动课程。这两种课程各有侧重，分科课程，或称文化课程，强调以学科为中心的课程设计。就商务英语专业而言，分科课程包括核心学科领域的知识，如国际商务谈判、国际贸易理论与实务、跨文化交际等，可为学生提供系统的学科知识学习。活动课程突破了学科知识的界限，更注重学生兴趣、需求和能力的发展。就商务英语专业而言，活动课程包括商务英语口语实践、国际商务综合实训、跨境电商直播实训等，旨在通过真实或模拟的商务活动，增强学生的应用能力和创新思维。参考布鲁纳的结构主义课程论，商务英语专业的课程设计应围绕学科的基本结构，即核心概念和原理进行，同时根据学生的认知发展阶段安排学习内容。瓦根舍因的范例方式课程论强调教学内容的基本性和范例性，据此，商务英语专业可以通过精选典型案例和实践活动，培养学生的问题分析和解决能力。赞科夫的发展主义课程论则提醒教育者在设计商务英语专业的课程时，应考虑课程内容的难度和理论知识的作用，以促进学生全面发展。因此，融合分科课程与活动课程的教学模式对学生的全面发展至关重要。将分科课程与活动课程结合起来，对商务英语专业的学生而言，既能系统掌握必要的学科知识和专业技能，又能通过实践活动提高解决实际商务问题的能力，以及增强跨文化交际能力。这种融合不仅有助于调动学生的学习积极性，还能使学生在学习过程中更好地理解学科知识与实际应用之间的联系，成为既具备理论基础又能够满足国际商务环境需求的高素质人才。

（二）核心课程与外围课程

核心课程作为商务英语专业学生的必修课程，不仅是为了满足社会对商务英语人才的基本需求，还体现了教育者对学生应具备的基本能力和知识体系的认识。这些课程往往涵盖商务英语领域的基础知识、基本技能以及与商务活动紧密相关的跨文化交际能力。核心课程的设置，可以确保学生在毕业后胜任国际商务中的沟通任务，理解不同文化背景下的商务习惯和规范，以及掌握基本的商务谈判和交流技巧。外围课程作为核心课程的补充和拓展，更多地考虑了学生的个性化需求和未来发展方向。在商务英语专业中，外围课程包括更专业化领域的知识，如国际金融知识、电子商务知识、供应链管理知识等，或者更加注重实践技能的课程，如商务写作、演讲技巧、商务谈判模拟等。这些课程的设置可以帮助学生根据自己的兴趣和职业规划进行更加专业化的学习，从而使学生在竞争激烈的就业市场中脱颖而出。

在商务英语专业的课程体系中，核心课程与外围课程既能确保学生获得必要的知识，又能使学生根据个人兴趣和职业发展需求选择专业的学习内容。核心课程与外围课程的分类反映了教育的两个基本目标：一是通过核心课程培养学生的基础能力，包括基础语言技能、跨文化交际能力等，确保学生具备进入商务领域所需的核心竞争力；二是通过外围课程允许学生根据个人兴趣和未来职业规划，选择更为专业化或者更加贴近实际工作需求的课程，如市场营销、财务管理、商务谈判技巧等。

总体而言，核心课程与外围课程在商务英语专业中的设置，不仅能够确保学生掌握进入商务领域所必需的基础知识和技能，还为学生提供了根据个人兴趣和职业目标进行深入学习和探索的空间，这种灵活又全面的课程设计有助于培养适应国际商务环境的高素质专业人才。

（三）显性课程与隐性课程

显性课程，也称正式课程或常规课程，指的是学校明确规划组织实施的、以文档形式存在的教育计划和教学大纲中的课程。就商务英语专业而言，显性课程通常包括商务英语基础、国际贸易知识、跨文化交际技能等，旨在为学生提供必要的知识和技能。显性课程通过具体的教学活动、考核标准和评估方法，确保学生能够按照预定目标学习和掌握相关领域的核心知识。隐性课程，则指在正式教学过程中未被明确规划和组织，属于学校教育经常而有效的组成部分，可以看成是隐含的、非计划的、不明确或未被认识到的课程。就商务英语专业而言，隐性课程通常包括团队合作能力的培养、职业道德的内化、自主学习能力的提升等。这些非正式的学习经验，虽然不在教学大纲的直接指导下，但在学生的个人发展和职业生涯规划中起到关键作用。隐性课程的影响既有积极的方面也有消极的方面。积极方面：可以培养学生的批判性思维能力、问题解决能力及适应社会的能力。消极方面：如果学校环境中存在偏见或不平等现象，学生可能会无意中学到负面的价值观念或行为模式。因此，教育者需要意识到隐性课程的存在，并通过优化教育环境、调整教学方法来发挥其正面影响，减少负面影响。

在商务英语专业的教育实践中，显性课程为学生提供了学习的基本框架和核心内容，隐性课程则丰富了学生的学习经验，帮助他们发展为更为全面的个体。例如，通过参与商务案例分析、模拟商务谈判和国际交流项目，学生不仅能学习到知识，还能在实践中学会如何在多元文化背景下进行有效沟通、团队合作和冲突解决，这些都是隐性课程的一部分。因此，高效的商务英语专业教育需要教育者综合运用显性课程和隐性课程，以培养学生的综合能力和国际视野。

（四）国家课程、地方课程与学校课程

在商务英语专业的教育框架中，按照课程的制定主体级别进行分类，可以分为国家课程、地方课程与学校课程，这种分类体现了课程开发的多层次性。国家课程，又称国家标准课程，是由中央教育行政机构负责制定和评估的课程。这类课程提供了一套全国共同的教育标准和目标，旨在确保全国范围内教育质量的统一性和连贯性。就商务英语专业而言，国家课程通常包括商务英语沟通、国际贸易法则、跨文化交流等基础性课程，旨在为学生建立起商务英语领域的通用知识框架。地方课程是由地方教育行政机构或教育研究机构根据本地区的特定需求和资源情况开发的课程。这类课程允许一定程度的地方特色和创新，从而使教育内容更贴近地方经济发展和文化背景。就商务英语专业而言，地方课程通常会侧重于特定地区的商务习俗、地方企业的国际化需求，或者是与当地经济合作密切的特定行业的语言和文化培训。学校课程则是基于国家课程和地方课程，由单所学校或教师团队根据学生的具体需求和兴趣，以及学校的教学资源和特色，自主开发的课程。这类课程的设计和实施具有高度的灵活性和创新性，能够为学生提供更加个性化和实践导向的学习体验。就商务英语专业而言，学校课程通常包括特定的商业项目合作、国际交流项目、实习与职业规划指导等，以增强学生的实践能力。

这三种课程的分类不仅反映了教育体系的层次性，还体现了教育内容的灵活性。在商务英语专业的教育中，国家课程确保了教育的基本质量和共性，地方课程体现了教育的地方特色和适应性，学校课程则展现了教育的个性化和创新性。这种多层次的课程体系有助于培养既具有坚实基础知识，又能适应地方需求，还能实现个人发展目标的商务英语人才。

（五）基础型课程、拓展型课程与研究型课程

根据课程的教学目标和任务，可以将商务英语专业课程分为基础型

课程、拓展型课程和研究型课程，这三种课程共同构建了一个全面、层次分明的学习体系，能满足学生从基础知识掌握到深入研究的需求。其中，基础型课程专注于为学生打下坚实的学术基础。这类课程注重基础能力的培养，旨在确保学生掌握作为专业人士所需的基础语言技能和商务理论知识。在商务英语专业中，基础型课程通常包括商务英语写作、基础会计学、国际贸易概论等，旨在建立学生的核心知识体系。

拓展型课程则致力拓宽学生的知识视野和发展学生的综合素质，使其能够将基础知识应用于更广泛的领域。在商务英语专业中，拓展型课程通常包括国际市场营销、跨文化沟通策略、国际商务谈判等，这些课程能够帮助学生了解商务活动中的多元文化背景和复杂情境，从而在全球商务环境中更加灵活和有效地工作。

研究型课程重点培养学生的探究能力，强调学生在学习过程中的探究意识。这类课程具有目标开放性、内容综合性和组织形式灵活性的特征，鼓励学生在实践中发现问题、分析问题并解决问题。在商务英语专业中，研究型课程通常包括国际商务案例研究、商务英语翻译研究、跨文化交流研究等。这些课程通过合作学习、项目研究和实习实践等形式，使学生在真实或模拟的商务环境中深化理论知识，提升研究能力和实际应用能力。

总体而言，商务英语专业通过这三种课程的有机结合，不仅为学生学习语言知识和商务知识奠定了基础，还为学生的职业发展和个人成长提供了广阔的空间。基础型课程确保了学生具备必要的专业知识和技能；拓展型课程通过开阔学生的视野和提升专业技能，使学生能够适应不同的商务环境；研究型课程则着重培养学生的创新意识和研究能力，为其未来的学术研究或专业实践打下坚实的基础。

第二节　商务英语专业课程设置依据

在设计和实施商务英语专业课程时，必须考虑到多方面的需求，进行多维度的参考，以确保课程体系的科学性、实用性和前瞻性。本节将深入探讨商务英语专业课程设置的主要依据，如图 4-2 所示。这些依据不仅会为课程的设置提供坚实的理论和实践基础，还能确保课程体系全面响应教育和社会发展的需求。

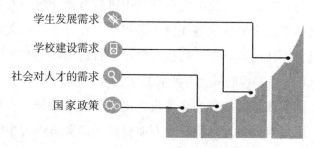

学生发展需求
学校建设需求
社会对人才的需求
国家政策

图 4-2　商务英语专业课程设置依据

一、国家政策

国家政策是商务英语专业课程设置的重要依据。国家政策反映了国家对未来社会经济需求的预判和对高素质人才培养的期望，为商务英语专业课程设置提供了明确的方向指引。紧密遵循国家政策不仅能确保课程内容与国家发展战略相契合，还能保证教育资源的有效利用和人才培养目标的战略对接。

第一，国家的发展规划明确了对人才培养的总体要求和方向。例如，2009 年，由对外经济贸易大学主导并依托教育部人文社会科学研究项目起草的《高等学校商务英语专业本科教学要求（试行）》，为本科商务英语专业的课程设计提供了明确指导。该教学要求将本科商务英语专业的课程体系分为四个主要模块：语言知识与技能、商务知识与技能、跨文化交际能力和人文素养，确立了商务英语专业教育的全面框架。根据该教学要求，国家建议设立 12 门核心课程及多项选修课程，以确保学生能够全面掌握商务英语领域的核心知识和技能。高校可以根据该教学要求，制定详细的课程架构。例如，语言知识与技能模块可以设置包括语言学论、综合英语、英语听说、英语阅读、英语写作和英语翻译等在内的基础课程，以提升学生的英语语言综合应用能力。商务知识与技能模块可以设置包括经济学导论、管理学导论、国际商法导论等在内的课程，以为学生打下坚实的商务专业知识基础。跨文化交际能力模块可以设置包括跨文化交际导论、商务交际实践等在内的课程，以培养学生的跨文化沟通能力，使其在多元文化的商务环境中进行有效交流。人文素养模块可以设置包括英美文学通论等在内的课程，以提升学生的文化素养和批判性思维能力。在此基础上，高校可以结合自身的特色和条件，开设满足市场需求和学生兴趣的其他专业必修课程或选修课程。

第二，国家政策为高校的课程设置提供了战略性指导。在经济全球化背景下，国家对具备国际视野和专业技能的商务英语人才的需求显著增长。国家通过对国际形势的分析和预判，结合国内外专家的深入研究，制定出旨在增强国家竞争力和应对国际挑战的教育政策。这些政策在确定人才培养目标和教育框架时，考虑到了国家和社会的发展利益，为高校商务英语专业课程的设置在战略上提供了明确的目标和方向。

第三，国家政策能够从宏观上反映出市场对特定行业或领域人才需求的变化。随着国家经济的增长和对外贸易的扩大，新兴领域，如跨境电子商务、国际贸易法规、跨国公司管理等对专业人才的需求急剧上升。国家可以通过政策导向和行业调研（大数据分析、就业市场趋势、职业满意度调查等）来捕捉这些变化，为高校提供科学的、基于实际需求的课程设置指引。这些指引使商务英语专业课程能够及时响应市场的变化，通过引入相关的新课程和技能培训，保证学生的能力和知识结构与行业需求一致。

第四，国家政策在资源分配和优先领域的支持上起到了决定性作用。

教育资源的合理分配，特别是对科研、人才培养等关键领域的投入，是提高教育质量的关键。国家通过政策指导资源向优先发展领域倾斜，如鼓励商务英语与新兴技术、国际商务实践等领域的融合，支持跨文化交流和国际合作项目，从而促进课程内容的创新和教育模式的更新。

第五，国家政策体现了国家对教育质量和标准的要求以及教育发展的长远规划。通过制定教学质量标准、评估体系和认证机制，国家可以确保高校在遵循国家发展战略的同时，保证教育质量和水平。这种对质量的重视不仅能提升教育的整体效果，还能保障学生获得符合国际标准、具有竞争力的教育。

国家政策强调商务英语专业教育应重视学生语言知识与技能的培养，同时重视学生商务知识、跨文化交际能力和人文素养的综合发展，确保毕业生能够在国际商务环境中进行有效沟通与协作。

二、社会对人才的需求

当下，高校的课程设置不仅受学术研究和理论知识的影响，更受到社会层面，如人才需求、市场变化、技术进步以及国际化趋势等多重因素的影响。就商务英语专业而言，这些社会层面的因素与课程教学紧密相关，影响着教学质量，需要在课程设置中对其做出明确反馈。以下几个方面是商务英语专业课程设置时需要考虑的社会因素。

第一，经济全球化的不断深入与国际贸易的增长。随着经济全球化的不断深入和国际贸易的增长，企业对商务英语人才的需求显著增加。企业需要能够熟练运用英语进行国际交流、谈判、合同签订等的人才。这要求商务英语专业不仅要教授语言知识，还要涉及国际贸易规则、跨文化交际策略、国际市场营销、国际贸易实务等内容，并确保学生能在真实或模拟的国际商务环境中应用所学知识。因此，商务英语专业的课程设置不仅要注重理论学习，还要多安排实践层面的教学，以保证所培养的人才满足社会需求。

第二，信息技术的快速发展。信息技术的快速发展极大地改变了商务沟通的方式，特别是社交媒体、电子商务、大数据等技术的应用，给商务英语专业的课程设置提出了新的要求。商务英语专业要响应社会变化，在课程设置上融入跨境电子商务英语、社交媒体营销英语以及数据分析报告的编写等课程，培养学生利用现代信息技术进行有效沟通和业务推广的能力。

第三，跨文化交际能力。在经济全球化背景下，跨文化交际能力成为商务英语专业学生必须具备的能力之一。不同文化背景下的交流往往伴随着误解和冲突，因此，商务英语专业的课程设置需要加强学生跨文化交际能力的培养，包括开设理解不同文化的商务礼仪、沟通风格、决策习惯等课程，使学生能够在多元文化的工作环境中顺利沟通和合作。

第四，可持续发展与企业社会责任。随着各国家对可持续发展和企业社会责任关注的增加，商务英语专业的课程设置也需要反映这一趋势，在课程中增加全球环境问题、国际劳工标准、企业伦理等内容，教育学生在追求商业成功的同时，关注社会责任和环境保护，培养具有全球视野和社会责任感的商务英语人才。

第五，创新与创业教育的整合。在经济全球化和市场竞争日益激烈的今天，创新与创业能力成为商务英语专业学生必备的重要技能。因此，课程中应包含创新思维、创业项目规划、国际创业环境分析等内容，鼓励学生开发新的商业模式，探索国际市场，成长为能够在国际舞台上立足的人才。

从整体来看，商务英语专业的课程设置必须紧密跟随社会需求的变化，不断调整和优化课程内容，以培养出能够适应社会需求、具有创新与创业精神的高素质人才。这不仅是对学生未来职业生涯的负责，也是高校为社会培养应用型人才使命的完成。

三、学校建设需求

商务英语专业的课程设置是高校教育规划的重要组成部分，不仅要考虑市场和社会的需求，还要根据学校自身的发展目标、资源配置、教学理念及专业建设的具体情况进行调整和优化。学校建设需求反映了学校对培养目标、学术追求、学生发展及社会服务等多方面的考量。以下几个方面是商务英语专业课程设置时需要考虑的学校因素。

第一，教育目标与培养定位。学校需要根据自身的教育目标与培养定位设计课程体系。就商务英语专业而言，不同的教育目标会使课程设置的侧重点不同。此外，学校人才培养模式不同，也会使课程设置的侧重点不同。例如，在校企合作模式下，学校强调实践能力的培养，课程设置上会增加更多的实习、模拟商务谈判、案例分析等实践类课程。如果要培养研究型人才，则会侧重理论研究，那么课程设置上会增加更多的商务英语文献阅读、论文写作等课程。

第二，师资力量与资源配置。学校的师资力量是课程设置的重要限制因素。优秀的教师队伍可以提供更多元化的课程内容。例如，如果学校拥有在国际商务、法律英语、财经英语等领域有深厚研究和实践经验的教师，那么相关课程就能更加丰富和专业。此外，资源配置也会影响课程的开设，特别是需要特定资源支持的新兴课程，如电子商务英语、跨文化沟通模拟等。

第三，学科交叉与专业融合。随着经济全球化的不断深入和学科的发展，商务英语专业的课程设置越来越倾向学科交叉与专业融合。学校的学科优势和专业结构会影响商务英语专业的课程设置。例如，工程、管理学、计算机科学等领域的知识与技能越来越多地被整合到商务英语专业的课程中，旨在培养学生的跨学科竞争力。学校的学科布局和专业发展策略会直接影响到课程设置的方向和内容。

第四，校企合作与社会服务。学校与企业的合作关系也是影响商务英语专业课程设置的重要因素。通过与企业合作，学校可以直接了解企业的需求，从而调整课程内容，甚至联合企业开发面向具体职业技能的课程。此外，学校的社会服务功能也会影响课程设置，如服务地方经济的学校可能会增加更多关于本地企业国际化的课程内容。

第五，学生需求与反馈。学校在设置课程时还需要考虑学生的需求和反馈。学生对课程的兴趣、职业规划以及学习反馈都是课程调整的重要依据。学校可以通过问卷调查、座谈会等形式收集学生的意见，了解学生对课程的满意度、对新兴领域的兴趣以及对未来职业发展的期望，据此调整课程，以更好地满足学生的需求和期待。

从整体来看，商务英语专业的课程设置是一个复杂的过程，学校层面的教育目标、师资力量、学科优势、校企合作关系以及学生需求等多方面因素都是课程设置的重要依据，需要进行综合考量。通过不断地评估和调整，学校能够提供更加符合社会需求、贴近市场动态、能够促进学生全面发展的课程体系。这不仅有助于学生的个人职业发展，还有助于学校提升教育质量和社会影响力。

四、学生发展需求

学生发展需求关乎学生个人的职业发展，更是高校培养满足社会需求、具备国际竞争力人才的关键。以下几个方面是商务英语专业课程设置时需要考虑的学生因素。

第一，理论知识与技能的均衡发展。理论知识与技能的均衡发展是商务英语专业课程设置的重要原则。在当前快速变化的职场环境中，毕业生面临的不仅是知识挑战，还有如何将所学知识与实际工作需求相结合的能力挑战。经过几年的专业学习，毕业生走向职场时，希望的是自己所学内容能够在职场中发挥作用，并成为他们职业生涯发展的重要助力。因此，学生更加期望所学知识能与职场实践紧密结合，从而在激烈的就业竞争中脱颖而出。为了实现这一点，商务英语专业的课程设置应当以实践为导向，并注重理论知识与技能的均衡发展。理论知识包括英语语言学习、商务英语专业知识等，以为学生开阔视野、积淀文化底蕴奠定基础；而技能的培养，则旨在确保学生能够将理论知识应用于实际工作，通过案例分析、项目实践、实训等教学方式，让学生在真实或模拟的商务环境中学习和应用知识。例如，开设与真实商务案例相关的课程，让学生参与商务谈判模拟、市场调研项目、商业计划书的编写等活动，以此提高他们的实践能力和问题解决能力。

第二，综合素质的提升。综合素质的提升是商务英语专业课程设置的重要目标。综合素质是人的心理特征、知识体系等的综合。这要求商务英语专业的课程设置不仅要注重专业知识和技能的培养，还要涉及人文素养、跨文化交际能力、信息技术应用能力等的培养，以使培养的人才满足岗位的多元需求。

第三，专业素质与创造性活动的关联。专业素质的培养与创造性活动的开展密切相关。没有专业素质，便无法进行专业操作和创造性工作。因此，商务英语专业的课程设置应重视专业知识的系统性和深度，同时鼓励学生参与研究项目、案例分析、创新竞赛等活动，以培养其创造性思维和问题解决能力。

第三节　商务英语专业课程设置原则

在商务英语专业的课程设置中，遵循一系列科学、合理的原则是确保课程质量和教育效果的关键。本节详细阐述商务英语专业课程设置的五大原则，如图 4-3 所示。

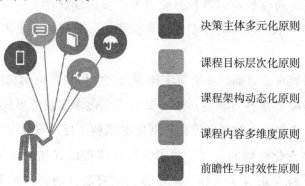

决策主体多元化原则

课程目标层次化原则

课程架构动态化原则

课程内容多维度原则

前瞻性与时效性原则

图 4-3　商务英语专业课程设置原则

一、决策主体多元化原则

在商务英语专业的课程设置中，遵循决策主体多元化原则是实现教育目标、提升教育质量和学生职业能力的重要策略。决策主体多元化原则强调在课程设置的决策过程中，应综合学校、企业及科研部门等多方的需求，以确保课程设置既科学合理又能紧密贴合市场需求和社会发展趋势。实施这一原则的目的在于打破课程设置仅由学术界或教育机构单一决策的局限，通过引入用人单位等方，使课程内容更具实用性和前瞻性，同时促进学生综合素质和职业技能的提升。决策主体多元化可以通过建立专业管理委员会来实现，该委员会应包括来自高校的教学管理人员、行业专家、企业代表及科研部门的相关人员。这样不仅能够保证课程设置的多元性和全面性，还能确保教育内容和教学方法及时响应社会变化和产业升级的需求。

产教融合是实现决策主体多元化原则的一个关键点。通过与学校合作，企业可以参与课程内容的设计、实施和评价，从而能通过定期的反馈帮助学校优化课程设置，使之更加符合企业发展的实际需求。同时，行业专家的参与能为学生提供最新的行业知识和技能，帮助学生建立正确的职业观念。科研部门的参与则能够为课程设置提供科学研究和教育理念的支持。通过最新的教育研究成果指导课程设计，可以确保教学内容不仅具有学术性，还具有创新性和前瞻性，更好地满足未来社会的发展需求。

政府和教育主管部门在决策主体多元化中扮演着桥梁和纽带的角色。他们不仅需要协调各方利益，还需要为多元化课程设置提供政策支持和资源配置，确保教育改革和课程创新能够顺利进行，同时保障教育公平。决策主体多元化原则的实施，要求学校在课程设置和教学实施过程中，充分考虑并整合来自学术界、产业界、政府及社会各方的资源和智慧。这一原则的有效实施不仅能确保学生获得更加丰富、实用的学习内容，也能够促进学生能力的全面发展，还能够保证商务英语专业的教育更好地适应快速变化的经济环境，培养出符合时代需求的高素质复合型人才。

二、课程目标层次化原则

在商务英语专业的课程设置中，课程目标层次化原则至关重要。这一原则能确保课程设计全面、系统地反映商务英语专业的核心能力培养需求，同时满足学生个人发展和行业需求的多样性。通常，课程设置目标分为总目标、分目标和子目标三个层次，如图4-4所示。

子目标

分目标

总目标

图4-4　课程目标的三个层次

总目标在课程设置中扮演着导向的角色，通常是宏观的、综合的，定义了商务英语专业课程体系的发展方向和终极追求。例如，培养具有国际视野和跨文化交际能力的应用型人才。这一总目标不仅概括了商务英语专业的核心使命，还明确了毕业生应具备的基本素质。总目标的宏观性和综合性要求课程设置必须围绕培养学生的理解力、语言运用能力及跨文化交际能力展开，确保学生在全球化的商务环境中有效沟通和工作。

分目标相较于总目标而言，更为具体和明确，它们可以是针对特定的某门课程或一组课程设置的目标，如提高学生的商务英语口语交流能力、商务文档撰写能力等。这种具体化的特征使得分目标能够明确指出学生在特定课程中需要达到的学习效果。分目标具有强烈的导向性，能够指导课程具体内容和教学方法的选择，确保教学活动和资源配置能够有效地支持学生实现目标。分目标还具有强烈的可操作性，能够转化为具体的教学和评估活动，为教师提供明确的教学指南，为学生提供清晰的学习方向。分目标的设定会使课程内容更加聚焦，有助于组织针对性强的教学活动，从而使学生在特定领域获得深入的学习。此外，分目标在总目标与子目标之间起到了桥梁的作用，它们既要体现总目标的宏观要求，又要能被细化为一系列具体可实施的子目标。通过这种连接，分目标确保了课程设置的连贯性和系统性，使得教育过程既有宏观的指导又不失微观的关注。

子目标是课程设置目标中最为具体的，它们聚焦学生在特定教学活动或学习任务中需要达到的具体目标。例如，能够使用商务英语准确描述市场营销术语、撰写一份商业计划书等。这些子目标的精准性和实践导向为学生提供了清晰的学习方向，确保学生能够在具体的学习中获得可衡量、可评估的成果，同时有助于教师根据学生的学习进展进行即时的教学调整。子目标强调知识和技能的实践应用，它们通常与实际商务环境中的具体任务和挑战相对应，目的是确保学生能够将所学知识直接应用于解决实际问题。这种实践导向和应用性是商务英语专业特别重视的，旨在提升学生的职业技能和实际工作能力。子目标的设置需要考虑到其评估性和可达成性，即每个子目标都应是学生能够在课程或学习活动中实现的。这要求子目标不仅要明确、具体，还要符合学生的学习水平，从而使教师能够通过适当的教学方法和评估手段，有效地监控和促进学生实现这些目标。

各个层次的目标既相互独立又紧密结合，形成一套有系统、有等级的体系，为学生提供一个清晰的学习路线图，从宏观到微观逐步引导学生有序递进地掌握商务英语专业的核心知识和技能，提升职业能力和综合素质，最终促进商务英语专业教育质量和效率的提升。

三、课程架构动态化原则

在商务英语专业的课程设置中实施课程架构动态化原则，意味着整个课程设置过程为一个不断进化和适应的系统，目的是确保课程设置、课程开发、课程实施等各个环节能够灵活地响应外部环境的变化和内部教育需求的更新。这种动态性体现在课程内容结构不是固定不变的，而是一个具有包容性的、与时俱进的可动态调整的过程。这一原则强调课程组织应跳出传统学科中心的自我封闭模式，向跨学科、综合化方向发展，以适应全球化商务环境中跨文化交流和国际合作的需求。具体而言，课程架构动态化原则下的课程内容设计要求教育者持续关注行业趋势、科技进步、职业岗位的变化，以及学生的个性化学习需求，以使课程内容能够及时反映这些变化和需求。例如，随着数字经济的发展和人工智能技术的应用，商务英语专业课程中应加入关于数字营销、在线交易平台的沟通策略、直播、数据隐私与安全的讨论，以及如何利用 AI 辅助语言学习和商务交流的最新方法。商务英语专业的课程设置要能够根据最新的学科动态进行调整，这样不仅能提升学生对学习本专业的兴趣，还能增强学生的实际应用能力和创新能力。

课程架构动态化原则还要求建立一个包含课程开发、实施、评价、反馈、调整优化的循环机制。这一机制能够确保教育实践基于学习效果和反馈进行及时调整，以及根据新的教育理念、技术手段和市场需求进行课程内容的更新。这种以评价、反馈为基础的动态调整，不仅能使课程设计保持活力，还能促进教师的专业成长和学生的主动学习。

从整体来看，课程架构动态化原则对商务英语专业教育具有深远的意义。它不仅能使课程紧跟时代发展步伐，满足学生对知识和技能的需求，还能为学生提供一个更加丰富多彩、开放互动的学习环境，激发学生探索未知、创新思维的兴趣。

四、课程内容多维度原则

在商务英语专业的课程设置中，课程内容多维度原则是确保教育质量和学生综合发展的关键。这一原则要求课程内容不仅应包括商务英语的语言技能及国际商务谈判、外贸单证等商务知识，还应包括文化理解、技术应用及对全球经济趋势的敏感性等多维度内容，形成一个立体、动态和互联的多维度知识体系。首先，商务英语专业的课程设置需要跳出传统语言教育的框架，向商务知识的深度和广度拓展，除了需要包括基础的语言技能训练，还需要包括国际贸易、市场营销、国际投资、国际法律、跨国公司管理、国际金融等核心课程，以确保学生能够掌握在全球商务环境中工作所需的专业知识。其次，文化理解的培养是商务英语专业不可忽视的重要组成部分。文化理解不仅应包括对中国文化的学习与传播，还包括对全球主要文化和商务文化的理解。通过比较文化的学习方式，学生能够更好地理解不同文化背景下的商务行为和交际习惯，从而提高跨文化交际能力。

随着信息技术的发展，数字化能力成为商务英语专业学生必须具备的能力之一。因此，商务英语专业的课程内容应包含数字工具的使用、在线交流平台的运用、电子商务的基础知识等，以适应数字化商务环境的需求变化。此外，数据分析能力也越来越被重视，学生应学会如何利用数据分析工具进行市场分析和商业决策，以增强自身在商务领域的竞争力。商务英语专业的学生还需要对全球经济趋势有深入理解，包括国际贸易政策、全球市场动态、可持续发展等方面的知识。这要求课程内容能够及时更新，反映全球经济的最新发展，以及企业对环境保护、社会责任和经济可持续性的关注。通过学习这些内容，学生不仅能够开阔视野，还能够参与全球性问题的解决过程。

从整体来看，课程内容多维度化原则在商务英语专业课程设置中的实施，要求教育者以培养学生的综合能力为目的，构建一个覆盖理论与实践的、多维度的知识体系，为学生提供一个全面、深入、动态的学习系统，这种全面的课程设置能够保证学生深入理解不同文化、适应数字化变革、参与全球经济活动，并为可持续发展作出贡献，成为既具有专业能力又有开阔视野和社会责任感的商务英语人才。

五、前瞻性与时效性原则

在商务英语专业的课程设置中，前瞻性与时效性原则是确保教育内容与社会经济发展同步、适应国际商务环境变化的重要原则。这一原则强调课程内容的持续更新和调整，以反映最新的商务实践、技术进步和市场需求，同时预见商务领域的发展趋势，培养学生的创新意识和适应能力。第一，前瞻性原则要求课程能够预测并适应时代变化。国际商务活动的日益频繁对商务英语专业人才的要求在不断提高，要求他们对国际商务流程、跨文化交流、国际贸易规则等有深入理解。因此，课程设置需充分考虑到这些变化，引入相关的国际案例分析、商务谈判模拟及跨文化交流策略等内容，不断提升学生的能力。第二，时效性强调课程内容必须保持最新，以确保学生所学知识和技能能够紧跟商务实践步伐。在快速发展的商务环境中，过时的教学内容无法满足学生的学习需求，也无法帮助学生在未来的商务活动中取得成功。因此，教育者需要定期进行市场需求调研，根据行业发展和技术创新情况及时更新教学内容，确保学生能够掌握前沿的商务英语应用技能。第三，前瞻性与时效性原则意味着商务英语专业课程要积极吸收国际先进的教学理念和方法。通过借鉴发达国家在商务英语教学方面的成功经验，结合我国的实际国情，设计出既符合国际标准又具有中国特色的课程体系。这不仅包括教学内容的国际化，还包括教学方法的现代化，如采用项目式学习、案例教学、在线协作等学习方式，激发学生的学习兴趣和创新思维。第四，前瞻性与时效性原则要求教材及时更新和本土化改编。从国外引进的商务英语专业教材无法完全符合中国学生的学习习惯和文化背景。因此，教材的选用和编写需要考虑如何有效结合中国的商务实践和文化特点，既传授通用的商务模式，又能反映中国商务环境的特殊性，坚定学生的文化自信，增强学生的国际竞争力。

总之，前瞻性与时效性原则要求商务英语专业课程能够灵活适应国际商务环境的快速变化，及时更新教学内容，培养学生的前瞻性思维、创新能力。实施前瞻性与时效性原则，可以确保商务英语专业教育既符合国际潮流，又能反映时代特色，为学生未来的职业发展奠定坚实的基础。

第四节　应用型本科商务英语专业课程体系建设

在当前教育环境和市场环境下，应用型本科既面临着挑战，也面临着机遇。因此，深入理解应用型教育的本质，强化其应用特色，集中资源科学地设置课程体系，成为紧密结合市场需求培养高素质专业人才的关键任务。课程体系不仅是人才培养过程的核心，还是决定商务英语专业人才培养质量的关键环节。因此，课程体系的改革与建设成为确保商务英语专业教学活动有序、高效进行的基础。笔者认为应用型本科可以从以下几个方面入手，进行商务英语专业课程体系建设。

一、明确人才培养目标，优化课程结构

在应用型本科教育背景下，商务英语专业课程体系建设应紧密围绕培养适应区域发展和满足市场经济需求的应用型人才这一核心目标展开。第一，精准定位人才培养目标。应用型本科需明确商务英语专业的人才培养目标，这需要对区域经济发展趋势、行业需求以及国际商务环境进行深入分析。通过与企业、行业协会的紧密合作，学校可以收集并分析市场对商务英语人才的具体需求，包括所需的能力、知识结构及素质要求。这一过程可以借助对现有课程设置的评估、学生问卷调查及校外专家的建议等方式进行。第二，课程体系与市场需求紧密对接。基于人才培养目标的精准定位，商务英语专业课程体系建设应紧密对接市场需求。这意味着课程内容不仅要包括基础的英语语言技能训练，还要包括商务沟通、国际贸易实务、跨文化交际等实际工作中常用的专业知识和技能。同时，根据区域经济特色和行业发展趋势，学校可以适时调整和优化课程设置，引入新兴领域的知识内容，如电子商务、国际商法等。第三，紧密跟随市场需求变动趋势，不断更新课程体系。在应用型本科的商务英语专业课程体系建设中，根据市场需求进行课程调整是培养符合

时代要求的专业人才的关键步骤。随着社会经济的发展和行业需求的不断变化，高校必须灵活调整其课程设置，以确保教学内容的时效性和适应性。通过深入分析市场趋势和企业雇主的具体需求变化，学校可以精准定位企业所需人才应具备的核心技能和知识，据此更新或增设相关课程，从而培养出具有强大竞争力和高度适应性的人才。这种以市场为导向的课程调整策略，能够更好地增强教育的实用性，促进学生的成功就业。

总之，应用型本科商务英语专业课程体系建设应以市场经济、区域发展、国际需求为导向，通过精准定位人才培养目标、促进学生个性化和终身学习能力发展，培养能够适应国际商务环境变化、满足行业需求的高素质应用型人才。

二、调整理论课程和应用导向课程比例，凸显学校特色

对商务英语专业而言，优化课程体系，特别是调整理论课程与应用导向课程的比例，成为凸显专业特色、提升教学质量的关键一步。这不仅涉及传统的语言技能教学的转型，更涉及在语言交际技能教学中融入相关的商务专业知识，确保学生能够系统地掌握商务知识及技能，从而在听、说、读、写、译等方面实现质的飞跃。

第一，理论知识与应用导向课程的优化。商务英语专业需要重新审视和调整其专业课程设置，将更多的教学资源和学时分配给那些能够直接提升学生专业知识和应用能力的课程。这意味着，除了基础的语言技能训练，商务英语专业课程体系应适当增加应用导向课程的比重，同时优化商务类实践课程的学时数分配，确定是以选修课形式还是必修课形式进行补充，以确保学生能够在实践中深化对理论知识的理解和应用。

第二，职业任务导向的课程内容选择。课程内容的选择应以职业任务为导向，加强学生在学习过程中与实际商务活动之间的联系。教师可以通过案例分析、项目驱动教学、模拟商务环境等教学方式，将语言学习与商务技能训练紧密结合，来提高学生的综合应用能力，加深学生对所学知识的理解，从而增强其就业竞争力。

第三，强化实践教学环节。实践教学环节是商务英语专业课程体系中不可或缺的一部分。为了培养具有实际应用能力的商务英语人才，高校需要设计一套既有内部逻辑性又与英语教学课程体系相融合的实践教学体系。这包括加强与企业的合作，利用校企合作项目为学生提供真实的商务环境体验；组织模拟商务竞赛，让学生在模拟的商务环境中运用所学知识解决实际问题；鼓励学生参与国际交流项目，提升其跨文化交际能力；等等。这些措施不仅能够提升学生的实践技能和职业素养，还能促进人才培养目标的实现，培养出能够满足经济发展需求的复合型人才。此外，这些措施也有助于实现地方高校的差异化发展，构建具有特色的商务英语专业教学模式，为学生的成功就业和职业发展奠定坚实基础。

三、构建课程评价体系

在应用型本科教育的转型过程中，商务英语专业的课程体系建设，不仅要考量学生的知识掌握程度，更要全面考查学生的综合素养、实践能力和专业技能，以真实地反映学生的学习成果和能力水平，从而促进其全面发展。

第一，构建多元化的评价标准。评价标准应超越传统的语言素养，拓展到交际能力、人文素养、实践能力和专业技能等多个维度。其中，语言素养不仅应包括基础的听、说、读、写、译能力，还应包括能够在复杂商务场合中准确、高效地使用英语的能力；交际能力评价则考查学生在跨文化环境中的沟通技巧和适应能力；人文素养评价则关注学生对国际商务背景下文化差异的理解和尊重；实践能力和专业技能评价则侧重于学生将理论知识应用于解决实际问题的能力。此外，鼓励学生学习的第二外语、计算机技能、经济管理知识等，也应成为评价体系的一部分，以促进学生技能的全面提升。

第二，重视对学习过程的评价。课程评价体系应注重对学习过程的评价，尤其是在实践与应用阶段。相较于传统的以考试结果为主的评价方式，对学习过程的评价更能全面反映学生的学习态度、学习策略和能力提升。在实践项目、案例分析、团队合作等学习活动中，教师应通过全程跟踪和指导，细致评价学生在任务执行过程中的表现、问题解决能力、团队协作精神及创新思维等。这种过程性评价不仅有助于教师及时调整教学策略，为学生提供个性化的指导和反馈，还能够激发学生的学习兴趣，增强其自我驱动的学习动力。

第三，实施有效的反馈机制。除了多元化的评价标准和重视对学习过程的评价，完善的评价体系还需要一个有效的反馈机制。这意味着评价结果应被作为教学调整和课程改进的依据，而不仅是对学生学习成果的简单记录。通过定期的评价反馈，教师可以及时了解学生的学习状况和需求，调整教学内容和方法，优化课程设计；学生可以了解自己的学习进展和不足之处，明确学习目标，制定改进策略。

总之，完善的评价体系是应用型本科商务英语专业课程体系建设中不可忽视的一环。通过制定多元化的评价标准，重视对学习过程的评价，以及实施有效的反馈机制，可以更好地促进学生的全面发展，为培养适应市场需求的高素质应用型人才奠定坚实基础。

四、重视并培养学生的自主学习能力和终身学习观念

重视并培养学生的自主学习能力和终身学习观念成为现代教育的核心。在不断变化的市场和职业环境中，仅凭在校期间所学的知识和技能不足以应对未来的挑战。学生必须具备自主学习能力，能主动探索新知识、新技能，并能在工作和生活中不断学习和成长。因此，学校和教师应通过设计开放性课程、鼓励学生参与研究项目、提供丰富的学习资源和平台等方式，帮助学生建立起终身学习的观念。这种观念的培养，意味着教师不仅要教授学生知识和技能，更要培养学生持续成长、适应各种变化的能力。教育的最终目标应该是"授之以渔"，而不仅是"授之以鱼"。

具体而言，可以从两个方面进行。第一，培养学生的自主学习能力。培养学生的自主学习能力是应用型本科商务英语专业的重要组成部分。学生只有具备自主学习能力，才能在未来的职业生涯中保持竞争力。因

此，学校应通过课程设计和教学活动，鼓励学生主动探索知识，培养他们的信息检索能力、批判性思维能力和问题解决能力。这包括教授学生如何有效地利用在线资源、数据库和专业文献进行自学，如何在实际工作中应用理论知识解决实际问题，以及如何通过反思和评价自己的学习过程进行自我改进。第二，培养终身学习观念。培养学生的终身学习观念也是至关重要的。终身学习不仅是一种学习技能，更是一种生活态度和价值观。学校应该通过举办讲座、研讨会、工作坊等方式，传达终身学习的重要性，激发学生的学习热情，鼓励他们在毕业后继续追求知识的更新和技能的提升。同时，通过校友网络、继续教育项目等平台，为毕业生提供持续学习的资源和机会，支持他们在职业生涯的不同阶段进行知识更新和技能升级。

应用型本科商务英语专业课程体系的建设是一个既需要严谨规划又需要灵活调整的过程。在这一过程中，既要保证课程体系的稳定性和科学性，又要赋予课程体系一定的灵活性，以适应教育和市场的变化。更为重要的是，教师要通过各种教育手段和策略，培养学生的自主学习能力和终身学习观念，提升他们灵活适应环境和应用知识与技能的能力，为他们的未来发展奠定坚实的基础。

课程体系建设是高等教育中一个极为关键且复杂的任务，尤其对应用型本科教育而言，因此，在设计和实施商务英语专业课程体系时，学校应综合考虑社会需求、行业发展趋势、学科发展前沿以及学生的个性化需求等多方面因素，确保课程内容既有深度又有广度，既符合学术标准又贴近实际应用。

课程体系的建设会经过市场调研、专家咨询、教师讨论和教学实践等多个阶段，这一过程往往需要较长的时间来完成。每个环节都需要精心设计和反复验证，以确保课程体系既科学合理又能适应市场变化。因此，课程体系一旦确定并实施，便不宜频繁随意调整，以保证教学计划的连贯性和稳定性。然而，这并不意味着课程内容是一成不变的。在确保课程体系整体稳定的前提下，教师在日常教学过程中可以根据最新的行业动态、科技进步和学生反馈等因素，灵活调整教学内容和教学方法。这种灵活性是应对快速变化的外部环境、满足应用型学习需求的重要保障。例如，商务英语专业课程可以根据国际贸易政策的变化、新兴市场的发展或者跨文化交流的新趋势，适时更新案例分析、讨论主题或者项目任务。

第五章　商务英语专业课堂教学

对商务英语专业人才培养而言，课堂教学至关重要。课堂教学不仅是传递知识的重要途径，还是培养学生批判性思维和创新能力的关键环节。本章通过对商务英语专业课堂教学理念、教学方法和教学设计的介绍，展示了如何根据教学目标和学生需求，创造性地设计课程内容，实现教学活动效益的最大化。

第一节　商务英语专业课堂教学理念

在商务英语专业的教学中，采取恰当的教学理念对提高教学质量和学生学习效率至关重要。本节主要探讨商务英语专业课堂教学的三种核心理念：人本主义教学理论、图式理论和ESA[engage（投入）、study（学习）、activate（运用）]理论（图5-1）。这三种理论都旨在增强教学过程的有效性，促进学生积极参与教学过程。教师可以用这些理念指导教学实践，营造互动性强的教学环境，提升教学质量。

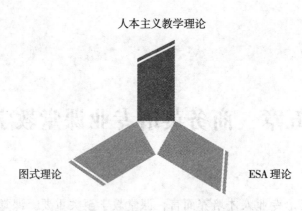

图 5-1　商务英语专业课堂教学理念

一、人本主义教学理论

（一）人本主义教学理论的内涵

人本主义教学理论源起于 20 世纪五六十年代美国的一种心理学潮流，以亚伯拉罕·马斯洛（A. Maslow）和卡尔·罗杰斯（C. R. Rogers）等的观点为代表。这一理论的核心在于强调个体的主观体验、自我实现的重要性，以及在教育过程中对学习者内在潜能的挖掘和肯定。人本主义学派的这些观点对全球教育改革产生了深远影响。人本主义教学理论认为，教育应关注个体的全面发展，而非仅仅注重知识的传授。这种观念的出发点是对人本质的一种积极解读——人被视为拥有自我成长和自我实现潜力的自然实体。人本主义教学理念强调，人的行为和学习主要基于对自身的认识，因此真正意义上的学习不应局限于知识的传递，而应涵盖个体自我认识的提升，使个体认识到自己的独特性和价值。在这一理念下，教育的目的是帮助个体成长为更完整的人。这种成长不仅包括知识和技能的获得，还包括情感、社交能力和价值观的发展。在教育过程中，教师的角色为学习者学习的促进者和引导者，而非传统意义上的知识传递者。教师要关注学习者的个性和需求，营造能够激发学习者内在动机的环境。人本主义教学理论还特别强调学习者的自主性。教师应激发学习者探索未知、自我表达的欲望，鼓励他们在学习过程中发挥主体作用。通过这样的学习，学习者不仅能够获得知识和技能，还能在自我发现的过程中实现自我成长。

人本主义教学理论的核心目标是促进学生的个性化发展，帮助他们实现自我价值。根据人本主义教学理论，教育的宗旨不在于短期的学习成绩提升，而在于长期的个人成长和自我实现。教育应当注重学生的成长，促使学生形成健全的人格。这涉及学生的情感发展、社交能力提升及价值观形成。学校的任务是使学生成为能够独立思考、解决问题、与他人有效合作的个体。此外，人本主义教学理论将学生置于教学活动的中心，强调每个学生都有自我成长的倾向和需求。在教育过程中，教师应为学生营造安全、支持性的学习环境，激发学生的内在动机，培养学生的问题解决能力。人本主义教学理论倡导教育应提供无条件的积极关注，减少学生的焦虑感，确保教学氛围的安全性，帮助学生勇于面对自我概念和经验的不协调，鼓励学生自由地表达真实的想法并对自己的成长负责。人本主义教学理论认为，通过应用以学生为中心的教学方法，可以有效地促进学生的个人成长和发展。教师通过营造开放、包容的学习环境，能够使学生在学习知识的同时，探索自己的内在世界，了解自己的潜能，实现自我成长。这种教育方式强调学生的自主性，认为每个学生都是学习的主体，能够自我驱动，自我发展。人本主义教学理论旨在培养能够自主发展、具备解决现实问题能力、能在社会中有效合作的人才。

总之，人本主义教学理论提倡一种以学生为中心的教育模式，强调教育的目标是帮助学生实现自我潜能的最大化，促使学生成为情感丰富，具备社会适应能力、创造力和责任感的完整个体。通过实施这种教育方式，学校能够培育出在不断变化的世界中自信、独立地生活和工作的人才。

（二）人本主义教学理论下的教学模式

罗杰斯将其在心理咨询领域的经验和方法应用于教学实践，提出了非指导性教学模式。他对传统教学模式中教师和教科书居于核心地位的做法提出了严厉批评，认为这种模式会剥夺学生的主体性，使学生变成学习的"奴隶"。因此，教学应将学生置于中心，认为满足学生的需求和围绕学生展开教学活动是教育的核心。[①] 具体而言，非指导性教学模式强调教师应营造一个开放、包容的学习环境，鼓励学生实现个人与团队目标。这种模式不是对传统教学的简单否定，而是对其的补充，赋予了学生更大的自主权来引导学习过程。非指导性教学模式打破了传统的师生关系，提供了一种新的教学研究视角。罗杰斯提倡的教学哲学反对一成不变、刻板的教学模式，虽然他没有提供一个明确的非指导性教学方法论，但其基本理论假设揭示了以下实施策略：第一，教师应对学生的独立思考和自学能力抱有坚定信心；第二，教师应与学生共同参与教学活动的规划和管理，包括课程安排、教学管理、教学评价及改进措施；第三，教师应为学生提供必要的学习资料；第四，教师应鼓励学生根据个人兴趣探索问题，自主选择学习方法，并对其结果负责；第五，教师应创建一个充满真诚、关怀与理解的学习氛围，从而促进学生的学习和成长；第六，学生在学习过程中的体验最为重要，相比之下，学习内容则是次要的；第七，教师应强调学生对自我学习的责任感，促进自我驱动的学习；第八，教师应重视学生的自我评价，同时考虑小组成员和自己的反馈对学生自评的影响。可以看出，罗杰斯的非指导性教学模式呼吁教师重新审视教与学的关系，强调以学生为中心的教学理念，从而促进学生的全面发展。

---

① 罗杰斯. 个人形成论：我的心理治疗观[M]. 杨广学，尤娜，潘福勤，译. 北京：中国人民大学出版社，2004：8.

（三）人本主义教学理论下的师生关系

在人本主义教学理论下，教师与学生之间的关系被赋予了全新的内涵和价值。基于罗杰斯的理论框架，教师的角色从传统的知识传递者转变为学习的促进者，这种转变体现了教育哲学对师生关系深层次的重构。[①] 教师作为促进者，其职责不仅包括知识的传授，还包括创造一个有利于促进学生个性发展和自我实现的学习环境。罗杰斯提出，教师作为促进者需要具备关键的能力和态度。首先，教师需要能够帮助学生提升识别、澄清问题的能力，这不仅要求教师具有深厚的学科知识，还要求教师具备引导学生思考的能力。其次，教师需要能够组织和提供多样化的学习资源，以支持学生的探索和学习，这要求教师不仅是知识的传递者，更是学习资源的整合者和提供者。第三，教师应作为学生学习过程的参与者，与学生共同分享学习体验和感受，这要求教师具备开放性的态度。

在建立有效的师生关系方面，罗杰斯和弗赖伯格强调三个核心的人际关系原则：真诚、接纳和理解。[②] 真诚，意味着教师需要真实地与学生交流。接纳，则要求教师无条件地接受学生，无论学生在学习过程中遇到困难或取得进步，都应得到教师的支持和鼓励。理解，强调教师需要站在学生的角度，深入理解学生的需求和感受，而非仅仅按评价标准评价学生。这种基于人本主义的师生关系，要求教师具备较高的情感智力和人际交往能力，能够深入理解并尊重学生的独特性，支持学生的自我成长和发展。此外，教师需要具备较强的自我反思能力，不断审视和调整自己的教学实践，以更好地满足学生的学习需求。

总的来说，人本主义教学理论下的师生关系不再是教授知识与接受知识的关系，而是一种基于相互尊重、理解和支持的合作关系。这种关

---

① 王保中 . 本真学习的构想：兼议代表性典型学习理论 [M]. 哈尔滨：哈尔滨出版社，2021：44.

② 罗杰斯，弗赖伯格 . 自由学习 [M]. 王烨晖，译 . 3 版 . 北京：人民邮电出版社，2015：157.

系能够促进学生自主性、创造性和批判性思维的发展，为学生提供一个实现自我成长和自我实现的环境。这要求教师在掌握专业知识和技能的基础上，进一步提升自己的情感智力、人际交往能力和自我反思能力，真正成为学生学习过程的促进者。

（四）人本主义教学理论下的学习观

在人本主义教学理论中，学习被视为人类固有的天赋和本能。人们天生拥有对知识、真理、智慧的探索欲望，这种探索不需要外在的强制、指导或传授。学习过程被理解为个体自我发展和实现的旅程，其价值超越了教育，触及生命的深层意义。在适宜的学习环境中，学习者能够自我驱动进行学习。罗杰斯和弗赖伯格强调，每个人都天生具备学习的驱动力，能够识别自己的学习需求，而学习的障碍往往源于学校教育和社会环境的限制。[①]

人本主义教学理论进一步区分了两种类型的学习：无意义的学习和有意义的学习。无意义的学习发生在认知层面，与个体的情感和生活经验脱节，因此并不涉及个体作为一个整体的成长。相反，有意义的学习是指能够引起个体行为、态度、个性乃至未来行动选择显著变化的学习。这种学习不仅关注知识的积累，更是一种整合个体经验的全面学习，能够促进个体的全面发展。罗杰斯和弗赖伯格提出，有意义的学习具备四个核心特征：首先，学习是全人参与的，即学习活动同时涉及情感和认知两个层面；其次，学习是自我发起的，即使外部环境提供了刺激，个体对知识的学习和掌握需求也源自内在。再次，学习具有渗透性，能够深刻影响学习者的行为、态度乃至个性。最后，学习是由学习者评价的，学习者对学习成果的价值和意义有最直接的感受和认识。[②]

简言之，人本主义教学理论提供了一种深入理解学习本质的视角，强调学习是一种内在驱动的、全人参与的过程，旨在实现个体的全面成

---

① 罗杰斯，弗赖伯格.自由学习[M].王烨晖，译.3版.北京：人民邮电出版社，2015：41.
② 罗杰斯，弗赖伯格.自由学习[M].王烨晖，译.3版.北京：人民邮电出版社，2015：41.

长。这种教学理念为构建更为人性化、更能满足学习者内在需求的教育模式提供了理论支撑。

（五）人本主义教学理论在商务英语专业课堂教学中的应用

在商务英语专业课堂教学中，传统的教学往往过分强调语法规则、词汇记忆及机械操练，而忽略了学生的个性、情感和创造力。这种教学方式不仅忽视了教学过程中师生互动的重要性，而且抑制了学生的主动性和创新精神，导致教学效果不尽如人意。人本主义教学理论的引入为商务英语专业课堂教学提供了新的视角和方法，有利于促进学生的全面发展，增强教学效果。

第一，以学生为中心进行课堂设计。根据人本主义教学理论，教学设计应以学生为中心，强调学生主体作用的发挥。在商务英语专业课堂教学中，这意味着教师需要根据学生的兴趣、学习风格和职业目标设计课程内容。例如，教师可以通过调查问卷的形式了解学生对商务英语不同领域（国际贸易、市场营销、企业管理等）的兴趣和需求，据此安排教学内容和活动，使教学更加贴近学生的实际需求和兴趣，从而增强学生学习的积极性和主动性。

第二，重视情感因素在教学中的重要性。人本主义教学理论认为，情感是学习过程中不可忽视的重要因素。因此，在商务英语专业课堂教学中，教师应关注学生的情感体验，创造一个积极、支持性的学习环境。这可以通过鼓励学生表达自己的意见、感受，以及正面反馈学生的学习成就来实现。此外，通过讨论商务英语在真实商务情境中的应用，学生可以看到学习内容与实际生活的联系，从而提高学习的积极性。

第三，要以促进自主学习和探索性学习为目的。人本主义教学理论强调学生在学习中的自主地位及对知识的主动探索。在教学中，教师可以设置开放性问题，鼓励学生通过研究、讨论和合作探索问题的答案，而不是只等待教师的讲授。例如，让学生围绕一个商务案例进行小组讨论，自行搜集相关信息，并提出解决方案。这种方法能增强学生的批判性思维、问题解决能力、学习的主动性。

第四，重视学生的个性差异。人本主义教学理论强调，每个学生都是独一无二的，具有不同的学习风格和需求。因此，教学应采取灵活多样的教学方法，以适应不同学生的学习需求。这意味着教师要在教学中融入多种教学手段，以及提供不同层次的学习任务，以满足不同能力水平学生的需求。

第五，教师应更新认知，调整在教学中的角色。在人本主义教学理论的指导下，教师的角色从知识的传递者转变为学生学习的促进者和指导者。这要求教师更多地倾听学生的声音，引导学生发现解决问题的路径，而非简单地提供答案；还要求教师鼓励学生反思学习过程，帮助学生建立起自我评价和自我调整的能力。

总体而言，人本主义教学理论在商务英语专业课堂教学中的应用，旨在通过关注学生的个性、情感和自主性，创造一个积极、包容和促进学生成长的学习环境。这不仅有助于提高学生的语言能力，更有助于促进学生的全面发展，为其个人成长奠定坚实的基础。

二、图式理论

（一）图式理论的内涵

图式理论是一个在认知心理学中具有深远影响的理论，涉及如何组织、储存以及回忆过去的知识和经验。这一理论可以追溯到 18 世纪，当时的哲学家康德在他的著作中首次提出了图式的概念，强调个人的认知和理解是通过将新信息与已有的知识框架相结合来实现的。这种知识框架或结构，即图式。20 世纪的格式塔心理学家巴特利特进一步发展了图式理论，他将图式定义为个体通过过去经验形成的知识结构。随着 20 世纪六七十年代现代认知心理学的兴起，图式概念获得了新的发展，被认为是认知建筑的基本组块，是信息加工依赖的核心元素。图式不仅是个体知识的储存单位，还是处理信息、进行理解和学习的基础。图式是围绕某一主题组织起来的知识网络，代表了个体对某一领域的认知和理解。这种认知和理解的过程涉及对信息的编码、存储以及检索，图式在这一过程中发挥着至关重要的作用。通过激活相关的图式，个体能够将新信息与已有知识联系起来，从而促进理解和学习。

基于图式理论，教育学者提出了图式教学理论，这一理论着眼于如何通过激活和构建学生的图式来促进学习。在这种教学理论的指导下，教育过程应当围绕帮助学生构建、调整和扩展他们的图式结构进行设计。这包括一系列旨在激活学生已有图式、帮助学生构建新图式以及促进图式之间整合的教学策略。图式教学理论的提出和实践不仅展示了图式概念在教育领域的应用价值，还促进了教育策略的发展和创新。通过精心设计教学活动和策略，教育者能够更有效地引导学生将新知识与已有图式相连，从而深化学生的理解。这种教学方式的核心在于促进学生的认知发展，帮助他们构建一个更加丰富和复杂的知识网络。

从康德的哲学思想到现代认知心理学的研究，图式理论经历了长期且深入的发展过程。这一理论不仅为人们理解人类的认知和学习过程提供了重要的视角，还为教育实践提供了理论指导和策略支持。通过细致地考虑如何激活、构建和整合学生的图式，教师可以更好地促进学生的认知发展，提高教学效率。总的来说，图式理论及其在教学中的应用展现了认知心理学理论对教育实践的深远影响，证明了深度理解学生的认知结构对设计有效的教学策略的重要性。

（二）图式理论在商务英语专业课堂教学中的应用

图式理论应用在商务英语专业课堂教学中，可以显著地提升教学效果，促进学生对商务英语材料的理解和吸收。在实际的教学活动中，教师可以通过各种策略，有意识地引导学生构建和扩展他们的语言图式、内容图式和形式图式。

1.商务英语专业课堂教学中语言图式的构建

在商务英语专业的课堂教学中，构建和激活学生的语言图式是至关重要的。语言图式作为语言使用者对词汇、句法和语用方面知识的认知集合，不仅是语言能力的基本体现，还是实现有效交流和沟通的基础。特别是在商务英语专业课堂教学中，商务英语词汇的严谨性、简洁性等特点对学生的语言能力提出了较高的要求。因此，教师需要通过系统的方法和策略，帮助学生扩展他们的语言图式。具体而言，针对商务英语专业，语言图式主要体现在词汇和句法两个方面。

第一，词汇作为语言的基本构成单元，尤为重要。商务英语的词汇多以书面语的形式出现，且使用规范并大量采用专业术语以及偶尔使用古语词增加文本的正式性。这些特点要求学生不仅要掌握大量的专业词汇，还要理解这些词汇在特定商务场合的精确含义。为了有效地建立和激活学生的词汇语言图式，教师可以采用一系列创新、实用的策略，提升学生的语言理解和使用能力。例如，猜词策略，该方法鼓励学生利用已有的知识和上下文线索来推测生词的含义。这种策略不仅能促进学生对新词汇的学习，还能促进学生对已学词汇的复习和应用。针对商务英语中的生僻词，教师可以指导学生通过联系上下文、定义重述等多种方法来理解词语，从而使学生更高效地掌握新词汇，减少对字典的依赖。教师还可以通过创建词汇墙、利用多媒体教学资源、创建运用词汇的商务场景等方式，将生僻词的学习变得更加生动有趣，以提高学生的学习积极性。词汇墙不仅可以展示学生新学的词汇，还可以展示学生通过上下文推断出的词义。此外，教师可以利用在线词汇学习平台或应用程序，让学生通过游戏、挑战等形式，以更加有趣的方式学习和复习生僻词。教师可以创建商务场景，让学生在具体的语境，如编写商务信函、进行商务谈判等中运用生僻词汇，这样不仅能够加深学生对词汇意义的理解，还能提高学生的词汇应用能力。为了让学生更全面地掌握商务英语词汇，教师应鼓励学生从多个维度学习词汇，包括词汇的发音、拼写、词性、搭配及其在不同语境中的用法。通过多样化的教学活动促使学生在轻松愉快的氛围中加深对词汇的记忆和理解。

第二，在商务英语专业课堂教学中，句法层面的语言图式构建是提升学生语言运用能力的关键。句法，或称语法结构，指的是单词如何组合成句子，以及句子如何组织成段落的规则。商务英语的句法特征，如长句的使用、被动语态的频繁使用、条件句和从句的结构等，都需要学生通过系统学习来掌握。以下是几种有效的句法层面的语言图式的构建方式。

方式一是分析和模仿商务文本。教师可以选取具有代表性的商务文本，如报告、电子邮件、合同等，作为教学材料。通过分析这些文本中的句法结构，学生可以了解商务英语句法的特点和规范。例如，教师可以引导学生识别文本中的主要句型、从句使用、被动语态的运用等，并解释这些句法结构是如何清晰、准确地传达商务信息的。之后，教师可以鼓励学生模仿这些文本的句法结构，创作自己的商务文档，以实践和巩固所学知识。

方式二是句型转换练习。句型转换是一种有效的教学方法，它要求学生将给定的句子从一种结构转换为另一种结构，如从主动语态转换为被动语态，或从简单句转换为复合句。这种练习不仅能够加深学生对句法规则的理解，还能提高他们灵活运用这些规则的能力。通过定期进行句型转换练习，学生可以逐渐构建起对商务英语句法结构的图式。

方式三是语法填空和改错练习。语法填空和改错练习是检验学生句法理解和应用能力的有效手段。教师可以设计含有常见语法错误的句子或段落，要求学生找出并纠正这些错误。这种练习有助于学生识别和理解商务英语中常见的句法问题，并学会如何避免这些错误。同时，通过填空练习，学生可以根据上下文练习使用正确的句法结构，进一步提升他们的语法应用能力。

方式四是讨论和重构商务情景。通过模拟商务情景，教师可以创造一个实际应用句法知识的环境。例如，教师可以设置一个商务谈判的场景，要求学生准备谈判材料，并在模拟谈判中使用恰当的句法结构表达自己的观点和要求。这种实践活动不仅能激发学生的学习兴趣，还能帮助他们在真实的商务语境中应用句法知识，提高语言运用能力。

方式五是利用现代技术工具辅助学生句法学习。现代技术工具，如在线语法检查器、教育软件和应用程序，可以为学生提供即时反馈和个性化学习体验。通过这些工具，学生可以自我检查和纠正句法错误，从而在实践中改进。此外，教师可以利用这些工具来设计更加有趣的句法学习活动，增强学生的学习动机。

2. 商务英语专业课堂教学中内容图式的构建

在商务英语专业课堂教学中，帮助学生构建内容图式是至关重要的，因为内容图式直接关系到学生对文本主旨和细节的理解。内容图式不仅包括对特定商务活动的理解，还包括对相关文化背景的深入认识。为了有效构建和激活学生的内容图式，教师可以在教学过程中采取一系列策略，以增强学生的主题意识，提升学生对商务知识的掌握。

第一，模块化教学与主题强化。通过模块化教学，教师可以系统地介绍和强化特定的商务主题，如通过专门的单元探讨商务信函的写作、商务谈判的技巧或国际贸易的基本流程等。这种方法有助于学生深入理解不同商务活动的具体要求和相关语言使用，从而在"自上而下""自下而上"的阅读过程中更加高效地理解和应用新知识。

第二，培养跨文化意识。教师应重视培养学生的跨文化意识，包括对其他国家地理、历史、风俗习惯、饮食以及企业文化等方面的了解。这不仅能扩大学生的知识面，还能拓展他们的思维和想象空间，有助于他们在阅读商务英语材料时，更好地理解文本背后的文化差异和商务习俗，从而减少阅读理解障碍。

第三，"窄式阅读"策略。"窄式阅读"是一种通过集中阅读同一主题或类型文本来加深理解和提高阅读能力的策略。这种方法能使学生在重复接触相似内容和语言结构的过程中，逐步丰富特定主题的背景知识，同时增强对该领域专业术语的掌握。通过设计与商务相关的阅读任务，教师可以引导学生深入了解某一商务领域，逐步构建和巩固学生的内容图式。

第四，背景知识的输入与任务驱动式教学。教师可以通过多种方式如讲座、讨论、案例研究等，帮助学生建立对商务环境的深入理解。同时，教师可以通过任务驱动式教学，帮助学生体验学习的探究性过程，并在此过程中与其他同学交流和分享学习体验。这种互动和参与式的学习方法，不仅能提高学生的学习兴趣和动机，还能促进学生批判性思维和问题解决能力的发展。

3. 商务英语专业课堂教学中形式图式的构建

在商务英语专业课堂教学中，构建学生的形式图式是提高学生阅读理解能力的关键。形式图式涉及对文章整体结构、体裁特征及逻辑关系的理解，要求学生不仅要把握文章的内容，还要理解文章的构造方式和表达模式。商务英语的文体通常遵循一定的格式和结构，因此在教学过程中，教师应重点引导学生熟悉这些文体的构造特点，并教会他们如何根据文章的形式来理解和预测内容。

整体阅读法是一种有效的策略，它鼓励学生从宏观的角度审视文章，理解文章的总体布局和主旨。这种方法包括体裁分析法和篇章结构分析法，有助于学生在阅读前就对文章的结构和内容有一个初步的了解。具体而言，体裁分析法主要让学生学习如何根据文章的类型预测文章的结构和内容。教师可以设计任务，要求学生分析不同类型文本的特点，如区分报告、议案和邮件等，从而促使学生调用相关的形式图式，预测文章的布局和主要内容。

篇章结构分析法也是一种有效的方法。这种方法强调对文章结构的深入理解，包括对主题句的识别、对段落间逻辑关系的分析以及识别连接词的使用等。教师可以通过具体任务引导学生练习略读技巧，识别文章的关键信息，并通过细读确定文章的详细论点和证据，从而加深对文章结构和逻辑的理解。此外，在商务英语的阅读中，特定的内容通常需要特定的结构才能得到有效表达。因此，教师应着重教授学生如何识别并理解文章的逻辑结构，如总分结构、因果结构等。这不仅有助于学生理解文章的主旨，还能帮助他们掌握文章的详细论点。

培养学生对连接词和信号词的敏感性也是一种形式图式构建方法。文章的衔接手段，如连接词和信号词的使用，对理解文章的逻辑关系至关重要。教师应引导学生学习这些词汇的含义和用法，如"因此""然而""此外"等，这些连接词能帮助学生迅速抓住文章的转折点和逻辑推进，促进对文章的整体理解。

为了更有效地构建学生的形式图式，教师可以采用多种教学策略，如案例分析、小组讨论、角色扮演等。这些活动不仅可以提高学生的课堂参与度，还能促进他们从不同角度分析和理解商务文本的结构和逻辑。通过这样的综合训练，学生可以更好地理解商务英语文本的形式特点，提高商务阅读理解能力。

三、ESA 理论

（一）ESA 理论的内涵

ESA 理论是由英国教育学家杰里米·哈默（Jeremy Harmer）提出的英语教学模式。鉴于学生常在缺乏英语语言环境的情境下学习，教师的角色变得尤为关键，他们不仅需要创造一个积极的学习氛围，让学生尽可能多地接触并使用英语，还需要激发学生的学习热情和信心。ESA 理论由三个主要环节组成，旨在全面提升学生的语言学习效率。首先，投入环节聚焦激发学生的学习兴趣和情绪。在这个环节，教师可以通过组织游戏、讨论和故事讲述等活动，促使学生投入学习中。这种投入是至关重要的，因为它为有效学习打下了基础，让学生准备好接受新知识。其次，学习环节要求学生学习并掌握课程内容，涉及语音、词汇、语法规则、句型结构等方面的学习。在这一环节，教师可以采用多样化的教学方法，从语法讲解到句子和文章分析，帮助学生通过不同方式理解和掌握语言规则，确保学生能够在课堂中有效地接收和理解语言信息。最后，运用环节着重于通过各种练习，鼓励学生将所学知识应用于实践中。这一环节的设计意在创建一个"真实"的语言使用环境，通过角色扮演、小组讨论、发表意见等形式，使学生在实际交流中运用语言，从而无形中完成从输入到输出的转换过程。

ESA 教学模式是一种灵活的教学策略，可以根据课堂的具体需求调整各环节的顺序和内容。这种模式强调教学活动的多样性和适应性，避免学生因重复和单一的活动感到乏味。通过灵活运用 ESA 教学模式，教师可以有效地提升学生的语言能力和学习效果。此外，该模式不限于特定的教学内容，无论是语法讲解、阅读理解还是其他语言技能的培养，都能增强学生的学习动力，提升学生的学习质量。

（二）ESA 理论在商务英语专业课堂教学中的应用

在商务英语专业课堂教学中应用 ESA 理论，可以为学生提供一个互动的学习环境。ESA 理论的三个主要环节，可以灵活组合和排序，形成不同的教学模式。根据排列组合的不同，该理论在商务英语专业课堂教学中的应用可以分为三种不同的课堂模式——直线型、反弹型和杂拼型，以满足不同学习需求的学生。

直线型课堂模式按照 Engage—Study—Activate 的步骤进行，即先激发学生的学习兴趣，然后学生学习语言知识，最后应用所学知识。这种顺序能确保学生是基于兴趣学习的，可以充分激发学生的主动性，然后进入语言知识学习，最后在实践中运用知识，学习过程循序渐进，稳步而扎实。例如，在教授商务报告写作时，教师可以先展示一些优秀的商务报告案例吸引学生的兴趣，接着通过讲解报告的结构和语言特点帮助学生深入学习，最后让学生尝试自己撰写商务报告，从而深化所学内容。这种模式适用于初学者和需要从基础知识开始学习的学生。

反弹型课堂模式按照 Engage—Activate—Study—Activate 的顺序进行，更侧重实践和反馈，允许学生在获得最初的激发后直接进入实践环节，然后根据实践中遇到的困难学习相关的语言知识，然后再进行实践。在商务英语专业的课堂教学中，这种模式特别适用于模拟商务场景，如面试、谈判和会议等。教师可以让学生通过角色扮演等活动直接进入商务场景，然后根据学生在活动中遇到的问题，引导他们学习相关的语言表达策略。

杂拼型课堂模式允许教师根据教学目标和学生的需求，灵活地组合和循环使用三个主要环节，从而开展符合教学内容和学生兴趣的多样化课堂活动。这种模式不仅能促进语言学习与实际交流技能的结合，还能促进教学过程中教与学的和谐互动。在杂拼型课堂模式中，教师可以通过各种组合方式，使学习过程更加贴近实际的商务英语使用场景，增强学习的趣味性和实用性。例如，在关于商务沟通技巧的课堂中，教师可以先展示一些商务场景的图片或视频来吸引学生的注意力，并让学生讨论在这些场景中可能用到的沟通策略。随后，让学生通过角色扮演模拟商务沟通中的场景，如客户与供应商的谈判。接着，教师指导学生学习这些新词汇和表达方式的正确用法，之后再通过角色扮演或其他实践活动，让学生应用所学知识，以加深对所学知识的理解和掌握。

　　杂拼型课堂模式适用于商务英语广告的创作。教师可以先讨论不同类型的广告及其目的，激发学生的兴趣，然后引导学生分析一些成功的商务广告案例，学习相关的词汇和表达技巧。之后，学生可以尝试自己创作商务广告。在这一过程中，学生不仅能应用所学的语言知识，还能通过实际创作提高对商务英语的应用能力。通过应用杂拼型课堂模式，商务英语专业课堂教学能够更加生动、实用，同时更能激发学生的学习热情和创造力。这种模式的灵活性和开放性为教师提供了广阔的教学设计空间，使得课堂能根据学生的具体需求和教学目标进行个性化调整，有效提升学生的英语沟通能力。

　　以上三种课堂模式在教学中的应用，能极大地丰富教学方法和策略，提升学生的学习效率。这三种课堂模式能使教师根据不同的教学需求和学生情况，设计出更具个性化的教学方案，从而使学生的学习潜能和课堂参与度最大化。这一教学理论强调教学的灵活性、学生的主动参与以及知识的实际应用，是现代语言教学领域中一种极具价值的教学理论。

第二节　商务英语专业课堂教学方法

在商务英语专业的课堂教学中，采用适当的教学方法对提高学生的学习效果至关重要。本节内容着重介绍和探讨商务英语专业课堂中常用的五种教学方法，如图 5-2 所示。

图 5-2　商务英语专业课堂教学方法

注：a 即 project-based learning（基于问题的学习）。

一、案例教学法

（一）案例教学法简介

案例教学法是一种以学生为中心的教学方法，它将真实环境中的场景，经过典型化处理后用于课堂教学，以培养学生的批判性思维、决策能力和问题解决技巧。这种方法起源于 20 世纪 20 年代，旨在将理论知识与实际经验结合起来，使学生在面对复杂多变的现实问题时，能够运用所学知识解决问题。

我国引进案例教学法后，将其广泛应用于实践性和应用性较强的专业，如工商管理、国际贸易、公共管理等。商务英语作为专门用途英语的一个重要分支，需要满足特定商业环境下的交流需求。商务英语教学大致分为两类：基础商务英语和专业商务英语。基础商务英语覆盖商业活动的基本概念，如询价、报价、报关、签订合同、市场营销等，而专业商务英语则深入金融、化学工业、法律等更专业的商务领域，涉及更多的专业术语和概念。

商务英语专业的教学内容不仅实践性强，而且应用程度高，因此，商务英语专业的课堂教学非常适合采用案例教学法。这种方法能够将真实的商务案例引入课堂，引导学生进行独立思考和分析，从而加深学生对英语技能的掌握，使学生并熟悉各种商务环境，实现语言技能与商业知识的有机融合，促进具备跨领域能力的新型人才的培育。案例教学法之所以能够促进学生的积极参与，并使学习过程变得更加生动、有趣，是因为它摆脱了传统以教师为中心、以讲授为主的教学模式，更加注重激发学生的主动性和参与性。案例教学法通过集体讨论、案例分析等环节，不仅能激发学生的学习热情，还能提高他们的口头表达和辩论能力，增强他们的团队合作精神。

（二）案例教学法在商务英语专业课堂教学中的应用

在商务英语专业的课堂教学中，案例教学法的应用可以分为四个步骤。

1. 案例的精心选择与设计

案例的精心选择与设计要求教师深入挖掘和设计与商务英语专业紧密相关且充满专业术语的案例材料。这不仅要求案例具备真实性或接近真实的情境，还要求案例内容具备专业性和实践性，能够有效地与教学目标和内容相匹配。例如，在准备阶段，教师应致力收集、编撰或设计符合商务英语教学需求的案例。这些案例应当覆盖商务英语领域的核心主题，如出口定价（export pricing）、货物包装（packaging for export）、货物检验（goods inspection）、出口保险（export insurance）、知识产权（intellectual property）、技术转移（technology transfer）、国际投资（international investment）、国际项目承包（international project contracting）、市 场 营 销（marketing strategies）、索 赔 处 理（claims processing）和国际商务仲裁（international commercial arbitration）等。此外，教师在案例的选择与设计过程中，应注重案例的实用性及案例与教学目的的契合度，确保所选案例既能反映商务实践中的真实情景，又能促进学生对相关商务英语术语的掌握和应用。更重要的是，案例的编写和翻译工作应确保专业术语的准确性和表述的清晰度，能够使学生在学习过程中逐步提高自己的语言表达能力和专业知识水平。在案例材料准备好后，教师将其分发给学生，指导学生在课外进行独立学习。同时，教师应引导学生关注案例分析需要的专业知识点，预计讨论中可能出现的问题，并鼓励学生提前查找和阅读相关资料，思考可能的分析角度和解决策略。为确保分析的深度和广度，教师可以要求学生参考相关的国际公约和商业惯例，从而在理论和实践之间建立起桥梁。通过这样的准备工作，案例教学法在商务英语专业课堂教学中的应用可以为学生提供一个将理论知识与实际商业情景相结合的平台，不仅有助于提升学生的英语运用水平，还有助于促进他们批判性思维、问题解决能力的发展。

2. 案例分析和讨论

在商务英语专业课堂教学中，案例分析和讨论是核心环节，能够帮助学生深入理解和应用理论知识。这一过程开始于教师对特定商业案例的介绍，这些案例通常涉及复杂的商业决策、战略规划或管理挑战，旨在激发学生的思考和创意。课堂上，学生首先需要仔细阅读案例材料，然后在小组内展开讨论，每名组员需要积极参与，分享自己的见解和分析，同时听取其他组员的意见。在这个过程中，学生不仅要学会如何表达自己的观点，还要学会倾听、评估和整合他人的观点。教师在此过程中不是旁观者，而是引导者，通过提问和引导讨论深化学生的理解。接下来，教师会引导全班讨论，这是案例教学法中的一个重要环节。在全班讨论中，不同小组的代表需要将他们的分析和结论呈现给全班。这不仅为学生提供了一个展示个人分析能力和论证能力的机会，还丰富了学生看问题的不同面向。在这个环节中，教师的作用至关重要，需要确保学生讨论的广度和深度，保证讨论的每个方面都能得到充分探讨。此过程不仅能加深学生对商务英语的理解，还能提高他们的问题解决能力和团队合作能力。通过对实际案例的分析和讨论，学生能够将抽象的理论知识与具体的商业实践相结合，从而更好地理解商务英语在实际应用中的重要性和复杂性。

3. 案例总结

在热烈的案例分析与讨论后，教师的角色转化为引导者和点评者，负责对讨论进行全面总结和深度反思。这一环节并不是简单地揭晓案例的"正确答案"，因为在商务英语的实际应用中，很多时候并不存在唯一的正确解答。案例总结的核心在于引导学生反思讨论过程中的逻辑思维路径、分析的深度与广度，以及理论知识的应用情况。这包括但不限于指出学生在案例分析中采用的思维路径，学生是否能够清晰有逻辑地串联起案例的各个方面；指出讨论中的重点和难点。例如，在分析国际商务合同时，学生能否准确识别出合同中的关键条款和潜在风险；学生能否将商务英语领域的理论知识应用到具体案例的分析中；对学生的讨论表现进行客观评价，包括学生的参与度、论点的创新性以及表达能力，同时指出讨论中存在的不足和值得表扬的地方；将学生的课堂表现和参与度作为平时成绩的一部分，以此激励学生更加积极地参与课堂讨论。通过这样的总结与反思，教师不仅能帮助学生巩固已学知识，还能促进学生批判性思维的发展和问题解决能力的提升。

4. 报告撰写

撰写案例报告环节是不可或缺的一部分，它要求学生将自己在课堂上的讨论和分析融入一份结构化的书面报告中。这不仅是对学生理解和分析能力的测试，还是培养学生专业写作技能的重要手段。在撰写报告时，学生需要将自己对案例的深入理解，以及如何应用理论知识解决具体问题，清晰、有逻辑地表达出来。完成报告的过程，从某种程度上说，是一个将理论与实践相结合的过程。学生需要在全面理解案例的基础上，运用适当的理论框架，对案例进行系统分析，识别问题，评估解决方案的可行性，并提出自己的见解。这不仅要求学生有扎实的理论基础，还要求他们有敏锐的分析能力和创新思维。在撰写案例报告时，教师需要提供明确的指导和要求，如报告的结构、格式、引用标准等，确保学生的写作符合学术规范。此外，教师应鼓励学生采用批判性思维，不仅复述案例内容，更要对案例进行深度分析，提出独到的见解。对于报告的评价，教师不应仅关注内容的正确性，还应关注学生表达能力的提升，包括语言的准确性、逻辑性以及创新性等。教师还应鼓励学生分享他们的报告，通过同伴评审或小组讨论的形式，让学生有机会从同学的反馈中学习，同时提高他们的批判性思维能力和互动交流能力。这样的互动不仅能深化学生对案例分析的理解，还能促进他们之间的学术交流，提升整体的学习效果。从整体来看，撰写案例报告是一个将课堂学习转化为实践能力的重要过程。它不仅能加深学生对商务英语及其在商业环境中应用的理解，还能显著提高学生的研究、分析和写作能力，为他们未来的学术研究乃至职业生涯奠定坚实的基础。

二、任务型教学法

（一）任务型教学法简介

任务型教学法是基于 20 世纪 80 年代语言教学和第二语言习得领域的研究成果发展起来的一种创新教学方法。它的核心思想是通过具体的、有意义的任务来驱动语言学习过程。这里的"任务"指一系列需要学生在学习目标语言时进行理解、使用、交流和互动的活动。这些任务既可以是日常生活中的实际情境，也可以是学术或职业上的需求，目的是引导学生通过完成任务提升语言运用能力，从而促进学生在真实或模拟的语境中使用语言。有效的任务应围绕某个具体的交际需求设计，并以达成满足需求的结果作为评估任务成功的依据。任务型教学法通常由五个部分构成：教学目标、输入材料、活动设计、师生角色及教学环境。为实现教学目标，课堂教学应更加贴近学生的真实生活和工作经验。输入材料应多样化，可以来自教科书、媒体、学生自创内容等。在此框架下，学生作为主要的交际者，是课堂的主角，教师则扮演促进者、组织者和监督者的角色，有时也可以参与学生的任务，成为他们的学习伙伴。任务型教学法被证明是一种高效且以学习者为中心的教学方法，因此已被多个国家采纳。

（二）任务型教学法在商务英语专业课堂教学中的应用

任务型教学法在商务英语专业课堂教学中的应用是一种旨在通过真实任务的完成促进学生语言技能和商务技能发展的教学策略。在这种教学方法中，教师通过设计与学生未来职业生涯紧密相关的任务，激发学生的学习兴趣，提高学生的语言应用能力。具体而言，实施过程可以分以下六个步骤，如图 5-3 所示。

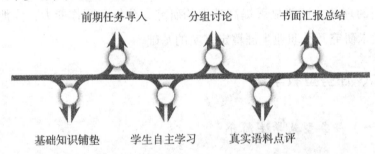

图 5-3 任务型教学法在商务英语专业课堂教学中的实施步骤

1. 基础知识铺垫

这一步骤是任务型教学法的起点，教师应向学生简要介绍即将学习的章节内容。此时，教师的角色类似于学生的引路人，通过概述要学习的章节重点内容和目标，为学生即将进行的学习活动提供清晰的方向。接着，教师应介绍一些基本的概念、专业术语和必要的背景知识，这些都是学生完成后续任务所必需的。通过这种方式，学生对即将学习的内容有了初步的理解和预期，从而为深入学习奠定基础。

2. 前期任务导入

在基础知识铺垫后，教师将任务与学生的日常生活相结合，选择学生熟悉或感兴趣的话题作为教学切入点。这样学生能够更容易地与新知识建立联系，从而增强学习动力。前期任务导入旨在通过提出问题或展示情境，激发学生的好奇心，引导他们自然而然地进入学习状态，为完成更复杂的学习任务做准备。

3. 学生自主学习

在前期任务的激发下，学生的学习动力会得到显著增强，主动通过主动搜索、阅读相关资料、与同学或教师互动深入，理解任务相关的知识。这不仅强调了学生自主学习的重要性，也体现了教师角色的转变——从传统的知识传递者转变为学生学习的引导者和协助者。自主学习的过程有助于学生在实际操作中加深对商务英语的理解，为后续的学习活动打下坚实的基础。

4. 分组讨论

学习了相关术语和专业背景知识之后，学生通过小组讨论、角色扮演等互动形式完成教师设计的任务。在这一过程中，学生能够将所学知识应用于实践。分组讨论不仅可以最大化每名学生的参与度，还可以通过小组互助学习提高学生的语言实践能力和团队协作能力。在这一步骤中，教师应注重引导而非严格控制，鼓励学生积极表达自己的观点，同时对学生完成的任务进行有效评价，指导学生如何在商务场合中运用英语进行有效沟通，培养学生的商务意识、跨文化意识和决策能力。

5. 真实语料点评

真实语料点评是任务型教学法中至关重要的一步，它强调利用真实的商务材料，如公司报告、商业谈判录像、市场营销广告等，为学生提供接近现实的学习体验。这不仅能激发学生的学习兴趣，还能使学生直观地分析和理解商务英语在实际应用中的表现形式和策略。通过对真实材料的深入分析，学生能更好地理解商务交流的复杂性，提高他们的批判性思维能力及问题解决能力。在这一步骤，教师应引导学生关注语言的使用环境、文化差异、交流策略等，帮助学生培养跨文化交流意识。此外，通过分析真实案例中的成功与失败之处，学生可以学到有效的商务沟通技巧，从而为将来的职业生涯做好准备。

6. 书面汇报总结

在完成前面的五个步骤后，学生需要撰写一份书面汇报总结，这不仅是对他们学习成果的综合性展示，还是对他们语言能力的进一步锤炼。学生需要将他们在讨论、分析过程中的发现和思考，以书面形式清晰、准确地表达出来。这一过程有助于学生巩固和反思所学知识，同时是对他们书面表达能力的重要训练。书面汇报总结要求学生采用标准的商务英语，避免使用"中式英语"，以确保他们能够达到国际标准。教师在此过程中的指导应着重于如何有效地组织内容、使用恰当的商务术语和语言风格，以及如何通过书面文本传达复杂的商务概念和策略。通过这样的训练，学生可以逐渐提高其商务英语书面表达的准确性和专业性。

三、PBL 教学法

（一）PBL 教学法简介

PBL 教学法根本性地改变了传统的教学模式，将学习的焦点从教师的讲授转移到学生的主动学习和探究上。这种方法强调将复杂的、多维的问题作为学习的起点，这些问题通常产生于真实的商务场景，能够促使学生在课堂上主动探索和解决问题，而不是仅接受被动的知识传授。在运用 PBL 教学法时，教师不再是知识的传授者，而成为学生学习的指导者、协助者和促进者。他们的主要任务是创造和维护一个学习环境，引导学生进行深入的讨论，帮助学生建立联系，理解概念，而非直接提供答案。PBL 教学法的核心在于其强调问题解决过程中的学习，而非仅解决问题本身。学生需要识别问题的关键要素，提出可能的解决方案，通过讨论和反思，不断深化理解。这个过程不仅能促进学生的深层次学习，还能促进学生自主学习能力的发展。当个人的思考、分析能力无法完美解决问题时，学生可以尝试在团队中有效地沟通自己的想法，倾听和整合他人的观点，以达到共同的学习目标。此外，PBL教学法还有助于学生在课堂上将理论知识与实践相结合，通过解决实际问题深化对理论知识的理解。随着问题解决能力的提高，学生能够更好地应对未来职业生涯中的挑战。

　　PBL教学法不仅是一种教学策略，更是一种促进学生全面发展的教育哲学。在课堂上将学生置于问题情境中，能够激发学生的学习兴趣，培养他们的批判性思维和问题解决能力，提升他们的自主学习和团队合作技能。通过这种教学方法，学生能够获得必要的知识和技能，更重要的是，学生能够学会如何学习，如何与他人协作，以及如何在复杂多变的世界中寻找解决问题的新方法。

（二）PBL教学法在商务英语专业课堂教学中的应用

　　PBL教学法在商务英语专业课堂教学中的应用，可以分为七个步骤进行。

　　1. 呈现真实的商务问题情境

　　在这一步骤，教师需要设计并呈现一个真实的商务问题情境，该情境往往涉及国际贸易争端、跨文化沟通挑战、市场营销策略规划等复杂问题，目的是激发学生的学习兴趣，使他们意识到学习的必要性和紧迫性。例如，教师可以构建一个某国际品牌在中国市场推广过程中遇到的文化冲突和沟通障碍的情境，要求学生提出有效的解决方案。

　　2. 汇总和分析已学知识

　　在这一步骤，学生需要汇总并分析他们已经掌握的商务英语知识及相关领域的信息，包括但不限于国际商法、贸易协议、文化差异。学生通过团队协作，共同分析这些知识与当前问题情境的关联度，从而为后续的研究和解决方案的制订提供理论支撑。

　　3. 搜集信息

　　在这一步骤，学生需要通过各种渠道，包括在线数据库、学术期刊、实际案例研究等，搜集与问题相关的资料，以获取足够的信息来支撑他们的论点和解决方案。这一步骤不仅能提升学生的自主学习能力，还能锻炼他们的研究能力和信息筛选能力。

4. 分工合作与计划实施

在这一步骤，学生需要根据自己的兴趣和专长进行分工，然后共同制订解决方案的详细实施计划。有效的团队沟通和协作是此步骤的关键，学生需要运用商务英语进行交流和讨论，确保团队内每个成员的任务协调一致，并高效推进。

5. 实践与团队讨论

学生将实践中的观察和发现带回小组进行深入讨论，从不同角度分析问题，探讨各种可能的解决方案。在此过程中，批判性思维的运用和团队合作精神至关重要，学生通过商务英语进行讨论不仅有助于提升他们的语言表达能力，还能加深他们对专业知识的理解。

6. 信息更新

基于团队讨论的结果，学生需要确定当前学习阶段的成果，并识别下一步需要研究或解决的问题。这个过程可能需要多次迭代，直至找到最终满意的解决方案。

7. 成果展示与反馈

学生小组通过报告、演讲或模拟商务会议的形式展示他们的研究成果和解决方案。这不仅是对学生研究成果的一种检验，还是一个重要的学习反馈环节，教师可以提供反馈，帮助学生反思学习过程，进一步提升学生的商务英语应用能力和专业知识水平。

通过这样的过程，学生不仅能在理论与实践之间建立桥梁，还能在真实的商务英语沟通、团队合作和项目管理等中提升自己的能力，为未来的职业生涯发展奠定坚实的基础。

四、项目教学法

（一）项目教学法简介

项目教学法源自美国进步教育运动，由教育家基尔帕特里克（W. H. Kilpatrick）明确提出，是一种深刻影响 20 世纪教育改革的教学模式。[①]这种方法通过实施以解决实际问题为中心的项目，促进学生跨学科知识的应用和问题解决能力的发展。项目教学法的核心理念在于提供一个框架，让学生在教师的指导下独立完成项目的规划、执行和评估，从而加深学生对知识的理解，提高他们的实际应用能力。该教学法强调的跨学科学习，要求学生将不同领域的知识整合应用于解决复杂的实际问题，从而培养学生的综合素质和创新能力。通过解决贴近现实的项目问题，学生能够更加深刻地理解理论知识在实践中的应用，为未来的职业生涯做准备。此外，项目通常需要团队合作来完成，这不仅有助于学生发展团队协作能力，还有助于提高他们的沟通技巧。在项目教学法中，教师的角色从传统的知识传授者转变为学生学习的引导者和协助者，通过提出具有挑战性的问题，引导学生进行独立思考和批判性分析，从而培养学生的批判性思维。这种教学法的实施，不仅能激发学生的学习兴趣，增强学生的学习动机，还能促进教师对教和学生对学的反思，为提升教学质量提供可能，也为学生的全面发展提供支撑。

（二）项目教学法在商务英语专业课堂教学中的应用

项目教学法在商务英语专业课堂教学中的应用，具体可分根据六个步骤进行，如图 5-4 所示。

---

① 王芳. 跨文化交际与商务英语教学实践研究 [M]. 北京：北京工业大学出版社，2021：92.

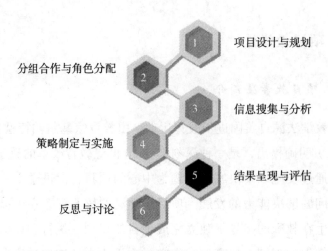

图5-4　项目教学法在商务英语专业课堂教学中的应用步骤

1. 项目设计与规划

首先，教师需要根据课程目标和学生的实际情况，设计与商务活动相关的项目。例如，设计一个"国际市场进入策略"的项目，要求学生选择一家企业的产品，研究并制定该产品进入一个新国际市场的策略，这要求学生进行市场分析、竞争对手分析、营销策略制定等工作。

2. 分组合作与角色分配

学生被分配到不同的小组，每个小组成员根据自己的兴趣和专长选择或被分配特定的角色，如项目经理、市场分析师、财务分析师等。这一步骤旨在模拟真实商务环境中的团队工作，提高学生的合作与沟通能力。

3. 信息搜集与分析

以"国际市场进入策略"项目为例，学生需要通过查询网络资源、图书馆资料等方式搜集目标市场的相关信息，包括文化、法律法规、消费者偏好等，并进行深入分析。例如，如果目标市场是中国，学生需要分析中国消费者的购买习惯、竞争品牌的市场占有率等。

4. 策略制定与实施

基于对收集的信息的分析，学生需要制定市场进入策略，包括产品定位、价格策略、推广方式等，并准备相应的商务演示文稿。这一步骤要求学生运用所学的商务英语知识，以及市场分析、财务规划等专业技能。

5.结果呈现与评估

学生小组通过模拟商务会议的形式，用英语向全班展示他们的市场进入策略。教师和其他组同学则扮演评委的角色，对该组的方案进行评价，重点评价其可行性、创新性和专业性。通过这种互动方式，学生可以获得即时反馈，同时提高他们的演讲能力和说服力。

6.反思与讨论

项目完成后，教师引导学生进行反思，分析项目中遇到的问题和挑战，以及成功的经验。这一步骤旨在提高学生的批判性思维和自我反思能力，从而为学生今后的学习和职业生涯发展做准备。

通过上述步骤，项目教学法在商务英语专业课堂教学中的应用可以极大地增强学生的实际应用能力、团队协作能力和问题解决能力。

五、交际语言教学法

（一）交际语言教学法简介

交际语言教学法代表了一种现代语言教学的理念，其核心在于通过语言的实际运用培养学习者的交际能力。这种教学法不仅注重语言知识的学习，还注重语言的实际应用，包括语言使用的恰当性、语境的适应性及文化的敏感性。交际语言教学法的理论基础主要来自社会语言学、心理语言学及乔姆斯基的生成语法，突破了传统语言教学法重视形式忽视内容、重视语言系统忽视语言实际应用的局限。

外语教学的根本目的是培育能够在多元文化背景下有效交流的人才，这一点为外语教学界的共识。在这一根本目的的指引下，商务英语专业的教学目标更加明确：不仅让学生掌握英语语言知识，更重要的是，学生能够在商务交流中有效地使用英语。这一目标体现了外语教学对现代社会新要求的回应，尤其是在经济全球化的背景下，社会对具备专业知识和语言技能双重优势的涉外交际人才的需求日益增长。交际语言教学法作为一种重视语言使用和交际能力培养的教学法，在当下社会对涉外交际人才需求增长的背景下尤为适宜。交际语言教学法的核心在于提供真实或模拟的交际场景，使学习者在实践中提升语言能力和交际技巧，这与商务英语专业的教学目标高度契合。

相比其他教学法，交际语言教学法具有以下优势。第一，重视语言的交际功能。交际语言教学法强调语言学习的目的是使用语言进行有效交际。对商务英语专业而言，这意味着教学不仅要涵盖商务词汇和表达方式，还要教授学生如何在不同的商务情景中使用英语进行有效交流。第二，可以培养学生的语境适应能力和文化敏感性。交际语言教学法强调语言的恰当使用，包括了解和适应不同文化背景下的交际规则。对于商务英语专业的学生来说，这意味着不仅要学会语言本身，还要理解和掌握不同国家和地区在商务交往中的文化习俗和交际礼节。第三，可以提升学生的综合语言运用能力。交际语言教学法为学生提供了在类似真实的商务环境中使用英语的机会，从而提升他们的听、说、读、写能力。这种实践导向的教学方式，能够让学生在学习过程中不断提升解决实际问题的能力，这对他们未来的职业生涯是极其宝贵的。第四，可以培养批判性思维能力和创新能力。交际语言教学法鼓励学生在交流过程中主动思考、提问和解决问题，这有助于培养学生的批判性思维能力和创新能力。在商务环境中，这些能力对分析问题、制定策略和进行有效沟通至关重要。

从整体来看，交际语言教学法特别适合商务英语专业的教学。这种教学方法能够帮助学生在全球化的商务环境中更有效地沟通，满足现代社会对外语类复合型人才的需求。

（二）交际语言教学法在商务英语专业课堂教学中的应用

交际语言教学法在商务英语专业课堂教学中的应用可以分两阶段进

行。第一阶段集中于商务专业知识的传授。在这一阶段，教师扮演主导角色，对基本的商务理论、概念、术语及专业词汇等进行详细讲解与分析。这不仅要求教师具备较强的语言表达能力，还要求教师拥有深厚的商务背景知识。通过这一阶段的学习，学生能够对商务英语的基础知识有一个全面的了解。第二阶段以学生为中心，通过多样化的课堂活动进行语言技能和商务技能的综合训练。其中，课堂活动包括但不限于专题讨论、案例分析、模拟谈判、辩论以及口头和书面翻译练习。这一阶段的教学活动不仅要丰富多样，而且要在真实或模拟的商务环境中进行，以便更好地提升学生的语言应用能力。

通过以上两个阶段的实施，商务英语专业课堂教学能够更有效地结合商务专业知识的学习与语言技能的培养，实现教学内容和方法的有机融合，从而提升学生的语言实践能力，为学生将来在国际商务环境中的成功交流和职业发展奠定坚实的基础。

第三节 商务英语专业课堂教学设计

一、商务英语专业课堂教学设计要点

教学设计在教育领域中占据着举足轻重的地位，其核心目的为通过科学、系统的规划，优化教学过程，提升教学效果，最终实现教学目标。教学设计远超简单的教案编写，涵盖教学目标的明确、教学内容的筛选与组织、教学方法的选择与应用、教学资源的整合与利用以及教学评估的设计与实施等多个方面。教学设计要求教师具备丰富的专业知识，以及对多学科知识的综合应用能力，以确保设计方案能够全面、有效地促进学生学习。商务英语专业课堂教学设计要点如下。

第一，教学设计的出发点是明确教学目标。教学目标不仅应符合课程标准，还应能满足学生的实际需要和社会的发展需求，确保学生通过学习获得必要的知识、技能和态度，为其未来的学习和发展奠定基础。在这一过程中，教师需要深入分析教学内容，筛选出重点内容，同时剔除次要或无关内容，以增强教学的针对性和有效性。

第二，对教学对象的分析是教学设计中不可忽视的一环。这要求教师充分了解学生的背景信息，包括但不限于学生的年龄、知识水平、学习风格、兴趣爱好，以便设计出更符合学生特点的教学方案。此外，考虑教学资源也是确保教学设计可行性的关键。教师需要根据可用的教学资源和设施，合理安排教学活动，确保教学设计的有效实施。

第三，教学方法的选择与应用是实现教学目标的重要手段。教师进行教学设计时，需要根据教学内容和学生的特点，灵活选择教学方法，如讲授法、讨论法、案例教学法、合作学习法等，以促进学生的主动学习和深入理解。

第四，教学评估的设计与实施是教学设计的关键环节。教学评估旨在通过系统地收集和分析教学活动中的数据，指导教学实践的持续改进。教学评估不仅要评估学生的学业成绩，还要评估学生的学习策略、思维能力和情感态度等非认知因素。通过多元化的评估方法，如观察、访谈、自我评价、同伴评价等，可以全面了解学生的学习状况，为教育决策提供依据。

总而言之，教学设计是一个复杂、系统的过程，它要求教师在确保教学目标明确、教学内容合理的基础上，科学选择教学方法和评估策略，全面考虑学生的特点和教学条件的限制，以设计出最优的教学方案。通过这一过程，教学设计不仅能够提升教学效率和质量，还能促进学生的全面发展，实现教与学的最佳匹配。

对商务英语专业课堂教学设计而言，教学设计不仅是对教学活动的安排，还是一个全面考虑教学目标、教学内容、教学方法、学生特点以及评估方式的复杂过程。通过系统性的规划，教学设计能够发挥多重作用。第一，教学设计能够帮助学生明确学习目标。教学设计对教学目标的明确，能够帮助学生了解学习目标，这对增强学生的学习动机至关重要。第二，教学设计能够促进学生对复杂知识的理解。通过对教学内容的科学组织，教学设计能够确保学生系统地学习商务英语领域的核心知识和技能。这一点对学生理解复杂的商务概念、掌握专业术语以及提高语言应用能力具有重大意义。第三，教学设计能够帮助教师提升教学效果。教学设计对教学方法的选择直接影响教学效果。采用符合商务英语专业特点的教学方法，如案例教学、角色扮演、项目式学习等，不仅能够激发学生的学习兴趣，还能够提高他们的实践能力和创新思维。第四，教学设计会促进教师对学生个体差异的关注，确保每名学生的学习需求和能力得到满足。在进行教学设计的过程中，教师需要熟悉学生的背景知识、学习风格及兴趣点，以提供个性化的学习路径和支持。这有助于增强学生的学习动机，并有效增强教学的适应性和灵活性，确保所有学生都能在自己的能力范围内获得最大程度的发展。第五，教学设计中的评估机制对监控学生的学习过程、反馈学习结果、指导教学改进具有不可或缺的作用。通过形成性评估和总结性评估的有机结合，教师可以及时了解学生的学习进展，发现教学中存在的问题，并据此调整教学策略，优化教学设计，确保教学活动能够高效、有效地进行。

总之，商务英语专业课堂教学设计是一个涉及多方面因素、旨在实现高效和优质教学的系统工程。它通过精心的规划和实施，不仅能提高教学效率，优化学习过程，还能提升学生的综合能力，为学生的未来职业发展奠定坚实的基础。

二、商务英语专业课堂教学设计的步骤

本部分内容深入探讨商务英语专业课堂教学设计的关键步骤，旨在为教师提供一个清晰、系统的指导框架，帮助他们开展富有成效的教学活动。具体步骤包括明确教学目标、分析教学对象、设计教学内容、选取教学方法、制定评估策略以及实施教学，如图5-5所示。通过这一系列有机衔接的步骤，教师可以确保设计的教学活动既能满足学生的学习需求，又能贴合商务英语专业的特点，从而达到提升教学效果的目的。

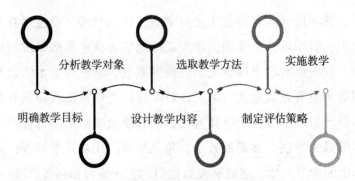

图 5-5　商务英语专业课堂教学设计的步骤

（一）明确教学目标

明确教学目标是课堂教学设计的首要步骤，它为整个教学活动提供了方向。教学目标应当具体、明确、可衡量，且通常分为知识目标、能力目标和态度目标三大类。在商务英语专业课堂教学中，知识目标着重于学生对商务英语理论知识的掌握，如商务通信、国际贸易理论、市场营销等领域的专业知识。能力目标侧重于学生分析问题、解决问题的能力，以及运用商务英语进行有效沟通的能力培养。态度目标关注学生对学习商务英语专业的态度，包括学习的积极性、对商务职业道德的认同等。教学目标的制定不仅应考虑课程标准、学生的实际情况以及社会和职场的需求，还应考虑学生的已有知识和经验，以确保教学活动既有挑战性又能够被学生接受。教学目标一旦确定，将指导后续的教学内容设计、教学方法选择以及评估策略的制定，最终形成一个有机、协调的教学设计方案。通过明确教学目标，教师可以为学生提供一个清晰、有序的学习路径，帮助学生系统掌握商务英语相关的理论知识，提升学生的专业能力。不仅如此，明确的教学目标还为教学评估提供了标准，使评估者能够客观、准确地评价教学活动效果，不断提升教学质量。

（二）分析教学对象

分析教学对象是课堂教学设计的第二个步骤，它要求教师深入了解学生的背景、需求、能力和学习风格，以便制订出最适合学生的教学方案。这一步骤的核心在于确保教学设计能够充分考虑到学生的个体差异，从而提升学生的学习满意度。对商务英语专业课堂教学设计而言，对学生基础知识水平的评估是重要的一部分。通过开展知识测试或问卷调查，教师可以获得学生知识水平的大致情况，从而在教学设计中合理安排教学内容，确保教学内容对学生来说既具有挑战性又不至于太难。此外，对学生学习风格的分析也是不可或缺的一部分。不同的学生可能偏好不同的学习方式。例如，有的学生更喜欢通过视觉材料，如图表、视频等来学习，还有学生倾向于通过动手实践来学习。了解学生的学习风格有助于教师在教学设计中采用多样化的教学方法，从而适应不同学生的学习偏好，提高学生的学习效率。学生的兴趣点和学习动机也是教学对象分析中的重要内容。学生对某些话题或活动的兴趣会显著影响他们的学习积极性。因此，教师需要通过观察、交流、调查等方式，了解学生对商务英语学习的兴趣点，以及他们学习的主要动机。这样，教师可以在教学设计中融入学生感兴趣的话题和活动，从而增强学生的学习动机，增加他们对课程的投入度。对学生性格特征、以往学习经历和社会经验的考虑同样重要，因为这些因素都会对学生的学习方式和需求产生影响。例如，有些学生由于过去成功的学习经历而更加自信，而有些学生则因为缺乏相应的背景知识而感到不安。教师需要根据这些，在教学设计中提供适当的引导，从而帮助学生克服学习障碍，实现个人潜能的最大发挥。通过对教学对象的全面分析，教师能够深入理解学生的实际需求和特点，从而在教学设计中做出更为精准和有效的规划。这有助于提升学生的学习满意度，从而提升教学效果。因此，教学对象分析是构建高质量教学设计的基石，对优化商务英语专业课堂教学具有重要意义。

（三）设计教学内容

在商务英语专业课堂教学中，设计教学内容是教学设计中的一个核心步骤，它直接影响到学生能否有效学习和掌握所需的知识与技能。设计教学内容不仅包括对知识点的选择，还包括如何将这些知识与实际商务场景相结合，以及如何通过教学激发学生的学习兴趣和动机。优秀的教学内容设计需要做到以下几点。

第一，需要基于教学目标和对教学对象的深入分析。这意味着教学内容的选择应充分考虑学生的知识基础、学习需求、兴趣偏好以及未来的职业发展方向。在商务英语专业中，教学内容通常涵盖商务交流、国际贸易、市场营销、跨文化沟通等领域的知识。教师需要精心筛选这些领域的核心知识点，确保知识点既能体现商务英语专业的特点，又能符合学生的实际学习需求。

第二，需要考虑知识的实用性和时效性。商务英语作为一门应用性很强的学科，其教学内容应紧贴当前国际商务的最新发展趋势。这不仅要求教师具有持续更新自己知识的意识，还要求教学内容能够反映国际商务环境的变化。例如，随着电子商务的兴起和国际贸易格局的变化，相关的教学内容也应及时更新和扩充，以保证学生学到前沿的知识。

第三，应重视知识的系统性和逻辑性。商务英语专业涉及的知识点繁多，教师在设计教学内容时，需要将这些知识点有机地串联起来，形成一套系统的知识体系。这不仅有助于学生构建完整的知识框架，还有助于学生深入理解和掌握商务英语相关的核心概念和应用技能。为此，教师可以采用案例分析、项目式学习等教学方法，将零散的知识点融入具体的商务情境中，让学生在解决实际问题的过程中学习和应用知识。

第四，需要激发学生的学习兴趣和动机。这意味着教学内容不仅应有趣、贴近实际，还应能引发学生的思考和探索。教师可以通过引入商务英语领域的热点问题、成功案例或名人故事等，增强教学内容的吸引力，激发学生的好奇心和探索欲。设计教学内容是一个复杂又细致的过程，要求教师具备深厚的专业知识、丰富的教学经验和对学生需求的敏锐洞察力。这样，教师可以为学生提供一个内容丰富、结构合理、富有吸引力的学习环境，帮助学生系统地学习和掌握商务英语知识。

（四）选择教学方法

在商务英语专业课堂教学设计中，选择恰当的教学方法对实现教学目标具有至关重要的作用。教学方法的选择不仅要考虑教学内容的特性和学生的学习需求，还要遵循一定的原则，以确保教学活动能够有效地促进学生的知识掌握和能力发展。

第一，教学方法应多样化。多样化的教学方法能够满足不同学生的学习需求和偏好，增加教学的互动性和趣味性，从而提高学生的课堂参与度。教师应该根据教学内容，选择合适的教学方法。需要注意的是，尽量不要选取单一的教学方法，而要融合讲授、讨论、案例分析、项目式学习等多种教学方法，从而让学生通过不同的方法培养不同的能力。例如，通过案例分析，学生可以深入理解商务领域的实际问题及解决策略，有利于培养他们的问题解决能力；项目式学习鼓励学生主动探索和解决问题，有利于培养他们的创新思维和团队协作能力。

第二，教学方法要具灵活性。这要求教师根据教学内容的特点、学生的反馈，以及教学环境的变化，灵活调整和选择教学方法。这种灵活性不仅体现在教学活动的设计上，还体现在教学策略的实施过程中。教师应随时准备调整教学计划，以应对课堂上出现的意外情况，如学生对某一知识点的理解程度不一，或教学方法未能达到预期的教学效果时，教师需要及时采取补救措施，如增加实例讲解、变换教学方法或调整教学重点，确保所有学生都能有效地掌握知识。

第三，教学方法要与教学目标保持一致。选择教学方法时需要考虑其与教学目标的一致性。不同的教学目标需要采用不同的教学方法来实现。例如，如果教学目标是提高学生的商务英语口语能力，那么教师需要更多地采用角色扮演、模拟谈判等互动性强的教学方法；如果目标是加深学生对商务理论的理解，则需要通过案例分析、讲授等方法来实现。因此，在选择教学方法时，教师需要清晰地了解教学目标，从而实现两者的一致。

第四，教学方法与学生反馈的动态调整。有效的教学设计需要考虑到的学生反馈。在教学过程中，教师应持续收集学生对教学内容、教学方法的反馈，包括学生的理解程度、兴趣和参与度等。这些反馈可以作为调整教学方法的依据，帮助教师及时发现问题、改进教学策略。例如，如果学生对某个教学环节反映不佳，教师可以尝试变更教学方法，增加更多的互动和讨论，或者引入新的学习资源，来提高学生的学习兴趣。

总之，选择教学方法是商务英语专业课堂教学设计中至关重要的一环。做到以上四点，教师可以更有效地促进学生的学习，提升教学质量。

（五）制定评估策略

制定评估策略是课堂教学设计过程中的重要一环，它关乎如何客观、全面地评价学生，以及如何通过评估指导教学活动的调整和优化。在商务英语专业课堂教学中，制定评估策略涉及对学生语言能力的评价，以及对学生商务知识、实际应用能力及跨文化交际能力的综合评估，具有以下特点。

第一，评估策略应具有多维性，能够全面反映学生的学习情况。这不仅包括对学生知识掌握情况的评估，还包括对学生技能、态度等非认知方面的评估。例如，在商务英语专业课堂中，除了可以通过传统的笔试评估学生对商务术语和理论知识的掌握情况，还可以通过角色扮演、小组讨论、报告等形式，评估学生的沟通能力、团队合作能力和实际问题解决能力。

第二，评估应具有连续性。评估应当是一个连续的过程，而不仅是课程结束时进行的总结性评估。通过形成性评估和总结性评估的结合，教师可以更好地了解学生的学习进展，及时发现问题并给予反馈。其中，形成性评估可以帮助教师了解学生学习过程中的实时情况；总结性评估则可以帮助教师评价学生对课程内容的整体掌握程度。

第三，评估应具有公正性和透明性。评估策略应能确保评估过程的公正性和透明性。这意味着评估标准和评估方法应当对所有学生明确且一致，避免任何可能的偏见或不公。此外，教师应向学生明确解释评估的目的、标准和方法，确保学生理解如何通过评估提升自己的学习效率。

第四，评估应与反馈相结合。有效的评估策略不仅包括对学生学习成果的评估，还包括对评估结果的反馈。教师应当提供及时、具体和具建设性的反馈，帮助学生认识到自己的优点和不足，明确改进方向。反馈可以采取书面评论、个别讨论、小组反馈会等多种形式，关键在于使学生从中获得进步。

（六）实施教学

实施教学是课堂教学设计的落地阶段，它要求教师将之前设计的教学计划转化为具体的教学活动。在这一过程中，教师的角色从规划者转变为执行者和引导者。教学实施的质量直接影响到教学设计的效果。因此，有效的教学实施需要教师具备高度的专业能力和灵活应对的能力。商务英语专业课堂教学实施过程一般包括以下几个阶段。

1. 准备阶段

在准备阶段，教师需要准备教学资源，包括教学材料的收集、教学工具的准备以及教室环境的布置等。对商务英语专业而言，这可能涉及最新的商务案例的搜集、多媒体教学设备的设置以及讨论区域的布置等。此外，教师还需要复习教学计划，确保所有的教学活动都紧密围绕教学目标展开。

2. 实施阶段

在实施阶段，教师需要根据教学设计指导教学活动，同时对学生的表现和学习进度进行实时观察和调整。这要求教师在保持课堂秩序和学习氛围的同时，灵活运用教学方法和技巧，了解学生的实际学习情况。例如，在进行案例分析时，教师需要根据学生的讨论情况调整讨论的深度和广度；在学生进行角色扮演时，教师需要及时给予学生反馈和指导，帮助学生更好地理解商务沟通的策略和技巧。

3. 反馈与调整阶段

在反馈与调整阶段，教师需要根据学生的表现，及时调整教学策略和方法。例如，对教学内容的深化或简化、教学方法的变更、教学节奏的调整等。同时，教师应鼓励学生之间开展开放式沟通，以获得更多的反馈信息，为教学活动的持续改进提供依据。总之，教学实施过程是将教学设计具体化、实践化的步骤。它要求教师不仅要有扎实的专业知识和较高的教学技能，还要求教师具备高度的敏感性和适应性，能够在教学过程中及时捕捉学生的需求，并做出有效的调整。对于商务英语专业课堂教学而言，教师在教学实施过程中的灵活性和创造性尤为重要，因为这直接关系到学生能否将学到的知识和技能有效地应用到实际的商务场景中，从而实现教学设计的最终目标。

第六章 商务英语专业实践教学

实践教学是商务英语专业人才培养中不可或缺的一环。本章致力探讨商务英语专业实践教学的原则、策略、评价体系，旨在为商务英语专业的教学团队提供一套实用的实践教学策略，从而帮助学生实现在真实商务情景中的学以致用。

第一节 商务英语专业实践教学的原则

在商务英语专业实践教学中，教师需要遵循一系列的原则，从而确保教学质量。本节主要介绍和分析商务英语专业实践教学的五大原则，如图 6-1 所示。

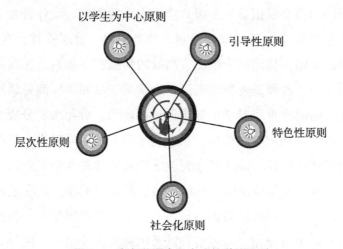

图 6-1 商务英语专业实践教学的原则

一、以学生为中心原则

在实践教学中，遵循以学生为中心原则，对本科阶段的商务英语专业具有至关重要的作用。以学生为中心不仅体现了现代教育理念，还有利于教育质量和学生能力的提升。在以学生为中心原则的指导下，教师要了解学生的个性化需求、学习风格及学习进度，将理论知识传授与实践技能培养紧密结合起来，为学生量身定制个性化的学习路径。这有利于激发学生的学习兴趣，提高他们的学习效率。以学生为中心原则鼓励学生参与课程设计、项目实践等环节。这能培养学生在实践中解决问题的能力、批判性思维能力和创新能力。这些能力对商务英语专业学生未来的职业发展非常重要。通过实践，学生可以提前接触真实的商务环境，从而为将来的职业发展积累宝贵的实践经验。

总的来看，遵循以学生为中心原则，不仅能提升教学质量，还能促进学生能力的全面提升，特别有利于提高学生的实践操作能力，从而使学生在未来的职业发展道路上更加自信。

二、层次性原则

在商务英语专业实践教学中，遵循层次性原则尤为重要。这一原则强调教学活动需要根据学生年级和能力水平的不同，设计符合学生特点和需求的教学方案，通过系统规划、分类设置、分层安排、有效衔接、整体推进的策略，构建一个全面、高效的实践教学体系。在商务英语专业实践教学中，教师需要突出英语作为学习工具和国际商务活动工具的双重功能，同时注重培养学生的英语运用能力，分年级、分能力、分层次地设计教学活动和实践项目，从而满足学生的不同需求。教师进行实践教学的层次性设计，需要考虑到教学内容的递进性和实践活动的连贯性。例如，针对低年级学生，教师可将实践教学的重点放在基础英语能力的培养和商务英语基础知识的学习上；针对高年级学生，教师则应更多地安排商务项目操作、实习实训以及国际交流等活动。此外，衔接不同年级的教学内容和实践活动，可以确保学生在整个学习过程中逐步构建完整的知识体系和技能框架，最终达到培养高素质、复合型商务英语专业人才的目的。

（一）校内实践教学层次化

对商务英语专业而言，校内实践教学的设计应体现出明显的层次化特征，以满足学生从基础到较高的学习需求，同时促进学生专业能力和职业素养的提升。

第一，初级阶段：基础能力培养。在大一，实践教学重点在商务英语基础技能的培养上，包括听、说、读、写、译等，同时引入专业词汇和基本的商务文化背景知识。此阶段的实践教学不仅包括密集的英语语言教学，还包括基础的商务英语案例分析、角色扮演等活动，以帮助学生建立扎实的语言基础，并使学生初步了解国际商务的基本规则和文化差异。

第二，中级阶段：专业技能提升。进入大二，实践教学的重点转向商务英语的专项能力培养，如商务写作、商务谈判、跨文化沟通等。此阶段的实践教学应通过模拟商务环境的实训、项目式学习等方式，使学生将之前获得的基础技能运用到更具挑战性的商务场景中，如模拟国际贸易谈判、商业计划书的编写等，以提高学生的商务沟通能力和问题解决能力。

第三，高级阶段：综合职业能力与创新创业能力培养。到了大三、大四，尤其是大三，实践教学更加侧重对学生综合职业能力和创新创业能力的培养。此阶段的实践教学鼓励学生参与创新项目、创业实践，且教师会提供科技创新、市场调研、商业模式设计等方面的指导和支持。例如，教师可以通过学校创业园区为有意向的学生提供实践平台，支持他们开展商业项目，培养他们的创新意识和创业精神。

在商务英语专业实践教学过程中，教师应根据学生的实际特点和需求进行灵活调整，以确保每一层次的教学内容都能有效衔接，形成一个系统化、递进式的实践体系。这样层次化的实践教学设计不仅有助于学生建立起坚实的专业基础，还有助于学生综合能力的提升，为其未来的职业生涯发展奠定坚实的基础。

（二）校外实践教学层次化

在商务英语专业实践教学中，校外实践教学占据了不可忽视的地位。高质量的实训、实习是商务英语专业校外实践教学的重要组成部分，其层次化设计对学生能力的全面提升尤为关键。教师应遵循层次性原则进行校外实践教学设计，从学生实际出发，精心规划每个阶段的学习目标和内容，循序渐进地培养学生的实践能力，确保学生能够在真实的商务环境中获得有效的学习体验和技能提升。

第一，初级阶段：企业参观与实地学习。对商务英语专业的大一学生而言，他们对商务领域的认知大多是理论性的或书本上的知识。因此，初级阶段的校外实践教学应着重于组织学生参观企业以及参与实地学习，通过直观的体验让学生对商务环境有一个基本的了解和认识。这种形式的实践活动不仅能够帮助学生将理论知识与现实情境相结合，还能够激发学生对商务英语专业的学习兴趣。

第二，中级阶段：社会调研与职业规划。进入大二，学生的校外实践教学应更加注重深入社会和企业进行调研，以及对未来的职业生涯进行规划。在这一阶段，学生被鼓励去企业或市场进行实地调研，收集数据，分析问题，从而深入理解商务运作的实际流程。通过这些活动，学生不仅能够增强商务英语实际应用能力，还能够对自己未来的职业方向做出更明智的选择。

第三，高级阶段：职场实习与能力提升。到了本科阶段的后期，尤其是大三，校外实践教学的重点应转移到职场实习与能力提升上，重点培养学生的职业能力。在这一阶段，学生有机会进入企业实习，参与真实的工作，不仅可以加深对商务英语知识的理解，还能在实际工作中提升人际沟通、团队合作、问题解决等职业技能。这种直接参与工作的经历，对学生而言，是一个宝贵的学习机会，能够提升他们的专业技能，帮助他们更好地了解职场文化。

总之，遵循层次性原则的商务英语专业实践教学，可以为学生提供一个分层次、递进式的实践平台，循序渐进地培养学生的实践能力，为他们未来的职业生涯和个人发展奠定坚实的基础。

三、社会化原则

在商务英语专业实践教学中，社会化原则是一项基本且至关重要的原则。这一原则的核心在于确保学生的学习过程不限于课堂，还深入社会的各个层面，与实际商务项目、商务环境等紧密结合，以提升学生的实践能力和社会适应力。首先，与企业的紧密合作是社会化原则的一个重要体现。通过学校与企业建立稳定的合作关系，学生可以获得丰富的实习机会，并有机会直接参与企业的商务活动。这样的实践机会不仅能够让学生将在课堂上学到的理论知识应用于实际工作中，还能够帮助学生提前适应职场环境。其次，社会化原则鼓励学生参与真实的项目。通过参加项目实训、案例分析、商业模拟等活动，学生可以在实际的商业环境中锻炼自己的专业技能。这种以项目为导向的学习方式，能够增强学生的实战能力，激发学生的创新思维。再次，社会化原则鼓励学生主动探索和挑战。通过组织学生参加国内外的商务竞赛、研讨会和交流活动，拓宽学生的国际视野，加深学生对全球商务环境的理解，可以帮助学生建立广泛的社会联系，为其未来的职业发展铺路。最后，社会化原则要求教师引导学生正确理解社会责任和职业道德。在实践教学过程中，教师应着重培养学生的社会责任感，教导学生在追求个人职业成功的同时，关注社会发展和公共利益。

总之，商务英语专业实践教学贯彻社会化原则，旨在通过与社会实际紧密结合的学习模式，提高学生的专业技能和国际竞争力，培养学生的社会责任感和职业道德，为他们将来在全球化的商务环境中取得成功打下坚实的基础。

四、特色性原则

在商务英语专业实践教学中，遵循特色性原则旨在确保教学内容和方法紧密贴合专业特点，同时满足市场对高素质商务英语人才的需求。这一原则的核心在于强调课程设计和实践活动，既要涵盖商务英语专业的理论知识，又要涉及实践操作，从而培养出既精通语言又熟悉商务操作的复合型人才。

特色性原则的重要性体现在四个方面。首先，它能够帮助学生建立明确的学习目标。经济的快速发展对商务英语专业人才的要求不断提高，要求他们具备高超的跨文化交流能力。其次，特色性原则有助于增强学生的学习效果。通过参与具有特色的实践活动，学生可以在真实或模拟的商务环境中应用所学知识，从而增强学习效果。再次，遵循特色性原则对增强学生的竞争力至关重要。在全球化的商务环境中，企业越来越倾向于招聘那些不仅语言能力强，而且具备实际商务操作能力和国际视野的复合型人才。通过参与有特色的实践课程和活动，学生可以获得更多与国际商务接轨的机会，从而在就业市场上脱颖而出。最后，特色性原则还能促进学科交叉和创新。商务英语不是一个孤立的学科，它需要与市场营销、国际贸易、跨文化管理等多个领域相结合。遵循特色性原则，可以鼓励学生跨学科学习和思考，激发创新思维和创新能力。

总之，特色性原则在商务英语专业实践教学中发挥着至关重要的作用。它不仅是提升教学质量、增强学生学习动力的有效途径，还是培养学生专业能力、增强学生职业竞争力、促进学科创新发展的重要保证。因此，高校在设计和实施商务英语专业实践教学时，必须遵循特色性原则，以培养更多满足时代需求的高素质商务英语人才。

五、引导性原则

在商务英语专业实践教学中，引导性原则是确保实践教学效果的关键。这一原则强调，在学生参与企业实习或校外实践活动的过程中，教师不仅应为学生提供机会和资源，还应对学生进行有效的引导和干预，确保学生能够从实践中获得最大的学习效益，同时促进学生专业技能的提升和个人的发展。具体而言，引导性原则要求教师在实践课程设计和实施过程中，采取主动、灵活的教学策略，根据学生在实践活动中遇到的具体问题和挑战，提供及时、具有针对性的指导和帮助。这种引导不仅包括关于专业知识和技能的指导，还包括对学生职业素养、团队协作能力、问题解决能力等方面的培养。特别是在企业实习和校外实践活动中，教师的引导更是不可或缺，它直接关系到学生能否将所学知识有效地应用到实际工作中，以及能否顺利完成实习任务和实践项目。引导性原则的实施分为以下三步。第一，实习前的准备和引导。在学生开始实习前，教师应该向学生详细介绍实习目标、要求和实习企业的背景信息，帮助学生建立正确的实习态度和职业观念。同时，教师应该根据专业特点和学生个人发展需求，提供个性化的职业规划和实习建议。第二，实习过程中的跟踪和引导。学生进入企业实习或参与校外实践活动后，教师应定期对学生的实习情况进行跟踪和了解，及时发现并解决学生在实习过程中遇到的问题。通过定期的沟通和交流，教师可以为学生提供专业指导、心理支持和职业发展的建议，帮助学生克服实习中的困难，提高实习效果。第三，实习后的反馈和引导。学生完成实习任务后，教师应组织实习反馈和总结会议，鼓励学生分享自己的实习经历，同时进行集体讨论和个别指导，帮助学生反思实习经验，总结实习成果和不足，为未来的学习和职业发展规划提供方向。

总之，引导性原则在商务英语专业实践教学中发挥着至关重要的作用。教师的有效引导，不仅可以提高学生的实践教学效果，还可以促进学生专业能力的全面发展，为学生未来的职业生涯和个人成长奠定坚实的基础。因此，高校和教师应充分认识到引导性原则的重要性，不断探索和优化实践教学的引导策略，以更好地满足商务英语专业学生的学习需求。

第二节　商务英语专业实践教学的策略

在商务英语专业实践教学中，紧密结合职业需求对学生进行培训是提高教育质量和培养学生实际应用能力的关键。本节重点探讨商务英语专业实践教学策略，如图 6-2 所示。职业化的教学不仅能使学生更好地理解和掌握商务英语知识，还能为他们将来步入职场提供坚实的基础。

课堂教学模式职业化　　学生学习模式职业化　　师生互动方式职业化

图 6-2　商务英语专业实践教学的策略

一、课堂教学模式职业化

在商务英语专业教学中，采用职业化课堂教学模式是提升学生实际应用能力和职业素养的重要途径。职业化课堂教学模式要求教师在课程设计、教学实施、学生互动以及评价反馈等多个环节进行创新和优化。这种教学模式强调教师要根据学生的基本学习状况和未来职业需求设计课程，通过模拟实际工作环境的方式，培养学生的实践技能。

课堂教学模式职业化的特点表现在以下几方面。

第一，课程内容紧贴行业需求和职业标准，结合最新的商务领域发展动态，如数字经济与国际贸易的融合、国际商务谈判等，确保教学内容的前瞻性和实用性。课堂上，教师可以采用案例分析、角色扮演、小组讨论等互动式教学方法，增强学生的英语口语表达能力。教师还可以精选与学生未来工作岗位紧密相关的专业文献和商业合同等进行教学，确保学生能够达到未来职场的实际要求。

第二，除了紧密贴合实际，考虑到学生在校期间接触的英语语言环境有限，教师需要创造条件，如充分利用在线英语平台等多媒体工具，更好地模拟真实的商务场景，促进学生的主动学习和深度思考。教师还需要在课堂教学中不断强调理论知识与实际应用的结合，通过对具体商务案例的讲解，促使学生深入理解每一个知识点的实际应用价值。

第三，注重在实践教学中培养学生的隐性能力，突出学生的主体地位，鼓励学生主动参与课堂讨论和实践活动，通过教师的引导和同伴之间的互助学习，提高学生解决实际问题的能力。同时，通过模拟面试、项目展示、实习报告等多样化的评估方式，教师可以及时对学生的学习成效进行评价和反馈，帮助学生明确自己的优势和不足，促使学生有针对性地进行改进。

第四，职业化课堂教学模式还需要构建有效的师生互动和反馈机制。教师可以通过组织小组讨论、研讨会等方法，营造开放包容的学习氛围，鼓励学生发表自己的观点和看法。同时，教师应及时对学生的学习进展进行跟踪和反馈，帮助学生弥补知识和技能上的不足，促进学生的全面发展。

总之，职业化课堂教学模式的实现不仅能够有效提高学生的学习效率和成绩，还能为学生将来在全球化的商务环境中取得成功提供坚实的支撑。

二、学生学习模式职业化

在商务英语专业实践教学中，学生学习模式职业化是培养高素质、复合型人才的关键。这不仅涉及传统的语言学习和商务知识积累，还涉及学生如何将所学知识应用于实际的商务场景，以及如何在未来的职场中展现自己的专业能力和个人魅力。学生学习模式职业化在商务英语专业实践教学中的实施涉及以下几方面。

第一，经济全球化背景下的商务实践对商务英语专业学生提出了更高的要求。学生需要通过实践深入了解国际贸易的基本规则、跨国公司的运作模式、全球市场的趋势变化等。因此，教师应设计与国际商务实践紧密结合的课程内容。第二，增强就业竞争力是商务英语专业学生学习模式职业化的重要目标。为了实现这一目标，学生不仅需要掌握扎实的商务知识，还需要具备良好的职业素养、沟通技巧和团队协作能力。实践课程应围绕提升学生的专业技能进行设计，教师可以通过组织企业项目、商务谈判模拟、市场营销策划等活动，让学生在解决实际商务问题的过程中提升自己的专业技能。同时，学校应提供职业规划指导、简历写作和面试技巧培训等服务，帮助学生更好地应对未来的职场挑战。第三，数字技能是当代商务英语专业学生不可忽视的重要技能。随着信息技术的迅速发展，数字营销、电子商务、数据分析等已成为现代商务活动中的关键环节。因此，商务英语专业的实践课程中应加入相关的数字技能培训，如利用社交媒体进行品牌推广的案例分析、电子商务平台的运营实践、商务数据分析软件的使用教学等。学生也要认识到这些课程的重要性，积极参与教学过程。通过参与这些实践活动，学生不仅能够学到最新的数字技术，还能够增强自己在数字化商务环境中的竞争力。第四，拓展专业网络也是学生学习模式职业化的重要组成部分。学生应利用校内外的资源，积极拓展自己的专业网络，从而更好地了解行业动态、掌握职业机会、获得职业发展的指导和建议。最后，反思与自我评估是学生职业化学习过程中不可或缺的一环。学生应定期对自己的学习过程进行反思，明确自己的优势和不足，根据职业规划调整学习方向和策略。通过这种自我驱动的评估，学生可以更主动地掌握自己的职业发展，逐步成长为适应未来职场要求的高素质商务英语专业人才。

总之，商务英语专业实践教学策略要求学生在主动探索中明确职业目标，在深化专业知识和技能的同时，积极拓展专业网络，提升数字技能，并通过反思与自我评估不断优化学习路径。通过这样全面、系统的职业化学习，学生能够成为具有国际视野、专业能力和创新思维的复合型人才。

三、师生互动方式职业化

在商务英语专业实践教学中，师生互动方式职业化是构建良好学习环境的重要途径。师生互动方式职业化强调在教与学的过程中构建一个平等、开放、互助的学习社群，从而促进教师教学方法的创新和学生的全面发展。

首先，师生互动方式职业化要求教师采取更加灵活、开放的教学态度。教师不再是知识的单向传递者，而成为学生学习的引导者、协作者和支持者。在这个过程中，教师需要根据学生的学习需求和兴趣，提供个性化的学习资源和实践指导，搭建类似于师父带徒弟的学习模式，帮助学生提升实践能力。同时，教师应鼓励学生之间相互学习，通过同伴互评、学习小组等形式，建立学生之间的学习共同体，促进知识和经验的共享。

其次，师生互动方式职业化鼓励学生参与项目合作、研究讨论、角色扮演等活动，在实践中学习和应用商务英语知识。学生要把每一次实践当作真实的职业场景进行练习。这不仅能够提高学生的学习积极性，还能够锻炼学生的团队合作能力、沟通协调能力及问题解决能力。例如，教师可以组织学生围绕某一商务议题进行小组讨论，小组成员负责搜集相关资料、提出观点和解决方案，最后在小组内部分享和辩论。小组讨论结束后的重要工作是组织学生进行复盘，总结实践过程中出现的问题和经验，然后形成记录，以便以后遇到相似问题进行参考和借鉴。

再次，师生互动方式职业化强调利用现代教育技术和工具，打破时间和空间的限制，创造更加灵活多样的学习环境。例如，通过在线学习平台、虚拟班级、社交媒体等工具，教师和学生可以在课堂之外继续进行交流和讨论。这种线上线下相结合的学习方式，不仅能增加学习的趣味性和互动性，还能为学生提供更多与同行交流和合作的机会，有助于开阔学生的视野，提升学生的跨文化沟通能力。

最后，师生互动方式职业化注重对学习过程和结果的反思和评价。

通过定期的自我评估、同伴互评和教师反馈，学生可以清晰地认识到自己的进步和不足，并以此为依据调整学习策略和目标。同时，教师可以根据学生的反馈调整教学内容和方法，实现教学的持续改进和优化。这不仅能够激发学生的学习兴趣，还能够促进学生综合能力的提升。

第三节　商务英语专业实践教学的评价体系

在商务英语专业实践教学中，建立以提升职业能力为目标的评价体系至关重要。该评价体系旨在全面反映学生的英语学习状况和英语运用能力，以及教师的教学效果，从而更好地满足学生的发展需求。

商务英语专业实践教学的评价体系需要根据专业教学目标和学生职业发展需求构建，而不是单纯依赖通用的英语能力等级测试。虽然通用测试在某种程度上能够反映学生的语言基础技能，但它们往往忽视了对商务英语实际应用能力和职业技能的评估。因此，高校应根据商务英语专业的特点，建立一套全面、系统的评估机制，既包括对学生英语基础技能的测试，又包括对学生英语实际运用能力、商务知识应用能力、跨文化交流能力等方面的评估。

此外，商务英语专业实践教学的评价体系应采用多样化评估、持续性评估等机制。多样化评估意味着评价方式的多元化，不仅包括传统的笔试和口试，还包括报告撰写、口头报告、团队项目、实习表现等多种形式，以全面评价学生的综合能力。持续性评估强调评价的连续性和长期性，通过定期的反馈和指导，鼓励学生在整个学习过程中不断进步和提升。

形成性考核和总结性考核也是这一评价体系不可或缺的两个部分。形成性考核注重对学生学习过程的评价，包括对学生日常表现、项目进展报告等的评价。这种考核方式可以帮助学生及时发现学习中的问题，并做出相应的调整。总结性考核则在学习周期的末尾进行，通过综合性的项目展示、案例分析报告、商务英语能力测试等方式，全面评价学生的学习成果和职业能力水平。

一、职业化评价机制

在全球化的商务环境中，商务英语专业面临着前所未有的挑战和机遇。为了培养出能够适应快速变化的商务环境的复合型人才，商务英语专业的实践教学必须采取创新的教育模式和评价体系。职业化评价机制作为这一变革的核心，旨在通过全面、实际的评估方式，促进学生的专业成长。首先，职业化评价机制的构建需要从评价内容入手。传统的语言能力测试往往侧重于对语法、词汇等基础知识的评估，而忽略了对语言应用能力的评估。因此，商务英语专业实践教学的评价体系应更加注重评价学生在真实或模拟的商务环境中使用英语进行有效沟通的能力。这包括学生在进行商务谈判、市场分析、客户服务等时的语言运用能力，以及他们在这些情景中展现出的职业素养和问题解决能力。其次，职业化评价机制需要采用多元化的评价方式。除了传统的笔试和口试，还应引入项目评估、案例分析、同伴互评、自我评价等多种评价方式。项目评估通过学生的项目完成情况评估学生的综合能力。案例分析则要求学生对特定的商务情景进行深入分析，并提出解决方案，以此考查学生的理论知识运用能力和创新思维。同伴互评和自我评价则考查学生从不同视角审视自己的学习过程和成果的能力。再次，职业化评价机制强调评价的过程性和发展性。这意味着评价不是学习过程的结束，而是学生持续学习和成长的开始。通过对学生学习过程的持续跟踪，教师可以及时发现学生的学习困难和需求，并提供个性化的指导和支持。同时，学生可以根据教师的指导调整自己的学习策略，不断提升自己的职业能力和综合素质。最后，职业化评价机制需要教师的积极参与。教师不仅是评价的执行者，还是评价机制设计和优化的重要参与者。因此，高校应为教师提供更多的专业发展机会，包括评价方法的培训、教学研究和国际交流等，以提升教师的评价能力和教学水平。

总之，商务英语专业实践教学的职业化评价机制是一个系统性的项目，要求教师全面考虑评价的内容、方法、目标和影响，以及自身的角色和发展。

二、以证促学的评价方式

商务英语专业在学术深度和专业宽度上有较高要求，因此，构建一个以职业能力为导向的评价体系尤为关键。在这种情况下，以证促学的评价方式显示出其重要性和实用性。以证促学的评价方式有以下四个重要作用。

第一，以证促学的评价方式能够为学生提供明确的学习目标和方向。通过参加各种英语等级考试和职业资格证书考试，学生能够明确自己在语言学习和专业技能上的优势和不足，从而明确努力的方向。

第二，以证促学的评价方式能够有效激发学生的学习热情。通过证书考试是学生个人能力的证明，有利于学生产生成就感。这种成就感能够极大地激发学生的学习热情。同时，证书的获取对学生未来的就业非常有利，能够增强学生在职业市场中的竞争力。

第三，以证促学的评价方式能够促进教育内容和教学方法的更新。为了帮助学生顺利通过各种英语等级考试和职业资格考试，学校和教师需要不断更新教学内容，引入更多贴近实际职业需求的教学资源和方法。这种持续的更新能够显著增强教育的实用性和针对性。

第四，以证促学的评价方式有助于构建一个更加公平、透明的评价体系。证书考试通常由第三方权威机构负责组织和评判，这种评价方式更具客观性和权威性，能够保证评价结果的公正性。同时，考试内容和评价标准对所有考生都是统一的，这确保了每名学生都在平等的条件下展示自己的能力，有利于促进整个评价体系的公平性和透明性。

三、多元化的评价方式

在商务英语专业实践教学中，实施多元化的评价方式是提高教学质

量和促进学生全面发展的关键策略。多元化评价方式的核心在于采用多
角度、多对象、多准则和多策略的综合评估方法，确保教学评价的全面
性、客观性。它强调在评价过程中考虑教师、学生、教学内容和教学方
法等多个方面，通过课堂评价、周期评价等多种评价方式，全方位地反
映教师的教学效果和学生的学习状况，从而达到提高教学质量和促进学
生全面发展的目的。

（一）多元化评价方式注重从不同角度对学生进行评价

在商务英语专业实践教学中，多元化评价方式超越了传统的单一知
识和技能测试，向学生的全面发展和个性化发展倾斜。这种评价方式旨
在准确捕捉和评估学生在学习过程中的各种表现，以促进他们持续提高
学习效率。第一，对学生的语言技能进行评价是基础，但多元化评价方
式更注重对学生将语言技能应用于实践的能力的评价。例如，通过模拟
商务谈判、编写商业报告等活动，不仅考查学生的语言表达能力，还评
估他们解决实际问题的能力和商业意识。第二，对学习态度和课堂参与
度的评估是多元化评价不可或缺的部分。在课堂上，教师通过观察学生
的表现，如提问的频率、对讨论的参与程度和对新知识的接受态度等，
来评估学生的学习积极性。第三，对团队协作精神和独立思考能力的评
估更加凸显了多元化评价的特点。在小组项目或者案例分析中，学生不
仅需要展现自己的团队合作能力，如分工协作、协调沟通等，还需要展
示自己的独立思考能力，如提出创新的解决方案、独立分析问题等。通
过这种方式，学生能够在实践中学习如何平衡团队合作与个人独立作业，
这对他们未来的职业生涯是极其重要的。第四，对自我认知能力的评估
能够促进学生的自我成长和自我提升。通过撰写学习日志和反思报告，
学生能够回顾和反思自己的学习过程，识别自己的优势和弱点，从而制
订更有效的学习计划。自我评价的过程是学生个人成长的重要部分，它
能帮助学生建立终身学习意识，为其未来的个人发展奠定基础。

（二）多元化评价方式强调评价对象的多样性

首先，教师对学生的评价需要涵盖学生的实践表现和个人发展两个方面。在这一评价过程中，教师不仅要关注学生在实践中的语言技能和专业知识掌握程度，还要评估学生在实践中的学习态度、团队合作能力和问题解决能力等。这种全面的评价能够帮助学生了解他们在哪些领域表现出色，在哪些领域还有提升空间。

其次，学生对教师教学的评价是多元化评价体系中的一个重要组成部分。学生可以通过匿名问卷、开放式讨论等方式，自由地表达对教学内容、教学方法和教学态度的看法和建议。这种表达不仅能够增强学生对教学过程的参与感，还能够帮助教师从学生的视角审视自己的教学实践，及时调整和优化教学策略，以更好地满足学生的学习需求。

再次，学生之间的互评是多元化评价体系中的一个重要环节。在小组项目、案例分析等合作学习活动中，学生需要对同伴的贡献、表现和态度进行评价。这种互评不仅能够促进学生之间的沟通和理解，还能够培养学生的批判性思维和公正性评价能力。通过互评，学生可以学习同伴的优秀品质，同时能够在评价过程中反思自己的表现。

最后，学生的自我评价是多元化评价体系中不可或缺的一部分。通过自我评价，学生能够对自己的学习过程、学习态度以及学习成果进行深入的反思。这种自我反思过程不仅能够帮助学生更清晰地认识自己的学习状态，还能够激发学生的学习动力，促进个人的长期发展。这种评价方式不仅能够促进教学质量的提升和学生能力的全面发展，还能够增强教学过程的透明度和公平性，为构建一个开放、互助和高效的教学环境奠定坚实的基础。

（三）多元化评价方式强调评价方法的多元化

多元化评价方式强调评价方法的多元化，这有利于确保评价过程的全面性和公正性，同时满足不同学习目标的评价需求。评价方法的多元化体现在以下几个方面。

第一，情景模拟作为一种重要的评价方法，能够让学生在模拟的工作场景中运用英语进行交流和协作。这不仅能考查学生的语言能力，还能考查学生在特定情境下的应变能力、协作能力以及运用专业知识解决实际问题的能力。例如，在模拟的国际贸易谈判场景中，学生需要运用自己对贸易规则的理解、掌握的谈判技巧，达成一项虚拟的贸易协议。这种情景模拟不仅能让学生体验到真实的商务谈判过程，还能深化他们对专业知识的理解。

第二，案例分析也是一种重要的评价方法，它要求学生针对具体的商务问题进行深入分析，并提出解决方案。通过分析真实的商务案例，学生可以更好地理解商务英语在实际商业活动中的应用，同时锻炼学生的批判性思维和问题解决能力。案例分析不仅是对学生专业知识掌握情况和应用能力的测试，还是对学生分析问题和提出解决方案能力的重要评价。

第三，项目展示作为一种综合性的评价方法，能够全面展现学生的学习成果。在项目展示中，学生需要综合运用所学知识和技能，完成一个具体的商务项目，如市场调研、产品开发计划或商业计划书。通过项目展示，教师不仅能够评估学生的语言能力和专业知识，还能够了解学生的创新思维、项目管理能力和团队协作精神。

第四，学习档案的建立，为学生提供了一个展示个人学习历程和成长轨迹的平台。学习档案中包含学生的作业、项目报告、反思日志和自我评价等，这些资料记录了学生的学习过程和自我成长过程。通过评估学习档案，教师能够更全面地了解学生的学习状况，为学生提供更具个性化的指导和帮助。

（四）多元化评价方式强调评价周期的多元化

在商务英语专业实践教学中，构建一个全面、多元化的评价体系是确保教学质量和学生能力全面发展的关键。这种评价体系的设计突破了传统的以学期结束为唯一评价时点的模式，引入了一个更为动态和长期的评价过程，包括入学评价、阶段性评价、实习评价，以及毕业后的就业情况跟踪评价。

第一，入学评价是学生开始本科学习旅程的第一次重要评价。这一评价的主要目的是评估学生的基础语言能力和商务知识水平，以便教师能够根据评价结果进行有针对性的教学设计。入学评价还可以帮助学生了解自身的学习起点，明确学习目标，制订个性化的学习计划。第二，阶段性评价在学生的学习过程中起到了桥梁作用，这种评价通常在学期中进行，旨在监控学生的学习进度和学习质量。阶段性评价通过形式多样的评价方式，如小测验、课堂表现、小组项目等，及时发现学生在学习过程中存在的问题，为学生提供及时调整学习策略的机会。第三，实习评价关注学生在实际工作中的表现和职业能力的应用情况。实习评价涉及企业导师的反馈，包括学生的工作态度、团队协作能力等。通过实习评价，学生可以获得宝贵的职业实践经验，同时学校可以根据反馈调整课程内容，更好地满足职业市场的需求。第四，毕业后的就业情况跟踪评价为学校提供了对教育成效的长期反馈。这种评价通过追踪毕业生的就业情况和职业发展轨迹，评估本科实践教育对学生职业生涯的影响。同时，毕业生对所学知识和技能在职场应用的反馈，对学校持续优化课程设置和教学方法具有重要意义。

这种全方位的评价能够为学生提供一个展示个人学习历程和成长轨迹的平台，促进他们的自我成长。

第七章　应用型本科商务英语专业的师资队伍建设

随着应用型本科教育的推进，商务英语专业的师资队伍建设成为提升教育质量和满足行业需求的关键。本章聚焦应用型本科商务英语专业的师资队伍建设，讨论了应用型本科商务英语专业教师的素质要求、师资队伍架构及师资队伍建设路径，旨在构建既懂专业知识又精通国际商务的高水平教师团队，确保商务英语专业的教学与行业需求同步，从而培养出更多适应新时代要求的商务英语人才。

第一节　应用型本科商务英语专业教师的素质要求

教师是教学活动的主导者和学生学习的引导者。在应用型本科商务英语专业的发展中，教师的专业素质直接影响教育质量和学生的发展。在当前教育背景下，应用型本科商务英语专业教师应达到的素质要求包括基本知识要求、基本能力要求及基本素养要求，如图 7-1 所示。

基本知识要求

基本能力要求

基本素养要求

图 7-1　应用型本科商务英语专业教师的素质要求

　　基本知识要求不仅包括对商务英语专业知识的掌握，还包括对国际商务实践和不同文化背景的深入了解。教师在教学过程中应能传授准确、丰富的知识。基本能力要求聚焦教学能力、研究能力、创新能力等，这些能力对激发学生的学习兴趣、提升教学质量具有重要意义。基本素养要求强调教师的职业道德、终身学习态度和国际视野等，这些素养对教师个人成长、引领学生走向成功非常重要。

一、应用型本科商务英语专业教师的基本知识要求

　　在应用型本科商务英语专业教学中，教师扮演着至关重要的角色。商务英语专业教师需要掌握的基本知识如图 7-2 所示。

教学知识

商务
知识

跨文化
交际知识

复合型商务
英语知识

图 7-2　应用型本科商务英语专业教师的基本知识要求

（一）商务知识

应用型本科商务英语专业教师需要具备专业的商务知识。商务知识涵盖经济学、管理学、市场营销、国际贸易规则、财务管理等多个领域的知识。商务英语专业教师掌握这些知识，能够在教学过程中更准确地分析商务案例，指导学生在实际商务环境中运用英语进行有效沟通和谈判。此外，商务知识还涉及对当代国际商务环境，如经济全球化趋势、跨国公司运作模式、国际市场开发策略等的深入了解。教师掌握这些知识，能够引导学生了解复杂的国际商务场景，培养他们的全球视野和跨文化交际能力。在应用型教育模式下，跨学科的知识结构尤为重要。教师应能整合不同领域的知识，设计出既符合语言学习规律又能够提升学生商务实践技能的教学活动。教师需要不断丰富自己的商务知识，关注国际商务领域的发展动态，并通过不断的实践和研究，提高将专业知识转化为有效教学内容的能力，以满足应用型教育的要求和学生的实际需求。这不仅是为了保证教学内容的实用性和前瞻性，也是为了确保学生能够在毕业后顺利适应国际商务环境，具备较强的竞争力。

（二）复合型商务英语知识

复合型商务英语知识不是语言知识与商务知识的简单叠加，而是这两者的深度融合。这种复合型知识要求教师能够在语言教学中融入商务理论和实践，同时在讲授商务课程时能有效地将英语作为交流工具。这有利于学生在掌握英语知识的同时，理解并应用商务理论，提高其解决实际商务问题的能力。具备复合型商务英语知识的教师，能够更有效地将语言教学与商务实践相结合，提升学生的商务英语能力，达到应用型教育的目标要求。

（三）跨文化交际知识

应用型本科商务英语专业教师的第三个基本知识要求是对跨文化交

际学的深入理解与应用。随着全球化的加速发展，跨文化交际已成为国际商务活动中不可或缺的一种能力。教师在这一领域的知识不仅关乎理论的掌握，更重要的是如何将这些理论应用于实际教学和商务实践中，以培养学生的跨文化商务交际能力。跨文化交际学的核心在于理解和尊重不同文化背景下的交际规则和行为模式。对商务英语专业教师而言，这意味着他们需要具备以下几方面的知识：第一，对文化差异的理解。教师需要深入理解不同文化之间在价值观念、沟通方式、商业习俗等方面的差异。这包括对个人主义与集体主义、高语境与低语境文化、时间观念等文化维度的认识。第二，语言与文化的关系。教师应理解语言不仅是沟通的工具，还是文化的载体，能反映一个民族的世界观和思维方式，因此一个合格的商务英语专业教师应该具备跨文化知识，这样才能更好地将这些知识传授给学生，为学生更好地应用英语奠定良好的文化基础。第三，跨文化交际能力的培养知识。教师应掌握并传授有效的跨文化交际策略，如如何在商务沟通中避免误解和冲突、如何进行有效的跨文化谈判和决策等。这要求教师不仅要了解理论，还要有丰富的实践经验和案例分析能力。第四，全球视野与本地文化的平衡。在培养学生的国际视野的同时，教师需要强调本地文化的重要性，帮助学生理解如何在尊重本土文化的基础上进行有效的国际交流。第五，实践能力的培养。教师应具备将跨文化交际理论与商务实践相结合的能力，通过模拟商务场景、国际商务谈判等实践活动，让学生体验并学习如何在不同文化背景下进行有效沟通。

从整体来看，应用型本科商务英语专业教师必须掌握跨文化交际知识，并能够将这些知识应用于教学和商务实践中。这不仅要求教师具有深厚的理论基础，还要求他们能够根据实际情况灵活运用这些知识，将学生培养成为能够在全球化商务环境中有效交流和工作的商务英语人才。

（四）教学知识

商务英语教学不仅应遵循应用语言学的一般规律，还应具有其独特的教学特征和需求。第一，商务英语教学应重视语言的实际应用，注重培养学生的交际能力，特别是在商务情境中的听、说、读、写能力。这要求教师在教学过程中不但掌握语言教学的基本理论和方法，而且深入了解商务领域对语言的具体需求和实际操作，采取合适的教学方法将二者进行结合，进行融合教学。第二，商务英语的特殊性要求其教学内容既包括基础语言知识，如词汇、语法、句型等，还包括专业知识，如商务文书写作、商务谈判技巧、跨文化交际等。因此，教学设计应综合考虑语言技能与专业知识的培养，通过真实的商务情景模拟、案例分析等方法，提高学生的语言应用能力和专业素养。第三，鉴于商务英语的实践性，教学方法应强调学生中心，鼓励主动学习和参与。教师可以采用项目式学习、合作学习、角色扮演等互动式教学方法，激发学生的学习兴趣，促进学生之间的交流与合作，增强学生解决实际商务问题的能力。第四，教师应认识到商务英语教学应充分利用现代信息技术，如在线学习平台、多媒体教学资源等，为学生提供丰富的学习材料和灵活的学习方式。这不仅可以提高教学效率，还能帮助学生适应数字化商务环境的变化。第五，教师应持续更新自己的专业知识和教学方法，以适应不断变化的国际商务环境。教师只有具备相应的教学知识，通过多样化的教学方法和技术手段进行教学，才能将学生培养成为适应国际商务环境的高素质应用型人才。

二、应用型本科商务英语专业教师的基本能力要求

在应用型本科商务英语专业教学中，教师不仅是知识的传递者，还是学生职业技能培养的引导者。因此，商务英语专业教师的基本能力要求远远超出了传统教学的范畴。本部分内容将详细解析应用型本科商务英语专业教师所需具备的基本能力，如图 7-3 所示。

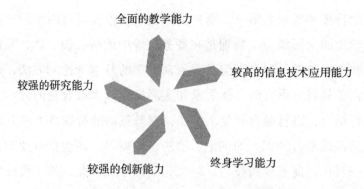

图 7-3 应用型本科商务英语专业教师的基本能力要求

（一）全面的教学能力

在应用型本科商务英语专业教学中，全面的教学能力是教师成功的关键。这不仅包括课程内容的传授，还包括对课堂的有效设计和管理。其中，对课堂的有效设计是教师的首要教学能力。商务英语专业教师必须能够设计出既符合学科特点又满足学生需求的课程。这意味着教师需要精心挑选教学材料，包括最新的商业案例、实用的商务交流技巧，以及能够提高学生跨文化交际能力的内容。教师还需要通过各种互动和参与式活动，如小组讨论、角色扮演和项目工作等，来提升学生的实践技能和团队合作能力。教学把控能力要求教师能够根据学生的反馈和学习进度灵活调整教学计划和策略。这包括在课堂上及时发现并解决学生遇到的学习问题，以及调整教学节奏以适应学生的学习速度。教师需要能够创造一个积极的学习环境，鼓励学生积极参与并表达自己的观点，并对学生的观点进行评价。有效的评价不仅能够帮助教师了解学生的学习成果，还可以提供改进教学方法的依据。商务英语专业教师可以采用多元化的评估方法，包括传统的考试、口语表达评估等，对学生的学习情况进行综合评价，以帮助学生认识他们的优劣势，从而提高学习效率和教学质量。及时收集并应用学生的反馈是提升教学质量的关键。这不仅包括学生对课程内容和教学方法的反馈，还包括对教学环境和教学资源的反馈。教师可以通过定期的问卷调查、面对面的讨论会，以及在线反馈平台，收集学生的意见和建议，并据此调整教学策略，以更好地满足学生的学习需求。

此外，应用型本科商务英语专业的教学侧重于知识与理论的应用，因此实践导向的教学能力尤为重要。这种能力要求教师不仅要能够传授理论知识，还要能够引导学生将这些知识应用于实践中，培养学生解决实际问题的能力。

（二）较强的研究能力

在应用型本科商务英语专业教学中，较强的研究能力对教师来说是极其重要的。这不仅意味着教师要不断更新自己的知识库，还意味着教师要能够通过研究活动探索和发展新的教学方法和策略，以应对变化的商业环境和教学环境。持续的学术研究是提高研究能力的基础。教师应定期参加学术会议，阅读最新的学术期刊和行业报告，以及参与相关的学术研究项目。这些活动不仅可以帮助教师保持对商务英语领域最新发展的了解，还可以促进教师与同行的交流与合作。应用研究在应用型本科教育中占有重要位置。商务英语专业教师应积极探索将理论知识应用于实践的方法，通过案例研究、行动研究或教学实验等方法改进教学策略。例如，教师可以通过设计研究项目，探究不同教学方法对学生商务交流能力的影响，或评估不同新型教育技术工具在商务英语专业教学中的效果。跨学科研究也是提升教师研究能力的一条重要途径。商务英语专业不仅涉及语言领域，还涉及经济学、管理学、文化研究等多个领域。教师可以与这些领域的专家合作，开展跨学科研究项目，探索如何将这些领域的知识和技能整合到商务英语专业教学中，以提高学生的综合职业能力。对研究成果的应用是衡量教师研究能力的一个重要标准。教师应能将研究成果转化为教学实践，不断改进课程设计、教学方法和评估策略。

（三）较强的创新能力

应用型本科教育除了注重知识的应用和技能的培养，还特别重视学生创新能力的培养。应用型本科商务英语专业教学需要教师不断寻找和整合行业内的实际案例和最新技术，以便将它们融入教学中。例如，利用大数据和人工智能等现代技术分析商务领域的发展趋势，不仅能够增强教学的实用性，还能激发学生的学习兴趣和创新思维。项目式学习是应用型教育的教学方法之一，它要求学生在解决实际商务问题的过程中综合运用所学知识。教师在这一过程中扮演指导者的角色，鼓励学生通过自主探索、团队合作等方式制订具有创新性的解决方案。跨学科教学模式能够为学生提供更多的创新灵感。教师可以通过整合多个相关领域的知识，设计跨学科的教学项目，促进学生在不同领域间建立联系，激发创新思维。随着教育技术的发展，利用新兴教学工具和方法对提升教学效果和学生创新能力均有重要作用。应用型本科商务英语专业教师应积极探索在线协作平台、模拟软件、虚拟现实等技术在教学中的应用，为学生提供更加丰富多样的互动性强的学习体验。紧密结合行业需求，将学生的学习与实际商务活动相联结是应用型本科教育的重要特点。通过组织学生参与商务项目、企业实习、行业竞赛等活动，不仅能够让学生在实践中学习和应用知识，还能激励他们在面对挑战时培养创新能力。

（四）终身学习能力

在应用型本科教育背景下，商务英语专业教师的终身学习能力尤为重要。这种能力不仅反映了教师对自身专业发展的持续追求，还是应对快速变化的全球商务环境、教育技术进步以及学生需求演变的关键。

第一，具备终身学习能力的教师能够不断更新和提升其专业知识和教学技能。商务英语作为一门高度实用和不断发展的学科，其相关的商业知识、行业趋势、教育技术和教学方法在持续变化。教师通过持续学习，可以紧跟这些变化，确保所教授的知识和技能既是最新的也是最相关的，从而提高学生的学习效果，增强学生的就业竞争力。第二，终身学习能力能够促进教师的个人职业成长和教育创新。应用型本科教育注重理论与实践的结合，鼓励教师在教学中融入新的思想、方法和技术，以提高教学质量和学生的实际应用能力。具备终身学习能力的教师更倾向于尝试新的教学策略和使用新兴的教育技术，从而为学生提供更加丰富的学习体验。第三，具备终身学习能力的教师能够建立起一种积极的学习文化，并对学生产生潜移默化的影响。教师展现出的不断学习和自我提升的态度，会激励学生形成终身学习的观念，认识到学习不仅是学校教育的一部分，还是个人成长和职业发展不可或缺的一环。这对培养学生适应未来职场的能力具有重要意义。

（五）较高的信息技术应用能力

在应用型本科的教育背景下，信息技术应用能力是商务英语专业教师不可或缺的一种能力。随着信息技术在全球商务实践中的普遍应用，以及数字化教学资源和平台的日益丰富，信息技术已成为提高教学效率和质量的重要工具。第一，具备较高信息技术应用能力的教师能够更有效地利用数字资源和数字工具丰富教学内容和形式。例如，教师可以通过运用网络资源、多媒体演示、在线协作平台和模拟软件等，丰富教育内容的展现形式，提高学生的学习兴趣和课堂参与度。第二，具备较高信息技术应用能力的教师能够更有效地进行教学管理和学生评估。例如，教师可以通过教育管理系统、在线测验和反馈工具等，更加高效地管理教学活动，跟踪学生的学习进度，及时为学生提供个性化的指导和支持。这不仅有利于提高教学管理效率，还有利于促进学生学习成效的最大化。第三，具备较高信息技术应用能力的教师能够更好地促进自身的专业发展和网络学习社区建设。例如，教师可以通过组织在线研讨会和教育技术论坛等方式，持续探索和学习新的教学理念和技术，与同行交流经验，不断提高自己的教育技术应用水平。

三、应用型本科商务英语专业教师的基本素养要求

在当今快速变化的教育环境中，应用型本科商务英语专业教师面临着独特的挑战和机遇。他们不仅要传授学生知识，还要培育学生的综合能力，为他们将来在全球化的商业环境中取得成功奠定基础。这要求教师具备一系列的基本素养，如图 7-4 所示。这些素养不仅影响教师自身的职业发展，还关系到学生的成长和发展。

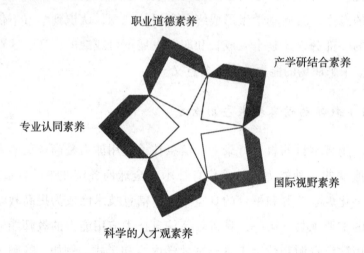

图 7-4　应用型本科商务英语专业教师的基本素养要求

（一）职业道德素养

职业道德素养是应用型本科商务英语专业教师应具备的素养之一。它直接关系到教育质量的提升和人才培养的效果。在商务英语专业教育的具体实践中，教师的职业道德不仅体现在严格遵守教育相关法律法规、学校规章制度上，还体现在教师的行为举止和具体教学活动上。这种素养涵盖一系列重要方面，包括诚信可靠、公平公正、尊重学生、爱岗敬业等。具体而言，第一，诚信可靠在商务英语的教学与实践中尤为重要。教师不仅要在学术研究和教学活动中坚持诚信原则，还要将诚信原则内化于心、外化于行，通过自身的行为示范潜移默化地影响学生。第二，

公平公正是商务英语专业教师必须遵循的职业道德标准。在教学评估、学生指导及资源分配等方面，教师需要保持绝对的公平，确保每名学生都能享受平等的待遇。这种公平公正的态度对培养学生的职业道德观念和公平竞争意识至关重要。第三，尊重学生是应用型本科商务英语专业教学中的一项基本要求。尊重学生不仅意味着尊重学生的人格和权利，还意味着认可学生的多样性和差异性，鼓励他们发展个性化的学习路径。第四，爱岗敬业对商务英语专业教师而言，不仅是一种专业精神的体现，更是对教育事业的热爱。教师需要不断更新自己的商务英语知识和教学方法，以适应经济全球化背景下不断变化的商务环境和行业需求。通过努力钻研，教师能够为学生提供更加丰富、实用的教学内容，帮助学生培养实际工作中需要的专业技能和国际商务素养。

在应用型本科商务英语专业教学中，职业道德素养的培养和提升不仅有助于构建健康、和谐的师生关系，还有助于促进学生的全面发展。因此，提升应用型本科商务英语专业教师的职业道德素养，不断提升他们在教学实践中的职业道德水平，是提高教育质量、满足社会发展需求的重要途径。

（二）专业认同素养

专业认同是教师职业生涯中的一个重要方面，关系到教师对自己职业角色的认同和价值感。对商务英语专业教师而言，专业认同不仅意味着对教师这一职业的认同，还意味着对商务英语这一领域的认同。这种认同能够促使教师深入了解商务英语的最新发展趋势，不断更新教学内容和方法，以确保教学的实用性和前瞻性。专业认同还意味着对教育质量和学术诚信的坚守，教师通过自己的言传身教，培养学生的专业素养和道德观念，为他们将来进入职场打下坚实的基础。

（三）科学的人才观素养

科学的人才观是应用型本科商务英语专业教师必须具备的一项基本

素养。在当前的教育背景下，科学的人才观要求教师具有先进的教育理念，重视学生的个性发展和创新能力的培养。科学的人才观认为，每个学生都有其独特的潜能和兴趣，教师的任务是发现并培养这些潜能和兴趣，而不是单纯地传授知识。这要求教师在教学过程中采用多样化的教学方法，如项目式教学法、案例教学法等，以适应不同学生的学习风格和需求。同时，科学的人才观强调实践与理论的结合，鼓励学生将所学知识应用到实际情境中，通过实践活动提升其问题解决能力。科学的人才观还要求教师具有前瞻性和开放性，能够预见未来社会和职场的需求变化，及时调整教育内容和目标，为学生的终身学习和职业发展奠定基础。这包括培养学生的跨文化交际能力、团队合作能力等，这些能力对学生将来在全球化商务环境中的成功至关重要。

（四）国际视野素养

在经济全球化的环境中，国际视野对应用型本科商务英语专业教师而言，不仅是一项必备的素养，还是培养学生适应全球化商务环境的关键能力。商务英语专业不仅涉及语言的学习，更重要的是通过这门语言了解多元文化、国际贸易规则，满足全球商务沟通的实际需求。因此，具备国际视野的商务英语专业教师能够为学生提供更广阔的学习视角，帮助他们建立全球化的思维方式，为将来的职业生涯打下坚实的基础。具体而言，第一，具备国际视野素养的教师能够更理解跨文化交流的重要性。在商务英语专业教学中，教师需要引导学生认识不同文化背景下的交流习惯、商业礼仪以及工作方式的差异，教授他们如何有效地与来自不同文化背景的人进行沟通和合作。这不仅涉及语言能力的提升，还涉及对文化差异的理解和尊重。第二，具备国际视野素养的教师更关注全球商务动态和国际贸易规则，并能将这些知识融入教学内容中。这意味着教师不仅要了解最新的国际商务案例，还要引导学生分析全球经济趋势、国际市场的机会与挑战以及跨国公司的运营策略。通过这样的教学，学生能够更好地理解国际商务环境，更好地解决实际商务问题。第三，具备国际视野素养的教师能够更好地开展外语教学创新和国际合作项目。教师可以通过引入国际课程资源、组织国际交流活动或与海外教育机构合作，为学生提供真实的国际交流经验。这些经验能够提高学生的语言运用能力，进一步开阔他们的国际视野。

（五）产学研结合素养

产学研结合对应用型本科商务英语专业教师而言，是一项关键的综合素养，它强调教师不仅要具备深厚的学术知识，还要具备与企业、科研机构等紧密联系和合作的能力。产学研结合素养要求教师能够将理论知识与实践应用有效结合，从而促进学生能力的全面发展，在商务英语专业领域，这一素养尤为重要。具体而言，第一，具备产学研结合素养的教师能够及时更新教学内容和方法，以满足商务英语领域快速变化的实际需求。通过与企业和科研机构的合作，教师可以直接了解行业的最新发展趋势、技术革新和市场需求，这些第一手资料转化为教学内容，能够使学生的学习更加贴近实际，从而增强其就业竞争力。例如，通过企业案例分析、实习实训、项目合作等方式，学生不仅能学到最新的商务英语应用知识，还能提升自身的实践操作能力和解决实际问题的能力。第二，产学研结合素养能够促进教师的专业成长和科研能力提升。在与企业和科研机构的合作过程中，教师可以参与实际的商务英语应用研究和项目开发，这不仅有利于教师实践自己的理论知识，还有利于教师提升自己的创新思维和科研能力。同时，这种跨界合作能为教师提供丰富的资源和平台，推动教师在商务英语专业领域进行更深入的研究，从而提升教学质量和科研水平。第三，产学研结合素养有助于构建教育与社会需求之间的桥梁。应用型本科教育的核心目标是培养高素质的应用型人才，满足社会经济发展的实际需求。商务英语作为一门具有较强应用性的学科，其教学和人才培养应紧密结合社会和产业的需求。通过产学研结合，教师可以引导学生参与真实的商务英语项目，让学生在实践中学习和成长，为将来的职业生涯做准备。

第二节 应用型本科商务英语专业师资队伍架构

一、专任教师

专任教师是高校中的全职教师，主要负责教学、科研以及相关的教育活动，他们构成高等教育师资队伍的核心。他们不仅承担着在课堂上传授专业知识、引导学生学习的任务，还承担着科学研究、学生指导、课程与教材开发等多重任务。专任教师的专业背景、教学经验和研究能力直接影响学校的教育质量。通过深入的专业研究和实践经验积累，专任教师能够将最新的学术成果和技术进步融入教学内容，不断更新教学方法和手段，以适应教育需求和学科发展的变化。此外，专任教师在学生的个人成长和职业规划中起着至关重要的作用，他们通过个性化指导帮助学生解决学习过程中遇到的问题，引导学生探索未来发展方向。在科学研究方面，专任教师通过参与或主持研究项目，探索新的知识领域，丰富自己的学术经验，同时为学科发展和社会进步作贡献。专任教师的研究成果经常成为课堂教学的重要资源，这样的教学内容有利于培养学生的创新意识和实践能力。同时，专任教师还通过参与社会服务活动，将理论知识转化为实际应用，在服务社会的同时，能够增强学生的社会责任感。

总之，专任教师在提高教育质量、促进学科发展、指导学生成长以及服务社会方面发挥着不可替代的作用，是高等教育成功的关键。

二、双师型教师

双师型教师指教师既具备深厚的理论知识，又拥有丰富的实践经验，能够将理论与实践有效结合，为学生提供接近实际工作环境的学习体验。双师型教师的提出，旨在解决传统高等教育中存在的"重理论、轻实践""重知识传授、轻能力培养"的问题，从而促进理论教学与实践教学的有机结合，契合以能力培养为主导的现代教育理念。具体而言，双师型教师不仅需要具备讲师（或以上）的教师职称，还需要满足以下条件之一：①拥有近五年中至少两年的本专业实际工作经验，参与过教育部组织的专业技能培训并获得合格证书；②在近五年内主持或参与过至少两项应用技术研究、校内实践教学设施建设或提升科技水平的设计工作，且成果和效果受到认可。这样的教师能够全面指导学生的专业实践活动，确保学生在学习过程中获得必要的知识和技能，以满足未来的工作需求。

应用型本科教育对双师型教师的需求尤为迫切，原因在于以下几点。第一，应用型本科教育强调学生实践能力和职业技能的培养，这要求教师不仅能传授理论知识，还能引导学生进行实践操作和探索。双师型教师能够为学生提供以实际工作场景为背景的学习体验，使学生更好地理解理论知识与实际工作的关联。第二，教学内容与行业需求的有效对接。双师型教师通常具有行业内的工作经验，能够将最新的行业动态、技术标准和工作方法带入课堂，确保教学内容与行业需求紧密对接，增强学生的就业竞争力。第三，创新能力的激发。通过双师型教师的引导，学生能够参与更多的项目实践、技术研究，这不仅能够提升学生解决实际问题的能力，还能激发他们的创新思维，为他们日后的职业生涯奠定坚实基础。第四，教育质量的提升。双师型教师的引入，有助于提高教育质量。双师型教师能够采用更加多样化的教学方法，结合理论与实践，提高学生的学习兴趣和课堂参与度，从而提高教育质量。培养和引进双师型教师，是提升应用型本科教育水平、满足社会和经济发展需求的关键途径。

三、兼职教师

在应用型本科教育体系中，除了专任教师和双师型教师，建立和完善一支具有强大实践能力和高水平教学技能的兼职教师队伍同样重要。兼职教师最好从具有丰富实践经验和专业技术知识的校外专家、技术人员和行业精英中选择，以强化应用型本科教育中的实践教学环节，提高教育质量和学生的实践能力。因为这些人员不仅具备专业的知识和技能，还拥有丰富的行业经验和较强的实际操作能力。他们能将最新的行业动态、技术进展带入课堂，使学生及时了解和掌握前沿技术和市场需求，从而增强学生的就业竞争力。应用型本科教育注重培养学生的实践能力和创新精神，而兼职教师恰恰可以提供真实的工作场景，使学生在学习过程中接触真实的工作场景，进行实际操作，从而更好地理解理论知识和实际应用之间的联系，有效促进学生综合素质和实践能力的提升。

另外，兼职教师的引入有助于加强高校与企业之间的合作关系，为学生提供实习、就业等机会，同时为企业培养和筛选潜在的优秀员工。对应用型本科教育而言，兼职教师队伍的建设有助于培养的人才更好地满足经济社会发展的需求，极大地丰富高校的教学资源，实现校内外资源的有效整合，提高教学效率和质量，保持教育的前瞻性和实用性。因此，兼职教师队伍的建设对应用型本科教育具有重大意义。高校应重视并不断完善兼职教师队伍建设，以更好地满足应用型本科教育的发展需求。

第三节　应用型本科商务英语专业师资队伍建设路径

在商务英语专业的发展中，师资队伍建设是提高教育质量的关键因素。为了构建一支专业的商务英语专业师资队伍，教育行政部门及高校应从不同的层面进行深入考虑和策略部署。本节内容将详细讨论应用型本科商务英语专业师资队伍建设路径，着重从国家层面、学校层面及企业层面进行分析，如图 7-5 所示。

国家层面　　　　　　　学校层面

企业层面

图 7-5　应用型本科商务英语专业师资队伍建设路径

一、国家层面

应用型本科商务英语专业旨在培养学生的实际操作能力和创新能力，以满足社会经济发展的需求。而加强师资队伍建设，是提高教育质量、促进学生就业和满足社会发展需求的关键路径。随着社会的发展和技术的进步，教育领域迫切需要更加多元化、专业化的教师队伍，以满足学生多样化的学习需求和适应快速变化的就业市场。就国家层面而言，加强应用型本科商务英语专业师资队伍建设的路径，主要包括以下四条。

第一，完善政策，提供制度保障。国家应进一步完善应用型本科商务英语专业的相关教育政策，明确应用型本科商务英语专业的定位、目标、任务和标准，专门针对应用型本科商务英语专业的特点和需求，制定具体的实施细则和标准，明确对应用型本科商务英语专业的支持政策、资金投入、院校评审标准、师资队伍建设、质量监控等方面的规定，以确保政策的连贯性和实施的有效性。

第二，增加财政投入和引导多渠道筹资。国家应加大对应用型本科商务英语专业的财政投入，特别是在师资队伍建设方面。通过设立专项基金、奖励补助等形式，支持应用型本科商务英语专业教师的专业发展和科研活动。国家可以引导社会资本投入应用型本科教育中，通过政府与社会资本合作模式，吸引企业、行业协会等社会力量参与应用型本科商务英语专业师资队伍建设中来，形成政府主导、多方参与的资金投入机制。此外，国家需要明确地方政府在教师队伍建设中的责任和义务，同时鼓励地方政府和高校探索与企业、行业合作的新模式，通过产教融合、校企合作等方式，增加教师培训和发展的资金来源，促进教师队伍的持续更新和优化。

第三，加强对商务英语专业师资队伍建设的政策支持。国家需要出台一系列有针对性的政策，支持和促进应用型本科商务英语专业师资队伍的建设和发展。例如，国家可以定期制定和更新应用型本科师资队伍建设的中长期规划，明确建设目标、重点领域、关键任务和实施措施，为师资队伍建设提供指导。国家也可以建立符合应用型本科教育特点的绩效评价体系，激励教师投身于教育教学和科研工作。国家还可以设立专项基金，支持应用型本科商务英语专业教师的专业发展和继续教育，加强师资培训和发展，鼓励教师参加国内外学术交流、技术培训和研讨会，提升教师的专业能力和教学水平等。

第四，构建一个完备的人力资源市场。教师资源对应用型本科教育尤其是商务英语专业师资队伍建设尤为重要。国家应构建一个更加完备的人力资源市场，促进应用型本科商务英语专业师资队伍的建设和发展。具体而言，国家应制定专门针对应用型本科教育的人才引进政策，鼓励和吸引国内外优秀的商务英语教师及行业专家。这需要提供具有竞争力的薪酬福利、科研启动资金、住房补贴等，并为这些优秀教师及行业专家在学术研究、教学实践等方面创造良好的工作条件和环境。国家还应优化人才流动机制，促进人才在应用型本科院校之间，以及应用型本科院校与企业之间的自由流动。这不仅有助于人才的合理分配，也能促进经验和知识的交流分享，加强理论与实践的结合。此外，国家可以考虑设立特定的人才交流平台，加强应用型本科院校与行业之间的联系，促进校企合作。

二、企业层面

在推进应用型本科商务英语专业师资队伍建设的过程中，企业的参与和贡献是不可或缺的。深入的校企合作，不仅有助于促进教师实践能力和教学水平的提升，还有助于缩小教学与行业需求之间的差距，确保教学内容的实时性和实用性。

第一，建立长期的校企合作模式。企业与应用型本科院校之间的合作应超越传统的实习安排，发展成为一种多维度、长期的战略伙伴关系。这种合作关系可以包括教学内容的共同开发、教学设施的共享、师资力量的互补等。企业可以定期邀请教师参与企业的内部培训，了解最新的行业知识和技术动态，同时，企业专家可以作为兼职教授或外聘讲师，直接参与学校的教学活动，为学生提供更加贴近实际的学习内容。

第二，定期组织实践活动。企业应定期为教师提供进入企业进行实践的机会，可以是短期的项目工作、参与企业的研发团队或是进行实地考察。这样的实践不仅能够增加教师的行业经验，还能促进教师在实际教学中更加灵活地运用理论知识解决实际问题。同时，企业可以通过设置实践基地，为教师提供长期的实践平台，让教师能够持续跟进技术发展和行业趋势。

第三，共同开发专业课程和教材。企业与应用型本科院校共同开发专业课程和教材，有利于课程和教材紧贴行业需求，反映最新的技术进展和应用实践。企业可以提供案例研究、行业数据、技术标准等资源，使教材内容更加丰富、实用。此外，双方还可以共同组织实践活动，如设计实际的项目任务，让学生在解决实际问题的过程中学习和应用知识。

第四，提供技术研发平台。企业开放的技术研发平台不仅能够让教师参与前沿技术的研究，还能促进教师与企业研发人员之间的交流与合作，从而带动教师科研能力的提升。通过这种方式，教师不仅能够在科研项目中获得新的知识和技能，还能将这些新的理念和方法带回课堂，提高教学质量。

第五，设立教师职业发展基金。企业可以设立教师职业发展基金，为教师提供更多的学习和发展机会，如支持教师出国访学、参加专业培训课程、参与行业会议等。这些机会不仅能够帮助教师拓宽视野，还能够促进教师了解最新的教育理念和教学方法，进而将这些新知识和新理念应用到教学实践中，促进教育教学的改革和发展。教师参与企业的技术研发项目，能够为企业的研发活动提供理论支持和创新方向，加速企业技术创新和产品开发过程，保证企业在行业的领先地位，最终促进整个商务英语行业的健康发展，创造校企共赢的生态系统。

三、学校层面

在应用型本科商务英语专业的师资队伍建设中，学校的策略和管理对促进师资队伍建设具有至关重要的作用。

第一，优化人才配置和师资队伍架构。一是学校制定明确的人才队伍建设规划。这涉及对现有师资力量的综合评估，包括教师的专业水平、知识结构、年龄分布和职称构成等。通过这样的系统分析，学校能够准确把握师资队伍的现状和需求，有针对性地制定人才引进和培养策略，确保人才引进与学校的实际需求相匹配，避免仅仅追求高学历、高职称而忽略实际教学和研究需求的现象。二是有针对性地引进人才。在人才引进方面，学校不仅要着眼于引进能够带动学科发展的高水平学科带头人，还要注重青年人才的引进，以保持学科的活力和持续发展能力。高水平学科带头人能够快速提升学科的研究和教学水平，而青年人才则是学科未来发展的后备力量。学校需要根据自身发展阶段和学科建设需要，有针对性地制订人才引进计划。三是建立动态的人才管理机制。学校需要建立一个动态的人才管理机制，对人才进行灵活管理。通过这种机制，学校能够有效地激发教师的积极性和创造性，同时能够吸引更多优秀人才加盟。四是师资队伍结构优化。通过积极引入企业的兼职教师，实行专兼职教师结合的方式，改善和优化师资结构，使之更适应专业发展的变化。师资队伍结构可按专任教师、双师型教师、兼职教师以及教学团队等要素进行划分，每个要素都对提高教育质量和满足学生需求起到关键作用。

第二，鼓励教师的多能化。多能化旨在打破传统教育体系中基础课教师与专业课教师之间的界限，推动教师向一专多能的方向发展。这意味着每位教师不仅要能够教授自己专业领域的知识，还应具备跨学科教学的能力，能够教授相关的基础课程，甚至能在多个学科之间进行有效的知识传递和技能培养。这样的转变，对提升教学灵活性具有重要意义。一是教师多能化能显著提高教育资源的利用效率。一位教师若能跨学科教学，就能有效减轻学校在师资配置上的压力，同时可以为学生提供更为丰富和灵活的学习选择。例如，一位擅长教授商务英语的教师，如果还能够教授国际贸易、市场营销、跨境电商等相关课程，就能为学生构建一个更加完整、立体的知识体系。二是教师多能化有助于促进学生综合能力的提升。在应用型本科教育中，学生不仅需要掌握专业知识，还需要具备良好的跨学科思维能力和实践能力。多能化的教师可以将不同学科的知识进行有机整合，通过跨学科教学活动，激发学生的创新思维，促进学生批判性思维能力的发展，从而全面提升学生的综合素质。三是教师的多能化有助于促进教学方法和手段的创新。跨学科教学能促进教师不断更新自己的知识结构，掌握新的教学方法和手段。这种自我更新和学习的过程，不仅能够提升教师自身的教学能力和专业素养，还能为学生提供更加生动、有趣的学习体验。因此，学校应鼓励教师进行跨学科学习和研究，提供跨学科教学的培训和支持，建立激励机制以奖励多能化教学的尝试和成果，以及鼓励教师参与学科交叉的科研项目，从而有效地促进教师多能化的发展，为应用型本科商务英语专业培养更优秀的师资队伍。

第三，加大对师资队伍的培训。首先，学校应系统地规划和执行教师的专业发展培训计划，培训内容应包括但不限于最新的教学法、学科前沿知识、教育技术应用。这种培训不限于传统的课堂学习，还应包括在线课程、工作坊、研讨会等多种形式，以满足教师不同的学习需求和偏好。通过这样的培训，教师能够不断更新自己的教学内容和方法，提高教学效果。其次，学校应鼓励和支持教师参与学术研究和教育创新项目，并为教师提供研究经费支持、设立科研工作量考核办法、建立项目申报和评审机制等。通过积极参与科学研究，教师不仅能够提升自己的科研能力，还能将最新的研究成果应用于教学，增强课程的实用性和前瞻性。再次，学校应支持教师参与国内外学术交流。对于商务英语等需要紧跟国际发展趋势的专业来说，教师参与国内外学术交流尤为重要。学校应提供财政资助支持教师参加国际会议、短期访学、学术交流和挂职锻炼等活动。这种交流不仅可以开阔教师的视野，还能帮助学校建立国际合作和学术交流平台。

学校应加大对教师培训的财政支持，具体措施包括设立专项基金、加大对科研项目的经费支持、提供教育技术和资源更新的资金等。这些支持，能够激励教师不断进取，提升教学和研究水平。总之，通过加大对师资队伍的投入和培训力度，学校不仅能够促进教师的个人职业发展，还能构建一个多元化、高素质、实践型的教师队伍，显著提高教育质量，增强学校的综合竞争力。

第四，建立公正、透明、科学的绩效评价与激励机制。这一机制的建立需要综合考虑教师的多方面表现，包括教学质量、科研成果、学术交流、社会服务等。这不仅需要通过学生评价、同行评审、教学观察等多种方式评估教师的教学表现，还需要通过教师参与的科研项目数量、论文发表的期刊等级、专利申请数量等指标来衡量其科研能力和学术贡献。此外，教师参与的社会服务活动和学术交流也应作为评价的重要内容，全面评估教师的工作绩效。这一机制的实施，能够有效地激励不同层次教师的工作热情，促进他们积极参与教学和科研活动，进而提升教学的整体水平。在绩效评价的基础上，学校应根据评价结果实施差异化的奖励激励机制。这包括但不限于经济奖励、职称晋升、研究资助、进修机会。优秀教师可以获得更多的研究经费支持、参与高水平学术会议的机会或赴海外高校进修学习的机会。这样的激励措施能够有效提升教师的积极性，鼓励他们在教学和科研上作出更大的贡献。为保证绩效评价与激励机制的有效性，公正和透明是关键。这意味着评价过程和结果需要对所有教师公开，确保评价标准一致，避免任何形式的偏见和不公。学校还应定期审视和调整评价标准，确保其与教育教学的最新发展情况相符合，能反映教师的实际贡献，这样良性的竞争环境对应用型本科商务英语专业师资队伍建设会起到巨大的促进作用。

第八章　应用型本科商务英语专业教材建设

教材是实现商务英语专业教学目标的重要工具。本章分析了校本教材的内涵、校本教材建设的原则、校本教材建设的路径，强调校本教材能更好地反映学校特色、满足教学需求，又探讨了校企合作模式下教材建设的新思路，旨在为学生提供贴合职场需求的学习材料，为商务英语专业的教材建设提供新的视角和方法，使教材更好地服务于商务英语人才培养。

第一节　校本教材建设

一、校本教材的内涵

"校本"一词源于英语 school-base，意为"基于学校的，以学校为基础的，为了学校的，在学校中的"，在这里指"以校为本"。① 这一概念体现了人们对教育实践的深入思考、对学校教育自主性的追求。校本教材不仅涉及课程内容的设计和课程实施，还涉及教学方法的创新、教育资源的整合。校本教材基于学校的具体情况开发，充分考虑学校的教育教学经验、人文环境，体现了从学校实际出发的教育思想和实践路径。

---

① 丁珊. 高职院校校本英语教材建设初探 [J]. 林区教学，2015（9）：14-15.

校本教材与学校的教育目标和教学实践紧密联系，能够灵活适应学校发展的需要，促进学生全面、个性化地成长。校本教材的开发和使用体现了教育教学的本位化、个性化、本土化。这类教材不仅是课程内容的载体，还是学校教育理念、文化特色及教学目标的具体表现。校本教材的特色在于它是根据学校的具体条件、资源、学生现状以及社会发展需求开发的，旨在弥补国家教材在满足学生个性化需求方面的不足，体现学校对教育内容的自主选择和创新。

校本教材的开发基于三个核心理念：第一，校本教材是扎根学校的教材。校本教材是校本课程实施的关键载体。校本教材的内容设计需要与学校的实际情况相符，包括符合学校的办学理念、教育目标及学生的具体需求和特点。其次，校本教材是用于学校教学的教材。校本教材的开发和应用应服务于学校的教学活动，增强学校教育教学的实效性和针对性。最后，校本教材是有利于学校发展的教材。校本教材的编写不仅要关注当前教育教学的需求，还要关注学校长远发展目标的实现，如促进教师的专业成长、提升学校的教学质量。

校本教材的编写应充分考虑学校特色。学校可基于自身的条件和资源，发挥主观能动性，开发出既符合国家和地方教育要求，又能满足学生个性化学习需求、反映学校特色的教材。校本教材的创新既是对教育资源本土化需求的响应，又体现了学校教育的自主性和创新性。在实践中，校本教材的开发与应用能显著提升教学质量，能更准确地满足学生的学习需求，增强学生的学习动机，提高学生的学习效率。同时，校本教材的编写是教师专业发展的重要途径。教师在参与教材编写的过程中，能够深化对教育教学理论与实践的理解，提升教学设计和教学实施能力。

总之，校本教材是一种教学资源，既能体现学校特色和教育理念，又能反映教育向更加灵活、多样化和个性化方向发展的趋势。

二、商务英语专业校本教材建设原则

商务英语专业校本教材建设要遵循一定的原则，如图 8-1 所示。

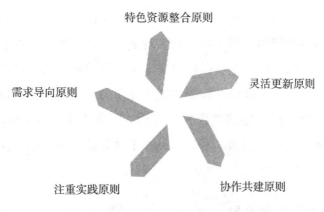

图 8-1　商务英语专业校本教材建设原则

（一）特色资源整合原则

特色资源整合原则在校本教材建设中占据着核心地位，它体现了教育资源开发的个性化和本土化。这一原则的重要性不仅在于它能够使校本教材更加贴近学校和学生的实际需求，还在于它能够促进学校教育特色的形成和发展。第一，特色资源整合原则强调校本教材应充分利用和反映学校所处的地理位置、拥有的教育资源以及师资力量等方面的独特优势。每所学校都有其独特的地理环境和文化背景，这些因素不仅塑造了学校的办学特色，还为学校提供了独特的教育资源。例如，位于沿海地区的学校可以在校本教材中加入更多关于国际贸易和海洋经济的内容；位于历史文化名城的学校，则可以结合地方历史和文化资源，开发具有地方特色的商务英语教材。通过这样的方式，校本教材不仅能够为学生提供丰富多样的学习资源，还能够加深学生对本地文化和经济的了解和认同。第二，特色资源整合原则要求校本教材整合学校的教学理念和文化背景。每所学校都有其独到的教学理念和文化传统，这些理念和传统既是学校精神文化的重要组成部分，又是塑造学校教育特色的关键因素。校本教材融入这些理念和传统，不仅能够使教材内容更加贴合学校的教育目标，还能够帮助学生理解和传承学校的文化精神，增强学生的归属感和认同感。第三，特色资源整合原则还强调校本教材应整合学校特有的行业资源。一些学校与特定的行业有着紧密的合作关系，这为学校提供了丰富的行业资源，如实习基地、行业专家讲座等。校本教材能够利用这些行业资源，为学生提供接触实际工作环境的机会，帮助学生了解行业动态，提高学生的职业技能和就业竞争力。通过践行特色资源整合原则，校本教材成为连接学校教育资源、文化传统和行业需求的桥梁，能够为学生提供一个更加丰富、多元和个性化的学习环境，促进学生的个性发展。

（二）需求导向原则

需求导向原则在校本教材建设中扮演着至关重要的角色。这一原则强调教材内容的实用性，确保教育资源能够精准地满足学生个性化和多元化的学习需求，同时支持学校的教育愿景和教学策略。具体而言，第一，需求导向原则强调校本教材的设计和内容应紧贴学校的办学理念和教育目标。每所学校在办学过程中都会形成独特的教育理念，如创新思维、独特校园文化、人才培养理念等。将这些教育理念融入校本教材不仅能够帮助学生学习专业知识，还能够促使教材内容与学校的长远发展目标相契合，凸显学校的特色教学。第二，需求导向原则要求教材开发者深入了解学生的需求，包括学生的知识背景、学习兴趣、学习风格及未来的职业规划等。通过对这些方面的深入分析，校本教材可以更加有针对性地设计内容和活动，从而增强学生的学习动力。例如，如果学生希望未来进入跨境贸易领域，校本教材可以设置相关的案例研究、专业术语学习以及实际交流场景的模拟练习等内容，以满足学生的具体需求。第三，需求导向原则意味着校本教材建设必须对市场和行业的需求保持敏感。在快速变化的商业环境中，新的技术、理念和模式不断涌现，校本教材应及时更新，引入最新的行业案例、技术进展和市场动态，分析市场对人才的知识要求和技能要求变化，以确保学生毕业后能够迅速适应职场，满足雇主的期望。秉承需求导向原则的重要性在于，它能够确保教育资源的开发和利用最大程度地贴近学生、教师、学校的实际需要，从而增强教育的有效性和教学的针对性。这种以需求为导向的教材建设方式，不仅有助于提升学生的学习兴趣和课堂参与度，还有助于促进学生能力的全面发展，为学生未来的学术追求或职业生涯奠定坚实的基础。通过践行需求导向原则，校本教材成为连接学生、学校和社会需求的重要纽带，能够确保教育资源的开发与应用高效、精准地服务于教育目标的实现。

（三）注重实践原则

注重实践原则在校本教材建设中起着至关重要的作用，特别是在商务英语专业的教学中。这一原则强调教材的内容和活动应当紧密结合实际商务场景，通过实践活动的设计与实施，培养学生的实操能力和问题解决能力，进而使学生能够将理论知识有效地应用于实践中。具体而言，第一，注重实践原则要求校本教材的内容要覆盖必要的理论知识，还要包含大量的实践活动，如案例分析、角色扮演、模拟商务谈判等。这些活动能够使学生在学习过程中面对真实或模拟的商务问题时，通过实操来寻找解决方案。例如，通过分析真实的商务案例，学生可以了解到商务决策过程的复杂性和多变性，学习如何在不同的商务环境下运用理论知识解决问题。第二，注重实践原则强调教材内容的更新与行业发展保持同步。随着全球商务环境的快速变化，新的商务模式、技术和理念不断涌现。校本教材需要及时反映这些变化，并将其融入教学内容中，确保学生能够掌握前沿的商务知识和技能。及时更新的内容不仅能够激发学生的学习兴趣，还能够增强他们的竞争力。第三，注重实践原则强调在校本教材建设过程中与行业的联系和合作。秉承注重实践原则的重要性在于，它能够极大地增强教材的实用性和有效性，通过教材中实践活动的设计和实施，学生能够在实际操作中深化理解、巩固和应用所学知识。这种以实践为中心的校本教材设计不仅有助于提升学生的综合能力，还有助于激发学生的创新思维。

（四）协作共建原则

协作共建原则是指在校本教材建设过程中，不能只立足本学校，"闭门造车"，还要积极促进校内外多方利益相关者之间的合作与交流，共同参与教材的开发、评审和使用过程。这一原则的核心在于通过广泛的协作，汇集各方的智慧和资源，确保校本教材内容的丰富性、实用性和前瞻性。第一，协作共建原则强调包容性的合作态度。高质量的校本教材建设不仅需要教师的专业知识和教学经验，还需要学生、家长、行业专家等的参与和支持。这种多元参与的过程有助于确保教材内容全面反映学生的学习需求、社会的职业需求等。第二，协作共建原则通过促进跨学科的合作，为教材的创新和丰富提供了可能。例如，商务英语校本教材的开发可以邀请商业界的专家共同设计案例研究，或者与科技领域的专家合作，引入最新的商务英语领域知识。这样不仅可以提高教材的实践价值，还可以增强学生对所学专业发展趋势的敏感性和适应性。第三，协作共建原则能够促进教师的专业成长和学校文化建设。在协作的过程中，教师有机会与来自不同背景的专家进行交流和学习，这不仅可以提升教师的专业技能，还能够开阔他们的视野。同时，校内外的广泛参与，可以进一步增强学校的凝聚力，促进一种基于合作和共享的学校文化的形成。践行协作共建原则有助于打破传统的教材开发模式，通过集合多方力量和智慧，提升校本教材的质量，为学生提供更加丰富和多元化的学习体验。

（五）灵活更新原则

灵活更新原则在校本教材建设中占据重要地位，尤其是在应对快速变化的教育环境和市场需求时，尤为重要。该原则强调教材内容要及时更新和调整，以保证教学内容能够反映最新的学科发展、技术进步。具体而言，第一，灵活更新原则意味着校本教材要能快速响应学科发展的新知识、新理论和新技术。这在商务英语领域尤为重要，因为商务环境、国际贸易规则、市场动态和技术工具都在不断变化发展。通过定期审视和更新教材内容，可以确保学生接受到的教育是更新、更实用的，从而增强学生的竞争力和适应能力。第二，灵活更新原则鼓励采用开放式的教材结构和内容设计，以使教材不限于传统的印刷版本，还可以包括电子书籍、在线资源、互动软件等多种形式。这不仅便于快速更新教材内容，还便于满足学生的不同学习风格和需求。第三，灵活更新原则强调与时俱进的教学方法和技术应用。随着教育技术的发展，以及虚拟现实、增强现实、大数据分析、人工智能等新工具的出现，校本教材的更新不仅包括内容的更新，还包括教学方法和技术的革新。教学方法和技术的革新能够极大地提升教学的互动性和吸引力，丰富学生的学习体验。第四，灵活更新原则要求建立有效的反馈和评估机制，确保教材的更新能够真正满足学生和社会的需求。这包括定期收集来自学生、教师、行业专家和社会各界的反馈，以及对教材使用效果的评估。通过实施这样的机制，教材的更新不再仅是顶层设计的结果，还是广泛参与和协商的过程。

三、商务英语专业的校本教材建设路径

（一）以行业需求为导向，确定校本教材目标与框架

商务英语专业的校本教材建设路径之一是深入分析学校的实际情况与特色，并以行业需求为导向确定教材的目标与框架。这种方法强调的是一种从外到内、从广到精的策略，即首先理解和把握行业趋势和需求，然后分析学校优劣势以及学校、区域资源情况，根据这些情况确定校本教材的目标与框架，以确保教材既符合学校特色，满足学生的个性学习需求，又满足社会和行业的实际需求。具体而言，第一，对行业需求进行分析是校本教材建设的基础。这要求教育者不仅关注当前的行业动态和发展趋势，还能预见未来的职业市场变化。通过与企业的深入合作、开展企业调研等方式，教育者可以获得第一手的行业信息，了解到

企业对商务英语人才的具体需求，从而使教材的编写具有实用性。第二，分析学校的实际情况，涉及对学校历史、文化、教育资源、师资力量以及区域经济特点的深入了解。进行这一分析的目的是识别学校在商务英语专业领域的独特优势和可能面临的挑战。例如，一个地处国际贸易港口城市的学校可以将拥有的丰富的国际交流资源和实践平台作为教材建设依托和突出的特色。更进一步，要根据学校的教育理念和培养目标确定校本教材的目标与框架。如果学校强调培养学生的国际视野和跨文化交际能力，那么教材就应该包含更多国际案例分析、跨文化交流等方面的实践活动。第三，校本教材应该突出行业特点，这要求教材开发者对目标行业有深入的了解。例如，如果目标职业领域是国际贸易，教材则应该包含相关的贸易术语、商务信函写作技巧以及国际贸易流程等内容。这种具有针对性的教材设计能够确保学生毕业后具备即时投入工作所需的专业英语能力。

（二）遵循灵活性原则，采用模块化编排思路

在商务英语专业的校本教材建设中，采用模块化编排思路是一种高度灵活且有效的策略。模块化编排是通过可调整的教材结构来优化教学资源和提高教学效果的，它允许教材内容随着行业趋势、教学目标和学生需求的变化而灵活调整，以确保教育内容的时效性和适应性。第一，传统的按章节编写的教材往往将知识点按主题分类，看似结构清晰，但在实际教学中容易导致知识体量过大、内容繁多、学生难以消化等问题。模块化编排是将教材内容分割成多个独立又相互关联的模块，每个模块聚焦特定的知识点或技能培养，并且一级模块可以进行二级、三级等细分。例如，将教材内容分为新客户的开发与老客户的维护、商务谈判和商务服务等更加具体的模块。这不仅能使教材更加条理化，还具有随时更新或调整单个模块内容而不影响整体教材结构的灵活性。此外，模块之间的内容安排和逻辑关系设计也十分关键。通过确保模块与模块之间的内容能够前后呼应、逻辑连贯，每个模块的编排应遵循从简到难、从

基础到拓展的原则，学生可以更好地理解商务活动的整体流程和各个环节之间的关系，从而避免因知识体系不清晰而产生学习障碍。第二，模块化的教材编排允许根据学校特色、行业发展趋势、市场需求变化或教学反馈的实际情况进行快速调整。例如，如果某一商务领域出现了新的经营模式或技术工具，教材可以通过添加或更新相应模块来反映这些变化，而无须对整本教材进行大规模的修订。第三，在模块化的框架下，教材可以根据不同的教学需求和学习目标灵活调整模块的编排和重点。例如，对于初学者，教材可以侧重于基础知识和简单技能的模块；对于高年级或专业水平较高的学生，教材可以增加更多技能复杂的实践模块或实习模块。此外，模块化的教材编排还可以根据学校特色和地区特色灵活加入相关内容，如将当地的商务实践案例融入教学，使教材更具吸引力和实用价值。模块化编排不仅为商务英语专业的校本教材建设提供了一种方法，还为教师和学生带来了更加个性化的学习体验。通过精心设计和灵活应用各个模块，校本教材能够更好地满足教学和学习的需求，同时能够应对社会经济发展和行业变化的挑战，为学生的商务英语学习和未来职业发展奠定坚实的基础。

（三）采用 TPSC 编排模式，保证校本教材结构科学、合理

　　TPSC 编排模式对商务英语专业的校本教材建设来说，是一种创新且有效的策略，它以任务（task）、练习（practice）、范例（sample）和文化（culture）为核心，构建了一套科学、合理的教材结构。这一模式突破了传统教学内容编排的局限，能确保教材内容既全面又具有针对性，更加符合当代商务英语专业的教学需求。在 TPSC 编排模式中，每一个环节紧密相扣，形成了一个闭环的学习过程，创造了一个综合性的教学框架。具体而言，第一，在任务环节，校本教材通过设计与真实商务环境相仿的学习任务，如项目管理、市场分析、客户服务等，为学生提供近似真实的应用场景，让学生完成与某一教学目标相关的特定任务。这种任务导向的学习模式强调学生的主动参与和问题解决能力的培养，使学生

在完成具体任务的过程中，锻炼实践能力。第二，练习环节重在通过实践加强学生对完成任务所需知识和技能的掌握。实践包括交流技巧、文档撰写、报告制作等实用技能的训练，以确保学生能够在实际商务活动中有效运用所学。第三，示例环节通过提供成功与不成功的商务案例，帮助学生辨别在具体的商务场景中理论知识的正确应用示范和错误应用示范，从而加深对知识点有效运用的理解。此外，这些示例不仅应包含语言应用的范例，还应包含对策略选择、文化差异处理等复杂情境的分析，从而帮助学生全面看待商务问题。第四，文化环节专注于对第一环节任务中涉及的知识进行介绍，当然也包括商务英语的文化维度，如商务礼仪、跨文化交际等。由此可以看到，TPSC 编排模式与任务型教学法倡导的课堂结构和学习顺序类似。TPSC 编排模式运用在教材领域，可以使商务英语专业校本教材建设从传统的注重知识传授转变为强调实践应用。这一模式不仅能增强教材的针对性和实用性，还能为学生提供一个从理论到实践、再到知识理解的全面学习路径，有效地促进学生的主动学习和批判性思维能力的培养。通过这样的教材建设，学生能够深入理解商务活动涉及的知识背景，为其将来在商务领域的实践奠定坚实的基础。

（四）立足职业需求，编写配套的实训内容，弥补缺乏实训教材的短板

在商务英语专业的教学过程中，实践教材的缺乏是一个突出的问题，这直接影响到学生将理论知识应用于实践的能力。为了弥补这一不足，校本教材的编写可以立足职业需求，编写配套的实训内容，弥补缺乏实训教材的短板。这不仅要求校本教材的内容与实际商务活动紧密相关，还要求校本教材能够提供丰富的实践机会，让学生在模拟的商务环境中锻炼和提升自己的专业技能。具体而言，第一，编写校本教材时，应深入分析行业需求和职业岗位的具体要求，确保教材内容覆盖商务英语的各个应用场景，如商务谈判、客户沟通、市场分析等。教材内容的设计不仅要能提升学生的语言技能，还要能培养他们的职业素养和问题解决

能力。第二，校本教材的编排应遵循由浅入深、由简到难的原则，分阶段引导学生掌握必要的商务英语实践技能。每个阶段的学习任务应该设计有针对性的练习，如角色扮演、案例分析、项目实施等，以增加学生的实践机会。同时，教材的实践内容设计还应提供正反两方面的范例，从而帮助学生在正确与错误的对比和反思中深化理解，提升实战能力。第三，考虑到商务文化的重要性，校本教材应包含关于不同国家和地区商务习俗、沟通风格的内容。文化因素是商务英语实践中不可避免并必须引起高度重视的因素。引入文化内容，不仅能够提升学生的跨文化交际能力，还能够帮助学生更好地适应国际化的商务环境。第四，为了增强教材的实用性和针对性，校本教材与职业资格证书的衔接非常关键。除了进行实践方面的内容编排，教材还应融入相应职业资格考试的内容，通过模拟考试环境和应试技巧的训练，帮助学生顺利通过职业资格认证。第五，校本教材的编写和使用应是一个动态调整和持续更新的过程。通过定期收集来自学生、教师和行业专家的反馈，及时调整校本教材内容，以适应行业发展的最新趋势和学生的实际需求。这样的教材不仅能够有效提升学生的专业技能，还能够为学生顺利进入职场奠定坚实的基础。

（五）打造立体化教材体系，丰富校本教材形式

纸质教材作为学习的基础，提供了系统的商务英语知识和理论框架。然而，仅依赖纸质教材已无法满足学生的多元学习需求。在商务英语校本教材的建设中，构建立体化教材体系是一种创新的路径。立体化教材体系可以为教学过程提供多样化的学习材料和交互式的学习环境，以满足学生的多元学习需求，从而增强教学的有效性。

立体化教材体系的核心在于其多样性和互动性。立体化教材体系包括与课程教学内容密切相关的一切资源，如电子教案、PPT课件、讲座视频等。例如，通过引入视频形式的教材，学生可以观看真实商务场景、专业讲座或者商务英语实用技能的演示，这种视觉化的学习材料能够帮助学生更直观地理解课程内容。特别是那些展示商务沟通技巧、商务谈判

过程或者跨文化交流的视频，能够让学生在理论学习之外获得更丰富的实践感知。音频材料，如商务英语对话、访谈或听力练习，为学生提供了灵活的学习方式，特别是对学生提升听力理解和发音的准确性极为有益。学生可以在不同的场合通过移动设备进行学习，从而使学习更加便捷。

新兴媒体和互动式学习平台的整合，为商务英语学习提供了更为广阔的资源和平台。例如，通过在线课程、互动式模拟游戏、虚拟现实技术等，学生不仅可以学习商务英语知识，还可以在模拟的商务环境中应用所学知识进行交流和协作。这种互动性强的学习方式能够显著激发学生的学习兴趣，同时有助于培养学生的实际应用能力。立体化教材体系还包括社交媒体工具和在线论坛，使学生和教师能够在课程学习过程中进行即时交流和讨论。这种即时反馈和互动交流的机制，不仅能够增强学生的学习动力，还有助于构建学习社区，促进知识的共享和传播。通过打造包含纸质教材以及多媒体等其他形式的立体化教材体系，商务英语教材的建设能够更全面地满足当代学生的学习需求，为学生提供更加丰富和灵活的学习资源。

第二节　校企合作模式下的教材建设

一、校企合作模式下教材建设的优势

校企合作为教材建设提供了一种新的思路和解决方案。学校和企业紧密合作、共同参与教材的设计和开发，能使教材更加符合行业需求，同时增强教学与教材的实用性。具体而言，校企合作模式下教材建设的优势主要表现在以下几点。

（一）紧贴行业需求，增强教材的实用性

校企合作模式的最大优势在于能够确保教材内容紧贴行业需求。企业作为行业的直接参与者，对市场需求、新兴技术的应用及其未来发展趋势有着深刻的理解。企业的参与能够使教材的编写直接反映新的行业需求和技术变革，从而使教材内容更具实用性。学生通过学习教材，能够掌握最新的商务知识和技能，为未来的职业生涯做准备。

（二）提升学生的职业技能

校企合作模式下的教材建设不仅关注理论知识的传授，还重视学生职业技能的培养和实操能力的提升。将企业提供的真实商务案例、项目管理经验以及市场分析报告等资源整合到教材中，学生则可以通过学习教材了解商务活动的实际流程和操作方法。此外，企业提供的实习、实训机会，可以使学生亲身体验真实的商务环境，从而有机会将理论知识应用于实践中，进而大大提高学生的职业技能。

（三）促进教材内容的持续更新

商务领域的知识和技术在快速发展和变化，这要求教材内容持续更新，以适应行业的发展。校企合作能够有效促进教材内容的持续更新。企业可以定期提供行业的最新动态和技术进展，帮助学校及时调整和更新教材内容。同时，企业在实践中积累的创新经验和解决方案可以成为教材更新的重要资源，为教材的创新提供强有力的支持。

（四）强化理论与实践的结合

校企合作模式下的教材建设强调理论与实践的紧密结合，这是提高教材质量和教学效果的关键。企业参与教材的编写，可以确保教材中的理论知识与实际商务操作紧密相关，使学生在学习理论的同时，能够更好地理解这些理论在实际工作中的应用。此外，企业可以根据自身的实

际需求，为学校提供定制化的教学案例和项目，使教学内容更加贴近实际，丰富学生的实践经验。

（五）促进学校与企业的资源共享和互利共赢

校企合作模式下的教材建设不仅有利于提高教材和教学质量，还有利于促进学校与企业之间的资源共享和互利共赢。学校可以利用企业的资源来丰富教学内容，企业则可以通过这种合作模式培养符合自身需求的人才，实现人才培养和技术创新的双重目标。

从整体来看，校企合作模式下的教材建设通过整合学校的教育资源和企业的实践经验，不仅能使教材内容更加丰富，还能使学生更好地满足未来的职业需求，从而使学校培养出具有实操能力和创新能力的高素质人才。这种模式为商务英语专业的教材建设提供了一种有效的途径，值得在更广泛的学科领域推广和应用。

二、校企合作模式下的商务英语专业教材建设路径

（一）严把质量关，精心选择优质企业

校企合作模式下的商务英语专业教材建设，要精心选择优质企业进行合作，以发挥双方优势，增强教材的科学性、实用性和前瞻性。具体而言，第一，在选择合作企业时，学校应优先考虑具有领先技术、管理经验丰富且愿意投身教育事业、关注学生未来发展的企业。这些企业不仅能提供最新的行业资讯和技术支持，还能为学生提供实习、实训机会，使学生在真实的商务环境中得到锻炼。第二，在教材编写过程中，学校要邀请优秀的企业专家与学校教师共同参与，实现知识与实践的有效结合。需要注意的是，学校要严格考察企业专家在具体商务操作、市场分析和项目管理等方面的实际经验，选择那些能够为教材内容提供真实案例和深入分析、使教材更满足实际工作需求的企业专家。同时，教师要利用专业理论知识和教学经验在教材建设的过程中，积极与企业专家进

行交流，明确学校的教学目标和教材需求，确保教材内容的特色性和科学性。第三，为了更好地满足商务英语专业的教学需求，教材内容的开发应重点关注将真实的工作任务和典型的行业案例融入教学中。第四，在教材的使用过程中，校企之间保持持续的沟通是非常重要的。双方应定期收集教材使用的反馈信息，及时调整和更新教材内容，确保教材能够不断得到更新和完善。这种动态更新的机制有助于不断提升教材的质量，使学生学到更加系统和完备的知识。

（二）校企积极沟通交流，共同确定科学、合理的教材架构

在校企合作模式下的商务英语专业教材建设中，校企之间的积极沟通交流是确保教材科学、合理的关键途径之一。校企积极沟通交流的这一过程强调双方应摒弃任何先入为主的观念以及成见，深入分析学校、行业以及学生的实际需求，共同确立一个既符合教育目标又贴合行业发展的教材框架。第一，这一过程要求教师走出传统教学的舒适区，基于对行业的尊重，主动与企业专家交流，了解与商务英语相关的最新发展、技术应用、技能要求、工作流程以及对专业人才的具体需求。这种基于平等沟通交流的合作模式是构建科学、合理的教材框架的基础，有助于校企双方观点的充分交流与表达，从而确保教材紧密贴合行业的实际需求，达到理论与实践相结合的教材建设目的。第二，科学、合理的教材框架设计需要以应用型本科教育的人才培养目标为导向，重点培养学生的实际工作能力和技术技能，而非限于理论研究。校企双方要秉承共同的目标，以开放的态度交流各自的专业知识和经验，共同确定教材的架构、主要内容、重难点。具体而言，教师可以提出基于教育理论和教学经验的建议，企业专家则可以提供关于实际工作中遇到的问题、技能要求和对行业发展趋势的见解。通过这种合作，可以确保教材既有理论的深度，又具有实践的广度。第三，在教材框架确定之后，校企双方需要就具体的教学内容进行细致的讨论和设计。这包括根据行业需求选择和编排教学案例、设计实践性强的学习任务和活动，以及确定评估学生学

习效果的方法。在这一过程中，企业的实际案例和经验可以作为宝贵的教学资源，帮助学生更好地理解商务英语在真实商务环境中的应用。校企双方要通过沟通交流，确保制订的人才培养指导方案符合产业的实际人才需求，且教学内容与职业标准相契合。例如，在教材结构上，可以采用业务流程导向和项目驱动的设计思路，有效地将企业的实际工作案例、行业最新技术要求融入教材中。又如，教材中涉及的顶岗实习等实践环节，应能鼓励学生在学习过程中主动探索和实践，发挥其创造性。这种开放式的设计能够提升学生的实际操作能力，激发学生的学习兴趣和创新思维。第四，设计出的教材需要经过反复评估和修正，以确保其科学性和合理性。同时，教材的更新是一个持续的过程，需要校企双方持续关注行业发展变化，定期更新教材内容，以保持其时效性。

（三）加强双师型教师队伍建设

在商务英语专业的教材建设中，加强双师型教师队伍建设并为教师提供入企学习的机会，是增强教材实用性的有效路径。加强双师型教师队伍建设可以有效提升教师的专业水平，丰富教师的实践经验，确保教材内容既有理论深度又贴合实际工作需求。加强双师型教师队伍建设可以从以下几个方面着手，第一，推进人才强校策略是提升教师队伍质量的基础。通过引进和培养具有行业经验和高级技能的专兼职教师，可以将最新的行业知识、技术和实践经验引入教材中。这些来自实际工作领域的教师不仅能为学生提供生动的案例分析，还能带来创新的教学方法。第二，围绕专业建设调整和优化师资结构，特别是提升双师型教师的比例，对提高教材质量至关重要。所谓双师型教师，即既具备扎实的专业理论知识又拥有丰富的实践经验的教师。加强对这类教师的培养和引进，不仅能够提高教学质量，还能确保教材内容与行业实际紧密结合。高校要紧密与企业合作，从而为教师提供入企学习、实践的机会，让教师直接了解企业的运营管理和技术应用情况，促使教师从企业的需求出发思考教材内容的设计，从而使教材更加符合行业标准和企业需求。只有积极培养拥有丰富企业实践的双师型教师，才能设计出更加符合行业实际需求的教材。第三，将教材建设的优质成果作为教师职称晋升的重要参考，这能有效激励教师投入教材的创新和改进工作中。这种制度上的激励机制，有助于调动教师的积极性，促进教师专业技能和教学水平的不断提升。通过上述措施，可以构建一支理论知识和实践技能并重的教师队伍，为商务英语专业的教材建设提供坚实的支撑。

参考文献

[1] HOWATT A P R，WIDDOWSON H G．A history of English language teaching[M]．London：Oxford University Press，1984．

[2] 克拉克．高等教育新论：多学科的研究 [M]．王承绪，徐辉，郑继伟，等译．2 版．杭州：浙江教育出版社，2001．

[3] 鲍文，丁马骏．中国商务英语教育研究 20 年：回顾与前瞻 [J]．外语界，2022（5）：50-55，96．

[4] 鲍文．商务英语教学理念探析 [J]．兰州学刊，2011（12）：219-221．

[5] 鲍文．商务英语综合能力评价研究 [J]．中国外语，2012（5）：20-23，33．

[6] 蔡伟良．对外语人才培养的思考：重读《关于外语专业面向 21 世纪本科教育改革的若干意见》有感 [J]．外语界，2009（6）：30-35．

[7] 曹靖．高职院校办学特色的生成研究 [M]．武汉：湖北人民出版社，2020．

[8] 曾葳．商务英语教学与模式创新研究 [M]．西安：西北工业大学出版社，2021．

[9] 陈艳君．本土英语教学法研究 [M]．长沙：湖南大学出版社，2019．

[10] 陈媛媛．现代商务英语教学与人才培养研究 [M]．北京：北京工业大学出版社，2021．

[11] 陈准民，王立非．解读《高等学校商务英语专业本科教学要求》（试行）[J]．中国外语，2009（4）：4-11，21．

[12] 崔淑娟，陈少明，范爱军. 跨境电商背景下商务英语人才需求与教学模式研究 [M]. 长春：吉林人民出版社，2020.

[13] 戴年. 商务英语的起源与发展史简述 [J]. 理论月刊，2010（6）：88–91.

[14] 丁珊. 高职院校校本英语教材建设初探 [J]. 林区教学，2015（9）：14–15.

[15] 丁昱初，孙宇，程国艺. 京津冀区域国际化人才培养协同机制探究：以河北省 H 大学国际化人才培养实践为例 [J]. 人才资源开发，2023（23）：56–57.

[16] 杜艳红. 课程思政视域下商务英语课程教学中跨文化交际能力培养探究 [J]. 对外经贸，2023（12）：141–143.

[17] 高嘉勇. 商务英语专业教学改革与实践 [M]. 天津：南开大学出版社，2014.

[18] 广言，柯路. 中外教学新法集萃 [M]. 桂林：广西师范大学出版社，1988.

[19] 郝晶晶. 商务英语教学理论与改革实践研究 [M]. 成都：电子科技大学出版社，2017.

[20] 侯佳，朱豫，罗焕. 商务英语 [M]. 成都：电子科技大学出版社，2020.

[21] 黄芳. 大学生批判性思维能力培养实践探索：一项基于商务英语教学的行动研究 [M]. 青岛：中国海洋大学出版社，2016.

[22] 黄甫全，吴建明. 课程与教学论 [M]. 北京：中国人民大学出版社，2019.

[23] 黄甫全. 课程与教学论 [M]. 北京：高等教育出版社，2007.

[24] 黄莉云. 院校转型期商务英语专业课程设置的个案研究：基于需求分析的视角 [D]. 重庆：西南大学，2017.

[25] 姜霞. 中国高校商务英语教师学科教学知识建构研究 [D]. 上海：上海外国语大学，2019.

[26] 蒋春丽. "互联网 +" 视域下大学英语教学新模式的研究 [M]. 北京：中国书籍出版社，2021.

[27] 蒋大山，张宗宁. 教育转型发展与高校商务英语的创新教学研究 [M]. 长春：东北师范大学出版社，2018.

[28] 解靓. "课程 + 竞赛 + 就业" 三层次实践教学体系建设研究 [J]. 内江科技，2024（1）：150–152.

[29] 孔宪遂. 新时代商务英语教学理论与实践研究 [M]. 长春：吉林出版集团股

份有限公司，2021.

[30] 劳山，陈再发，付军.基于校企合作的新型活页式实训教材的开发与应用[J].
天津航海，2023（2）：65-67.

[31] 乐进军.教材与教学[M].北京：首都师范大学出版社，2022.

[32] 李定仁，徐继存.课程论研究二十年（1979—1999）[M].北京：人民教育
出版社，2004.

[33] 李红.高职商务英语翻译实训课程改革策略[J].课程教育研究，
2013（19）：87.

[34] 李红.商务英语的概念探讨[J].当代教育论坛，2005（14）：146-147.

[35] 李胜利.应用型本科英语类专业教学转型研究[D].厦门：厦门大学，2018.

[36] 林琳.综合商务英语"雨课堂"混合式教学改革探索[J].现代职业教育，
2024（5）：109-112.

[37] 林添湖.试论商务英语学科的发展[J].厦门大学学报（哲学社会科学版），
2001（4）：143-150.

[38] 刘靖.商务英语[M].北京：北京邮电大学出版社，2012.

[39] 刘彦文.课程与教学问题专题研究[M].北京：中国轻工业出版社，2017.

[40] 刘永厚.《高等学校商务英语专业本科教学质量国家标准》解读[J].语文
学刊（外语教育教学），2015（9）：81-83.

[41] 刘绽.专门用途英语校本教材建设的研究：以商务英语口语为例[J].江西
电力职业技术学院学报，2019（7）：49-50，53.

[42] 柳叶青.高校商务英语人才培养研究[M].成都：西南财经大学出版社，
2015.

[43] 麦可思研究院.就业蓝皮书2015年中国本科生就业报告[M].北京：社会
科学文献出版社，2015.

[44] 蒙启红，龙迎湘.中国国际商务法律人才培养研究[M].北京：中国商业出
版社，2018.

[45] 莫再树.晚清商务英语教学源流考镜[D].长沙：湖南大学，2012.

[46] 潘婷.商务英语函电基础[M].北京：电子工业出版社，2020.

[47] 潘文霞."岗课赛证"融通育人模式的内涵、价值与实践[J].武汉工程职
业技术学院学报，2023（4）：93-97.

[48] 彭小飞. 内容与语言整合教学模式在"综合商务英语"课程中的应用 [J]. 高教论坛, 2023（12）: 31–34.

[49] 全馨. 高校英语专业教师教材观个案研究 [D]. 北京: 北京外国语大学, 2023.

[50] 施良方. 课程理论: 课程的基础、原理与问题 [M]. 北京: 教育科学出版社, 1996.

[51] 孙毅.《高等学校商务英语专业本科教学质量国家标准》的地方性解读: 国标与校标的对照 [J]. 外语界, 2016（2）: 46–51, 87.

[52] 唐晓鸣. 应用型人才培养模式新探 [M]. 武汉: 湖北科学技术出版社, 2008.

[53] 王保中. 本真学习的构想: 兼议代表性典型学习理论 [M]. 哈尔滨: 哈尔滨出版社, 2021.

[54] 王淙, 张国建, 马青. 商务英语谈判 [M]. 北京: 对外经济贸易大学出版社, 2017.

[55] 王芳. 跨文化交际与商务英语教学实践研究 [M]. 北京: 北京工业大学出版社, 2021.

[56] 王立芹. 无课程, 不学校: 以课程体系建设为依据的办学路径 [M]. 长沙: 湖南大学出版社, 2021.

[57] 王娜. 商务英语规划与教师培训研究 [M]. 北京: 新华出版社, 2018.

[58] 王歆. 大学专门用途英语课程教学设计研究 [M]. 北京: 北京工业大学出版社, 2021.

[59] 王兴孙. 对国际商务英语学科发展的探讨 [J]. 国际商务研究, 1997（1）: 24–28.

[60] 熊小玲. 高校课程结构的类型学研究 [D]. 武汉: 武汉工程大学, 2021.

[61] 徐珺. 商务英语跨学科研究 [M]. 北京: 对外经济贸易大学出版社, 2020.

[62] 徐丽华, 张彦琴, 赵茜. 基于四螺旋理论的商务英语人才培养模式创新研究 [J]. 教育观察, 2024（1）: 58–62.

[63] 徐文娟. 商务英语 [M]. 北京: 新华出版社, 2014.

[64] 杨鹏, 骆铮. 基于教育转型发展视阈下高校商务英语教学的创新研究 [M]. 长春: 吉林人民出版社, 2020.

[65] 杨启宁. "商务英语"专业的现状与发展 [J]. 中国远程教育，2003（15）：36-38，42.

[66] 于瑶. 现代商务英语的跨文化交际与应用 [M]. 长春：吉林大学出版社，2018.

[67] 袁林. 商务英语课程体系研究：全球化高端人才培养视域 [M]. 杭州：浙江工商大学出版社，2012.

[68] 张华. 课程与教学论 [M]. 上海：上海教育出版社，2000.

[69] 张靖，赵博颖，孟杨. 商务英语专业发展研究 [M]. 哈尔滨：哈尔滨工程大学出版社，2017.

[70] 张小玲. 商务英语 [M]. 北京：中国商业出版社，2013.

[71] 张振江. 早期香港的中国洋泾浜英语学习 [J]. 语言研究，2009（2）：114-121.

[72] 张振江. 中国洋泾浜英语研究述评与探索 [J]. 广西民族学院学报（哲学社会科学版），2006（2）：28-38.

[73] 张佐成，王彦. 商务英语的界定 [J]. 国际商务（对外经济贸易大学学报），2002（6）：51-56.

[74] 赵秀丽. 商务英语跨文化翻译技巧与实践研究 [M]. 长春：吉林人民出版社，2019.

[75] 庄玉兰. 商务英语人才培养与教学改革研究 [M]. 北京：北京理工大学出版社，2017.

[76] 邹美兰. 现代商务英语的界定和内涵 [J]. 江西财经大学学报，2004（1）：114-115，120.

[77] 万正发. 基于就业市场的商务英语专业毕业生能力调查研究 [J]. 对外经贸，2020（12）：127-129.

[78] 万正发. 商务英语专业定制化人才培养模式研究：以某地方本科院校"跨境贸易创新班"为例 [J]. 教书育人（高教论坛），2022（6）：59-61.